金字塔原理

思考、表达和解决问题的逻辑

〔美〕芭芭拉·明托 著　汪洱 高愉 译

THE MINTO
PYRAMID
PRINCIPLE

南海出版公司

新经典文化股份有限公司
www.readinglife.com
出 品

没有什么比一套好理论更有用了。

——库尔特·勒温

目录

中文版序 　　1
前言 　　5

第1篇　表达的逻辑

第1章　为什么要用金字塔结构　　15
归类分组，构建金字塔式思维结构　　16
自上而下，结论先行　　20
自下而上思考，总结概括　　24

第2章　金字塔内部的结构　　29
纵向关系　　30
横向关系　　34
序言的结构　　36

第3章　如何构建金字塔　　39
自上而下法　　40
自下而上法　　46
初学者注意事项　　52

第4章　序言的具体写法　　56
序言的故事结构　　56
序言的常见模式　　78
序言的常见模式—以咨询为例　　88

第5章　演绎推理与归纳推理　　92
演绎推理　　94

目录

归纳推理　　104

演绎推理与归纳推理的区别　　107

第2篇　思考的逻辑

第6章　应用逻辑顺序　　115

时间顺序　　118

结构顺序　　124

程度顺序　　136

第7章　概括各组思想　　144

总结句避免使用"缺乏思想"的句子　　145

说明采取行动的结果／目标　　150

找出各结论之间的共性　　169

第3篇　解决问题的逻辑

第8章　界定问题　　184

界定问题的框架　　185

展开问题的各要素　　191

发掘读者的疑问　　196

开始写序言　　198

实战案例　　203

第9章　结构化分析问题　　206

从信息资料入手　　207

目录

  设计诊断框架 209

  使用诊断框架 219

  建立逻辑树 224

  是非问题分析 232

第 4 篇 演示的逻辑

第 10 章 在书面上呈现金字塔 242

  突出显示文章的结构 243

  上下文之间要有过渡 256

第 11 章 在 PPT 演示文稿中呈现金字塔 265

  设计文字幻灯片 267

  设计图表幻灯片 272

  故事梗概 275

第 12 章 在字里行间呈现金字塔 279

  画脑图（在大脑中画图像） 281

  把图像转化成文字 284

附录 1 在无结构情况下解决问题的方法 289

附录 2 序言结构范例 297

附录 3 本书要点汇总 320

参考文献 329

中文版序

"想清楚，说明白，知道说什么、怎么说"，是我们希望达到的境界。我们在与人沟通时，需要想清楚3件事：谁是我的听众？他们想听什么？他们想怎样听？

《金字塔原理》介绍了一种能清晰地展现思路的有效方法。掌握了金字塔原理，就能做到重点突出、逻辑清晰。不管是在政界、商界、学界，还是在企事业单位，所有高、中、基层职场人士，只要你需要思考和沟通，就会从金字塔原理受益。金字塔结构思考力是领导力的必要素质，本书是训练思维、使表达呈现逻辑性的实用宝典。

为什么要学习金字塔原理

我们都希望在思考、沟通交流、管理下属和解决问题时，重点突出，思路清晰，层次分明。我们评价人时，有一个标准是逻辑思维能力，而逻辑思维能力的标准又是什么？我们指导别人"要逻辑清晰、条理分明"，可怎样才能做到"逻辑清晰"？怎样才能提高思考能力，养成良好的思维习惯？

我们希望在表达（写作、讲话和培训）时，能说到点子上，正面回答受众（读者、听众和学员）的问题。那么你是否知道如何搭建框架结构、组织语句的顺序，用最短时间讲清观点，让受众有兴趣、能理解、记得住？

我们还希望，组织中的全体成员能用统一的逻辑、结构和方式交流，快速产生共鸣，达成共识，那么是否有规范可寻？

答案就是——使用逻辑清晰的金字塔结构！

金字塔原理的基本概念

- 金字塔原理是一种重点突出、逻辑清晰、层次分明、简单易懂的思考方式、沟通方式、规范动作。
- 金字塔原理的基本结构是：结论先行，以上统下，归类分组，逻辑递进。先重要后次要，先总结后具体，先框架后细节，先结论后原因，先结果后过程，先论点后论据。
- 金字塔原理训练表达者：关注、挖掘受众的意图、需求点、利益点、关注点和兴趣点，想清楚说什么（内容），怎么说（思路、结构），掌握沟通的标准结构、规范动作。
- 金字塔能够达到的沟通效果：观点鲜明、重点突出、思路清晰、层次分明、简单易懂，让受众有兴趣、能理解、记得住。
- 搭建金字塔结构的具体做法是：自上而下表达，自下而上思考，纵向总结概括，横向归类分组，序言讲故事，标题提炼思想精华。

金字塔原理能够帮助你解决哪些问题

学习金字塔原理课程，会使用金字塔结构思考、表达、管理下属和解决问题，提高逻辑性、条理性，准确高效阐述思想。掌握规范动作，组织中所有人用相同思路和表达方式交流，沟通效果好、效率高。

- 思考：学会用右脑、左脑全脑思维，提高结构化思维能力，思考全、准、快。
- 书面表达、公文写作：会挖掘读者的关注点、兴趣点、需求点、利益点，能使用金字塔的4个原则，搭建逻辑清晰的常用公文框架结构（通知、请示、工作计划、工作总结、会议纪要、报道），掌握写序言的四要素、归类分组的原则，能够重点突出、逻辑清晰、简明扼要，让人看得懂、愿意看、记得住。快速写文章，缩短写作时间，减少修改次数。

• 口头表达：说话、演讲、讲课，能够使用金字塔的基本原则，回答听众最常有的4类疑问：是什么？为什么？如何做？好不好？表达时重点突出、条理清晰，让人愿意听、听得懂、记得住，成为思路清晰、言简意赅的人。

• 管理下属：能够运用金字塔原理，考虑全面、周到、严谨，分配任务、设计流程不重叠无遗漏。

• 培训师开发课程和讲课：使用金字塔搭建框架结构、组织素材、重点突出、逻辑清晰、通俗易懂。

本书适合的读者对象

所有希望提高思考、讲话、写作、讲课、管理下属及解决问题逻辑性、条理性、效果和效率的人。

前　言

我曾出版过一套关于"金字塔原理"(The Pyramid Principle)的书，全套共 6 册，介绍了一种可以解决写作思路不清晰问题的有效方法。我在书中提到，条理清晰的文章一眼就能够看出来，因为这种文章都具有清晰的金字塔结构（pyramidal structure），而条理不清晰的文章则肯定没有。

在金字塔结构中，各项思想之间只有几种逻辑关系（向上、向下或横向联系），这种简单性使我们有可能找到这些逻辑关系中的通用规则。要想写出条理清晰的文章，关键是在开始写作之前，首先将自己的思想组织成金字塔结构，并按照逻辑关系的规则检查和修改。

这些是我在麦肯锡国际管理咨询公司（McKinsey & Company）的克利夫兰和伦敦分公司工作时总结出来的。当时，麦肯锡公司从哈佛商学院招收了 8 名女学员，并聘请我作为该公司的第一位女咨询顾问。不久，麦肯锡公司就认定我在写作方面是一把好手，于是派我去伦敦，帮助那些需要用英语写报告的欧洲同事。

有意思的是，开始研究写作方面的资料时，我发现，虽然有很多关于如何写句子和段落的书，却几乎没有关于如何组织思想的书，而思想才是句子和段落要表达的内容！仅有的几本涉及逻辑思路的书，泛泛地谈到了"要有逻辑性""要有一个有逻辑性的提纲"等。看完这些资料，我还是不知道究竟如何才能将"有逻辑性"的提纲和"没有逻辑性"的提纲区别开来,于是我开始自己寻找实用的方法,进而发现了金字塔原理。

金字塔原理适用于所有需要构建清晰逻辑框架的文章。下面举一个很简单的例子,来看看按金字塔结构组织的思想和未经过组织的思想,在表达效果上会产生多大的差异。

未经组织的思想

约翰·科林斯来电话说他不能参加下午 3 点会议了。哈尔·约翰逊说他不介意晚一点开会,明天开也可以,但明天 10:30 以前不行。唐·克利福德的秘书说,唐·克利福德明天晚些时候才能从法兰克福赶回来。会议室明天已经有人预订了,但星期四还没有人预订。会议时间定在星期四上午 11 点似乎比较合适。您看行吗?

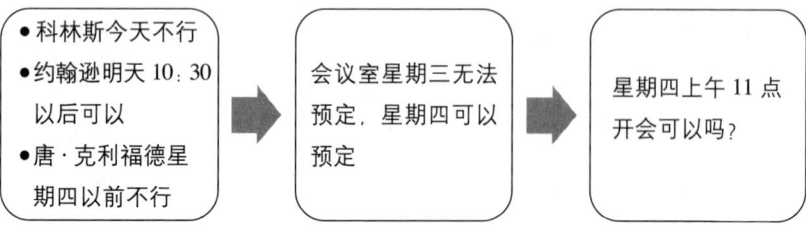

用金字塔结构组织后的思想

今天的会议可以改在星期四上午 11 点开吗?因为这样对科林斯和约翰逊都更方便,唐·克利福德也能参加,并且本周只有这一天会议室还没有被预订。

1967年还很少有人接受我的理论，但是麦肯锡公司的一些智者却慷慨地指出了这一理论中存在的问题，帮助我改进。现在，金字塔原理已经成为麦肯锡公司的标准之一，并被麦肯锡看作公司理念和规范的重要组成部分。

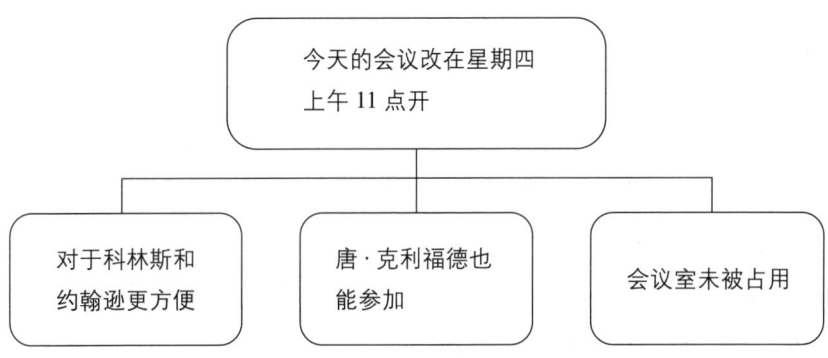

后来，我离开了麦肯锡，开始向各行各业的人宣传我的理论。截至目前，我已向全世界约1万人讲授过金字塔原理，他们中既有来自管理咨询公司的人，也有其他各界人士。我曾在1981年和1987年出版了两个早期版本的《金字塔原理》，录制了一套影像教程，开发了一套计算机教学课件，后来还推出了新版的影像教程。

我高兴地看到，由于我的努力，金字塔原理已经成为咨询业的实际行业标准，其中的一些基本规则，也被社会各界的许多课程吸纳，并广为传授。

在不断的教学过程中，包括在修订新版影像教程的过程中，我又有了新的发现，这让我得以进一步充实和完善原理论的各个部分。我还发现，金字塔原理除了能够帮助人们以书面形式组织和表达思想外，还具有更广泛的用途。从具体的层面说，金字塔原理可用于界定问题、分析问题；从更广泛的层面说，金字塔原理可以用来指导组织和管理整个写作过程。

本书是金字塔原理的最新版本，收录了我从1987年至今获得和发现的所有关于思维表达方面的体会和技巧。与旧版本相比，本书增加了一些新的章节，如介绍如何界定问题和分析问题，以及如何从呈现的角度出发，在文章和演示文稿中呈现金字塔结构。

本书的结构

本书分为4个部分。

第1篇 表达的逻辑　介绍了金字塔原理的基本概念，以及如何利用这一原理构建基本的金字塔结构。本篇的内容足以使你理解和应用简单的公文写作技巧。

第2篇 思考的逻辑　介绍了如何深入细致地把握思维细节，以保证你使用的语句真实、明确地呈现你希望表达的思想。本篇举了许多案例，突出了迫使自己进行"冷静思考"对明确阐述思想的重要性。

第3篇 解决问题的逻辑　读者对象是需要写研究报告的人，以及需要分析复杂问题、提出结论以做出决策的人。本篇介绍了如何在解决问题的不同阶段，使用多种框架构建你的分析过程，以使你有效地预先组织好思想，再将思想应用于金字塔结构中。

第4篇 演示的逻辑　介绍了将金字塔结构转化为幻灯片的技巧，可以帮助你在这类文稿中呈现具有金字塔结构的思想时，使读者或观众感受到金字塔结构。

本书还有3个附录。

附录1 介绍了用分析法和科学研究中常用的方法在解决问题时的区别；

附录2 介绍了序言的各种常用形式；

附录3 详细总结概括了本书的要点，高度概括了金字塔原理的主要概念和思维技巧，方便读者快速查阅。

实际应用金字塔原理需要相当的毅力。但是，如果能有意识地以书中介绍的方法强迫自己"先想后写"，你的写作能力肯定能够得到惊人的提高，使你能够：

1. 缩短完成终稿所需的时间。
2. 增强文章的条理性。
3. 缩短文章的长度，最终使你能够在最短的时间内写出简明扼要、思路清晰的文章。

芭芭拉·明托

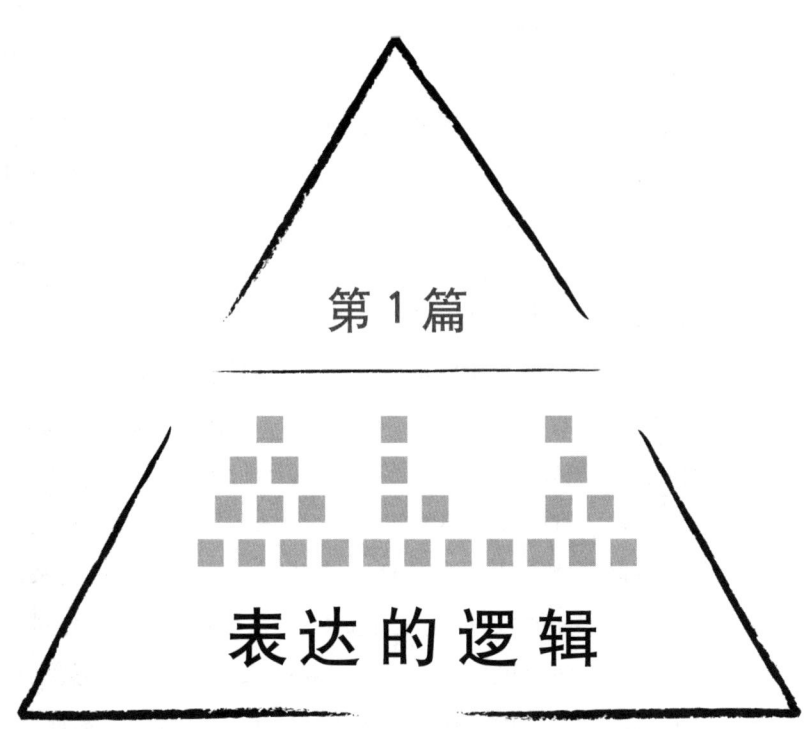

第 1 篇

表 达 的 逻 辑

我们在工作中遇到的最烦恼的事情可能就是写作或做长篇演讲了。几乎所有人都认为写作是件令人头痛的事，大家都希望自己能够更"善于写作"。许多人还收到忠告：如果您希望事业发展更快，就必须提高沟通和表达的能力，包括口头沟通能力——培训讲课能力、演讲能力，和书面沟通能力——写作能力。

很多人难以提高写作和口头表达能力，是因为他们认为"写得更清楚一些"意味着使用更简单、更直接的句子。事实上，人们在写文章时的确经常使用长句，句子结构过于复杂，语言常常过于学术化、过于抽象，有时段落中的句子顺序也很混乱。

以上这些问题都属于写作风格的范畴。对于一个成年人来说，要改变写作风格，难度太大了。这不是因为大家无法改变写作风格，而是因为改变写作风格就像学习打字，需要大量的重复练习，而多数正在企业和政府机构中工作的人根本没有那么多时间。因此，他们还是会不断地收到"写得再清楚一点"之类的忠告。

但是，文章条理不清还有一个比上面提到的更常见也更容易改进的原因，即文章的结构（structure）——也就是句子的组织顺序（不管句子本身写得是好是坏）。如果读者认为你的文章条理不清，很可能是因为你表达思想的顺序与读者的理解过程发生了矛盾。

对受众（包括读者、听众、观众或学员）来说，最容易理解的顺序是：先了解主要的、抽象的思想，然后了解次要的、为主要思想提供支持的思想。因为主要思想总是从次要思想中概括总结得出，文章中所有思想的理想组织结构必定是一个金字塔结构——由一个总的思想统领多组思想。在这种金字塔结构中，思想之间的联系方式可以是纵向的（vertically）——即任何一个层次的思想都是对其下一个层次的思想的总结，也可以是横向的（horizontally）——即多个思想因共同组成同一个逻辑推理过程而被并列在一起。

你可以很容易地使受众理解用金字塔结构组织的思想：先从金字塔的最顶端开始，沿各个分支向下展开。首先表达的主要思想会使受众对表达者的观点产生某种疑问，而下一层次的思想将回答这些疑问。通过不断进行疑问－回答式的对话，受众就可以了解文章中的全部思想。

对文章阐述的思想做出疑问－回答式反应是人类的一种自然反应，没有国籍和民族之分。人类还有一个共同的特点，即只有用某种方式将思想表达出来——说出来或者写下来，我们才能够准确地把握自己的思想。要理清自己的思想也需要用到金字塔结构。因此，作者或讲话者在强迫自己将思想组织成金字塔结构后会发现，准确把握自己的思想，有助于写出条理清晰、意义明确的文章。

本篇将解释为什么受众最容易理解和记住金字塔结构，以及组成金字塔的子结构之间如何互相关联；介绍如何利用金字塔结构梳理需要写入文章的思想，如何为这些思想确定清晰的关系；详细分析序言的逻辑，并澄清演绎推理和归纳推理这两个容易让人混淆的概念。

本篇将帮助你了解如何将要表达的思想组织成金字塔结构，使用金字塔原理能够检查你的思想的有效性、一致性和完整性，还能够帮你发现遗漏的思想、创造性地拓展自己的思路。

第 1 章　为什么要用金字塔结构

如果受众希望通过阅读你的文章、听你的演讲或培训，来了解你对某一问题的观点，那么他将面临一项复杂的任务。因为即使你的文章篇幅很短，只有两页纸，其中也会包括大约 100 个句子。读者必须阅读、理解每一句话，并寻找每句话之间的联系，前前后后反复思考。如果你的文章结构呈金字塔形，文章的思路自金字塔顶部逐渐向下展开，那么读者肯定会觉得比较容易读懂。这一现象体现了人类思维的基本规律：

- 大脑会自动将信息归纳到金字塔结构的各个部分，以便理解和记忆。
- 预先归纳到金字塔结构中的内容，更容易理解和记忆。
- 我们应有意识地将想要表达的内容组织成金字塔结构，包括口头表达和书面表达——说话、培训、演讲、报告、述职和写文章、总结、申请、方案、计划等。

下文会具体介绍如何将思想组织成金字塔结构。

归类分组,构建金字塔式思维结构

人类从很早以前就认识到,大脑会自动将发现的所有事物按照某种秩序组织起来。大脑在本质上会认为同时出现的事物之间存在某种关联,并且会将这些事物按某种逻辑模式组织起来。举个例子,古希腊人眺望星空时,看到的是由星星组成的各种"图案",而不是散乱无序的一颗颗星星。这说明人脑具有对事物进行归类组织的特点和倾向。

大脑会将其认为具有"共性"的事物组织在一起。"共性"指的是具有某种相似性或位置相近。请看图 1-1 的例子:

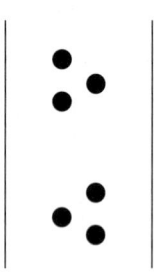

图 1-1 "共性"的一个例子

无论是谁,看到上图,都会认为共有两组黑点,每组 3 个。造成这种印象的原因主要是,有些黑点间的距离比另一些黑点间的距离大。

将事物组成逻辑单元无疑具有重要作用。为了说明这一点,请看下面几组彼此之间并无关联的词:

| 湖泊 | | 糖 |
| 靴子 | | 盘子 |

女孩	|	袋鼠
铅笔	|	汽油
宫殿	|	自行车
铁路	|	大象
书本	|	牙膏

现在,请试着设想一个可能使每两个词发生联系的情景,进行联想并将其"组织"在一起,譬如糖在湖水中溶解,或靴子立在盘子上,等等。然后将右边的一列词盖住,只看左边一列词。你是否还能记起右边对应的词?大多数人都可以毫不费力地做到这一点。

当你听别人讲话或看文章时,也会发生类似的组织思想的现象。你会将同时出现的或位置相邻的思想联系起来,努力用某种逻辑模式组织它们。这种逻辑模式必定是金字塔结构,因为只有金字塔结构才能满足大脑的两个需求:

- 一次记忆不超过7个思想、概念或项目。
- 找出逻辑关系。

奇妙的数字"7"

人一次能够理解的思想或概念的数量是有限的。举个例子,假设你决定离开温暖舒适的家,出去买一份报纸。

"我想去买份报纸,你有什么要我带的东西吗?"
妻子在你走向衣架拿外衣时说:
"太好了,看到电视上那么多葡萄的广告,我现在特别想吃葡萄,也许你可以再买袋牛奶。"
你从衣架上拿下外衣,妻子则走进了厨房。

"我看看咱们家的土豆够不够。对了，我想起来了，咱们已经没有鸡蛋了。我看看，对，是该买一些土豆了。"

你穿上外衣向门口走去。

"再买些胡萝卜，也可以买些橘子。"

你打开房门。

"还有咸鸭蛋。"

你开始按电梯。

"苹果。"

你走进电梯。

"再买点儿酸奶。"

"还有吗？"

"没有了，就这些了。"

如果不重新读一遍上面的文字，现在你还能记住妻子要买的9样东西吗？大多数男人回家时可能只买了报纸和葡萄。

出现这种情况的主要原因是你遇到了"奇妙的数字7"。这个术语是由乔治·A·米勒在他的论文《奇妙的数字7±2》中提出的。米勒认为，大脑的短期记忆无法一次容纳7个以上的记忆项目。有的人可能一次能记住9个项目，而有的人只能记住5个。大脑比较容易记住的是3个项目，当然最容易记住的是1个项目。

这就意味着，当大脑发现需要处理的项目超过4个或5个时，就会开始将其归类到不同的逻辑范畴中，以便记忆。在上面的例子中，大脑很可能会将物品按其他超市中的陈列区域归类。

构建金字塔结构

为了说明这种方法的作用，请看以下采购清单。每看到一种食品，就按上面的方法将其归类。这样就很可能记住所有食品：

葡萄　　　鸡蛋　　　　咸鸭蛋

牛奶　　　胡萝卜　　　苹果

土豆　　　橘子　　　　酸奶

如果你试着想象一下这个过程，就会发现，你已经根据各项目之间的逻辑关系建立了几个金字塔结构，如图1-2所示：

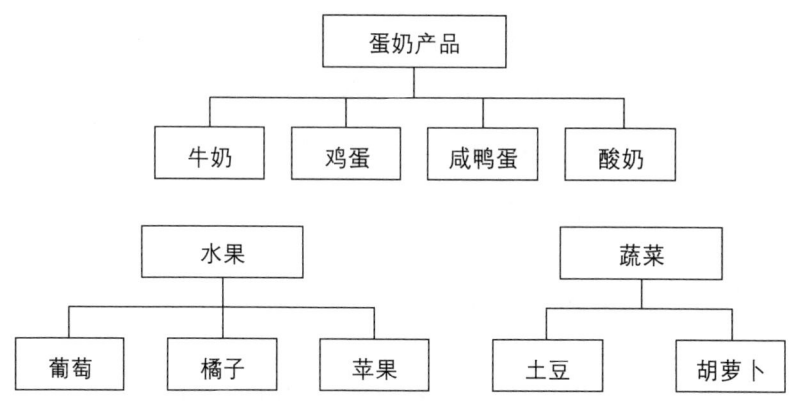

图 1-2　根据各项目之间的逻辑关系构建金字塔结构

找出逻辑关系，抽象概括

仅以逻辑方法将思想或概念分组是不够的，还必须明白其逻辑关系。分类的作用不只是为了将9个概念分成3组，每组各有4个、3个和2个概念，因为这样合起来还是9个概念。你要做的是提高一个抽象层次，将大脑需要处理的9个概念变成3个。

这样，你就无须再记忆其中的每个概念，而仅需要记忆9个概念分别所属的3个组。这样，思维抽象程度就提高了一层。由于处于较高层次的思想总是能够提示其下面一个层次的思想，而且这种关系不会像第16页的例子中编造的湖泊与糖的关系那样牵强，因而也更容易记住。

所有的思维过程（比如思考、记忆、解决问题）显然都在使用这样的分组和概括的方法，将大脑中已有的无序信息组成一个由互相关联的金字塔构成的巨大的金字塔群。所以在与其他人沟通交流的过程中，你要做的就是确保自己所说的内容符合金字塔体系中的某一部分。

现在来谈一谈真正的沟通难题。如果你清楚地"了解"这些思想或概念组，那么沟通就意味着要使其他人同样"了解"这些思想或概念组。在前面买东西的例子中，在和妻子沟通时，丈夫只能一项一项地在脑中呈现各个项目，但研究发现，最有效的方法是：先提出总的概念，再列出具体项目，即自上而下地呈现思想。

自上而下，结论先行

理清表达思想的顺序，是写出条理清晰的文章的最重要方式，清晰的顺序就是先提出总结性思想，再提出被总结的具体思想。先总结后具体的表达顺序，请一定要牢记。

受众只能逐句理解作者（演讲者、培训讲师）表达的思想。他们会假定一同出现的思想存在某种逻辑关系。如果你不预先明白地告诉他们这种逻辑关系，而只是一句句地表达思想，受众就会自发地从中寻找共同点，将你表达的思想归类组合，以便了解各组思想的意义。

由于受众的知识背景和理解力千差万别，他们很难对你所表达的思想组做出与你完全一样的解读。事实上，如果不预先告诉受众某一组思想之间的逻辑关系，他们很有可能会认为某一组中的思想之间没有任何关系。退一步说，即使受众能够做出与你完全一样的解读，这也增加了他们理解的难度，因为他们必须自己找出你没有提前说明的逻辑关系。

下面我会举例说明，除自上而下的顺序外，任何其他顺序都可能造成误解。假设我和你正在酒吧喝酒，我突然对你说：

> "上个星期我去了趟苏黎世。你知道，苏黎世是一个比较保守的城市。我们到一家露天餐馆吃饭，你知道吗？在15分钟里我至少见到了15个留长胡子的人。"

这番话向你传递了一个信息，但是我并没有意识到，你会主动推测我向你传递这个信息的原因。也就是说，你会将我说的话看作一组还未表达清楚的思想的一部分，你会假设某种可能的原因，并据此调整思路，准备接着听后面的话。这种预期性的准备能够减轻大脑分析信息的负担，因为你没必要分析随后接收的每一个信息的所有特征，而只需寻找与前面的信息相同的特征即可。

于是，你可能会认为，"她在谈论苏黎世已经变得不再保守"，或者"她准备把苏黎世与其他城市做比较"，甚至"她很喜欢男人的长胡子"。无论你有什么反应，大脑都在等待关于以上话题的更多信息，而不管后续的实际信息如何。看到你一脸茫然，我接着说：

> "在纽约的任何一座写字楼周围转一转，你会发现总能看见留长胡子或长头发的人。"

现在我想表达什么意思呢？似乎并不是在比较城市，倒像是在比较城市中的职场白领，而且我想表达的似乎也不只是胡子，还包括各种面部毛发。这时你也许会认为，"也许她不喜欢男人留长胡子，也许她想比较不同职场白领留胡子的方式，也许她对正规机构如此容忍员工留胡子感到奇怪"。不管怎样，你含混地嘟哝了几句，算是做出了回应，于是我不得不接着说：

"当然，留长胡子在多年以前就已经是伦敦街头的一景了。"

"噢，"你想，"我终于明白她想说什么了。她想说伦敦在这方面比其他城市更开放。"你的理解在逻辑上完全合理，但根本不是我想表达的意思。实际上，我想表达的意思是：

你知道吗？我简直难以相信，在商业界，男人留长胡子或长头发已经如此普遍，如此被广泛接受：
在苏黎世……
在纽约……
还有，在伦敦……

看，一旦告诉你判断每句话之间关系的框架，你就可以很容易地用我希望你采取的方式理解我所表达的这组思想。受众在接受信息时，总是在寻找一种能够将所输入信息联系起来的结构。为了保证他找到的结构就是你希望他采纳的结构，必须提前把这种结构告诉他——这样他就知道要寻找哪个共同点。否则，受众很可能会发现某些并非你所希望的逻辑关系，甚至可能根本发现不了任何逻辑关系，这样既是在浪费你的时间，也是在浪费对方的时间。

请看下面这段关于男女同工同酬的文章的开头部分。这就是一个找不到逻辑关系的例证：

即使女员工能与男员工同工同酬，女员工的处境也有可能变得更糟——与现在相比，女员工和男员工的平均收入差距不仅不会缩小，反而会加大。

对雇主来说，同工同酬指的是，为相同的岗位或相同的工作价值支付相同的报酬。

而无论是哪种解释，都意味着：

驱使雇主为确保自身利益采取行动，或者通过多雇用男员工来抵制限制性措施。

虽然这段文字的作者自认为是在"自上而下"地表达，但这段文字所呈现的 5 点思想之间并无清晰的逻辑关系。你是不是为了找到其中的联系而绞尽脑汁，但最后仍不得不因为实在找不到而愤然放弃？这种繁重的思考负担是常人难以承受的。

无论读者的智商有多高，他们可以利用的思维能力都是有限的。一部分思维能力用于识别和解读读到的词语，一部分用于找出思想之间的关系，剩下的则要用于理解文中所表述的思想的含义。

你可以通过有效的方法表达思想，减少读者用在前两项活动上的时间，使他们能够用最少的脑力理解你表达的思想。相反，如果读者必须不断地在上下文中寻找某种联系，那么这种呈现思想的顺序就是不恰当的，大多数读者也会对不断寻找句子之间的逻辑关系感到厌烦。

· · ·

提示

读者会将读到的思想进行归类分组和总结概括，以便记住。

如果作者传达给读者的思想已事先进行了归类和概括，并且按自上而下的顺序呈现，读者就更容易理解。以上分析说明，条理清晰的文章应当具有金字塔结构，并且不断"自上而下"地向读者传递信息（虽然在开始写作时作者的思路是"自下而上"的）。

· · ·

自下而上思考，总结概括

如果你将所有的信息进行归类分组、抽象概括，并以自上而下的方式表达出来，那么你的文章结构会如图 1-3 所示。每个方框代表你希望表达的一个思想。

你的思维从最底部的层次开始构建，将句子按照某种逻辑顺序组成段落，然后将几个段落组成章节，最后将章节组成完整的文章，而代表整篇文章的则是金字塔最顶端的思想（中心思想、核心观点）。

仔细回想一下写作时的实际思考过程就会发现，你在总结主要思想时的确使用了这种自下而上的方式。在金字塔结构的最底层，你将包含单个思想或概念的句子组织成段落。

假设你要将 6 个句子组织成一个段落。为什么要将这 6 个句子组织在一起，而不包括其他句子？原因很明显，你认为这 6 个句子之间具有某种逻辑关系，而这种逻辑关系要求这 6 个句子能共同解释或支持由其组成的段落所表达的单一思想（即对这 6 个句子的准确概括）。举个例子，你不能将 5 个关于金融的句子和 1 个关于网

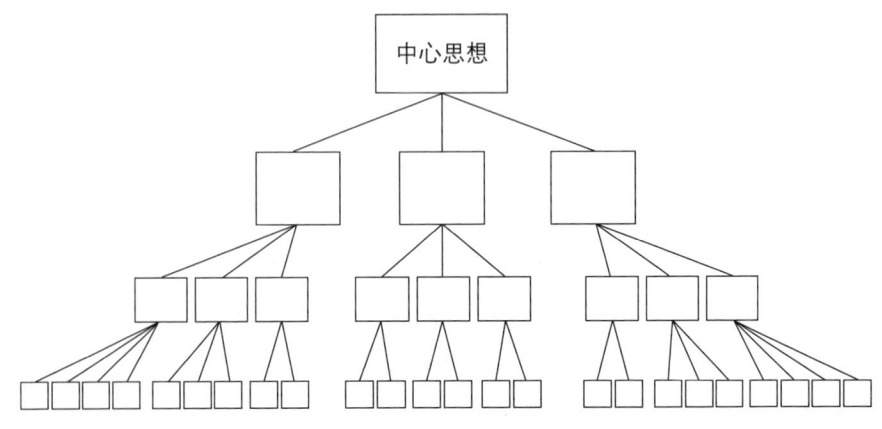

图 1-3 文章中的思想应组成单一思想统领下的金字塔结构

球的句子组织在一起,因为它们之间的关系难以用一个概括性的句子表达。

得出这个概括性的句子后,思维的抽象程度就提高了一个层次,可以将得出概括性句子的段落看作只包含一个思想,而不是 6 个思想。通过这种有效的方法,你可以接着将 3 个段落(每个段落都包含一个抽象程度比单个句子高一个层次的单一思想)组织成一个章节。

将这 3 个段落而不是其他段落组织在一起,同样是因为你认为这 3 个段落之间存在某种逻辑关系,而这种逻辑关系要求这 3 个段落能共同解释或支持由其组成的章节所表述的单一思想(即对这 3 个段落的概括)。

将章节组织成文章也应按照以上思路进行。你将 3 个章节(每个章节都由一组段落组成,而每个段落也都由一组句子组成)组织在一起,因为这 3 个章节要共同支持由其组成的文章所表述的单一思想(即对这 3 个章节的概括)。

你需要不断地对思想进行归类和概括,直到没有可与之关联的思想可以继续概括,因此每一篇文章的结构必定只支持一个思想,即概括了各组思想的单一思想。这一思想应当就是你想要表达的中心思想,而所有在其之下的思想则越往下越具体、越详细(如果你正确构建了文章的结构),并且都对你希望表达的中心思想起着解释和支持的作用。

你可以通过检查各项思想是否通过金字塔结构相互关联,从而确定是否正确地构建了文章的结构。

· · ·

提示

金字塔中的思想以 3 种方式互相关联——向上、向下和横向。

位于某组思想上一层次的思想是对这一组思想的概括，这一组思想则是对其上一层次思想的解释和支持。

文章中的思想必须符合以下规则：

1. 纵向：文章中任一层次的思想必须是其下一层次思想的概括。
2. 横向：每组中的思想必须属于同一逻辑范畴。
3. 横向：每组中的思想必须按逻辑顺序组织。

• • •

下面解释一下文章中的思想为什么必须符合这些规则。

1. 文章中任何一个层次的思想必须是对其下一层次思想的总结概括。

这条规则说明，思维和写作中的主要活动，就是将较具体的思想概括抽象为新的思想。正如上文提到的，段落的主题就是对段落中各个句子的概括，章节的主题也是对章节中各个段落的概括，依此类推。

但是，如果你准备从一组句子或段落中概括出一个主题，那么首先这些句子组或段落组必须经过适当组织。这就要求加入第二条和第三条规则。

2. 每组中的思想必须属于同一逻辑范畴。

如果你希望将某一组思想的抽象程度提高一个层次，那么这一组中的思想必须在逻辑上具有共同点。例如，你可以从逻辑上将苹果和梨归类概括为水果，也可以将桌子和椅子归类概括为家具。但是怎样才能将苹果和椅子放在同一组中呢？仅仅提高一个抽象层次是不够的，因为它们的上一个抽象层次分别是水果和家具。因此，你必须提高到更高的层次，将其概括为"物品"或"无生命物体"，但是这样的概括又过于宽泛，难以说明该组思想之间的逻辑关系。

在写作中，你希望表达的是每组思想的逻辑直接蕴涵的思想，也就是说，每组中的思想必须属于同一逻辑范畴。因此，如果某组思想中的第一个思想是做某件事的一个原因，那么该组中的其他思想必须是做这件事的其他原因。如果某组中的第一个思想是某项过程的一个步骤，那么该组中的其他思想必须是同一过程中的其他步骤。如果某组中的第一个思想是某公司面临的一个问题，那么该组中的其他思想必须是与之相关的其他问题。依此类推。

检查分组情况有一个简便的方法，即是否能够用单一名词表示该组的所有思想。根据这一方法，该组中的所有思想都可以用"建议""原因"或"问题""需做出的改变"等名词概括。思想的种类没有限制，但每一组中的思想必须属于同一范畴，必须能够用单一名词表示。本书第2篇的第6章和第7章将进一步阐述如何确保将相同范畴的思想组织在一起。

3. 每组中的思想必须按照逻辑顺序组织。

必须有明确的理由说明为什么把第二个思想放在第二位，而不是放在第一位或第三位。本书第6章将详细介绍如何合理确定的逻辑顺序。

你选择的逻辑顺序展现了你在组织思想时的分析过程。如果思想的组织方式是演绎推理，那么这些思想的逻辑顺序就是演绎顺序；如果思想按因果关系组织，那么其逻辑顺序就是时间顺序；如果是对某种现有结构进行评论，那么其逻辑顺序就是结构顺序；如果按类别组织思想，那么其逻辑顺序就是程度顺序（重要性顺序）。因为演绎推理、发现因果关系、化整为零和归纳总结是大脑可以进行的仅有的4种分析活动，这4种顺序也是大脑可用于组织思想的仅有的4种顺序。

因此，要写出条理清晰的文章，关键就是在开始写作之前，先将你的思想放入金字塔结构中，并根据以上规则进行检验。当任何一条规则不符，都说明思路存在问题，或者思想还没有得到充分完善，或者组织思想的方式不能立刻让读者理解你想表达的信息。这时，你应该调整自己的思路，以使其符合金字塔原理的规则，免去反复改写文章的麻烦。

● ● ●

提示

组织思想基本上只有 4 种逻辑顺序：
- 演绎顺序：大前提、小前提、结论；
- 时间（步骤）顺序：第一、第二、第三；
- 结构（空间）顺序：波士顿、纽约、华盛顿；
- 程度（重要性）顺序：最重要、次重要，等等。

● ● ●

第 2 章　金字塔内部的结构

如第 1 章所述，条理清晰的文章所表达的思想之间具有明确的逻辑关系，整体上呈金字塔结构，如图 2-1 所示。

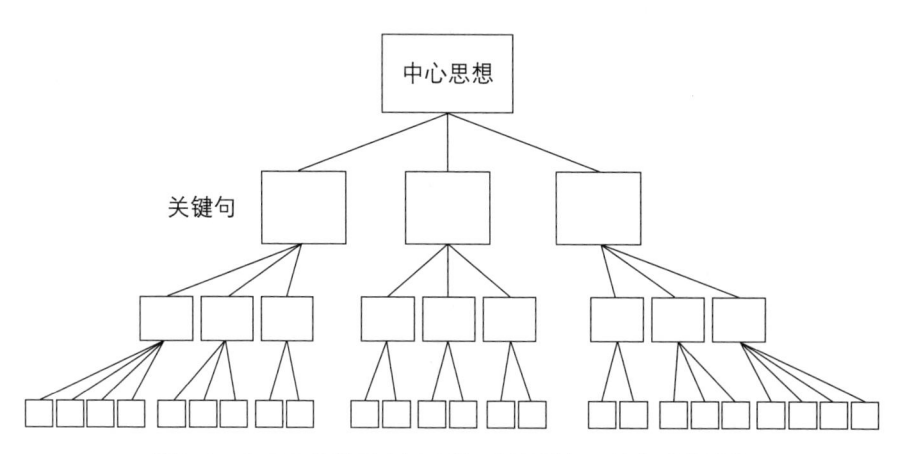

图 2-1　文章中的思想应组成单一思想统领下的金字塔结构

这样的文章总是从金字塔的顶端开始，自上而下地沿着各个分支将作者的思想一层一层呈现给读者。

金字塔结构的规则非常明确，如果在开始写作之前，你就已经清楚自己想要表达的思想，那么你可以很容易地将它们组织成规范的金字塔结构。但是，大多数人坐下来开始写作时，可能对自己想表达的内容还只有模糊的想法，甚至根本不知道从何下笔。在不得不用词语和句子将思想呈现出来之前，你可能很难准确把握自己的思想，甚至连你认为已经构思好的第一段思想陈述，可能都写得不那么准确。

因此，不要幻想一坐下来就能将思想组织成金字塔。首先你必须梳理想要表达的思想。

・・・

提示

金字塔中的子结构，能够加快你梳理思想的过程：
- 主题与子主题之间的纵向关系。
- 各子主题之间的横向关系。
- 序言的叙述方式。

・・・

下面我将详细解释这些逻辑关系。在第 3 章，我还将介绍如何利用这些逻辑关系发现、分类和梳理思想，以便你和你的读者、听众或学员都能清楚理解你要表达的思想。

纵向关系

有些很明显的事实可能也需要经过很长时间才能被人们认识，阅读的过程就是一个典型的例子。一般的文章都是一维的（one-dimensional），一个句子接着一个句子，在纸面上基本呈现为纵向向下的结构。但是这种文字的纵向延伸却掩盖了一个事实，即思想是有不同的抽象层次。根据这一事实，大主题下的任何思想都同时与文章中的其他思想有着纵向和横向的联系。

纵向联系能够很好地吸引读者的注意力。通过纵向联系，你可以引导文章形成一种疑问－回答式的对话，使读者带着极大兴趣了解你的思路进展。为什么可以肯定读者会感兴趣？因为这种纵向联系会推动读者按照你的思路产生符合逻辑的反应。

放在金字塔结构每一个方框中的内容就是一个"思想"。在本书中，我将"思想"定义为"向受众发送新信息并引发受众疑问的语句"。（人一般不会阅读自己已经了解的内容，因此，也可以说，表达思想的主要目的就是向受众传递新的信息。）

如果是为了向受众传递新信息，对方必然会对表述的逻辑性产生疑问，例如，"为什么会这样""怎样才能这样"，或者"为什么这样说"。作为文章的作者，你必须在该表述的下一个层次上横向回答读者的疑问。但是，你的回答仍然是向读者传递他不知道的新信息，这又会使读者产生新的疑问，于是你又需要在再下一个层次回答读者新的疑问。

你将不断地按照"引起读者疑问并回答疑问"的方式写作，直到你认为读者不会再对新的表述提出任何疑问为止。（读者不一定认可作者从第一个表述到最后一个表述的思维扩展方式，但至少能够明确了解作者的思路，而这正是所有作者期望的最好效果。）至此，你就可以离开金字塔结构的第一个分支，返回关键句层次（如图2-1所示），继续回答由金字塔最顶端的中心思想引发的初始疑问。

因此，要想吸引读者的全部注意力，作者必须避免在做好回答问题的准备之前引起读者的疑问；同时也要避免在引起读者疑问之前，预先给出问题的答案。假如某篇文章在提出主要观点之前先写了题为"我们的假设"的章节，你就可以肯定，作者根本没有给读者提出疑问的机会，就先给出了答案。这样，在作者与读者对话的相应阶段，就不得不重复传递（或重复阅读）特定信息。

金字塔结构具有一种神奇的力量，它能使你只在读者需要的时候提供相应的信息。下面让我们看几个例子。图2-2是从G.K.切斯特顿所写的文章中选摘的一个幽默故事。我之所以选择这个例子，是因为它能让你了解纵向的疑问－回答式对话怎样吸引读者的注意力，又能使作者无须考虑所阐述内容的横向逻辑关系。

切斯特顿说，猪应当被当作宠物养。读者当然会问"为什么这么说"。切斯特顿说："有两个原因：首先，猪很漂亮；其次，猪可以培育出很多品种。"

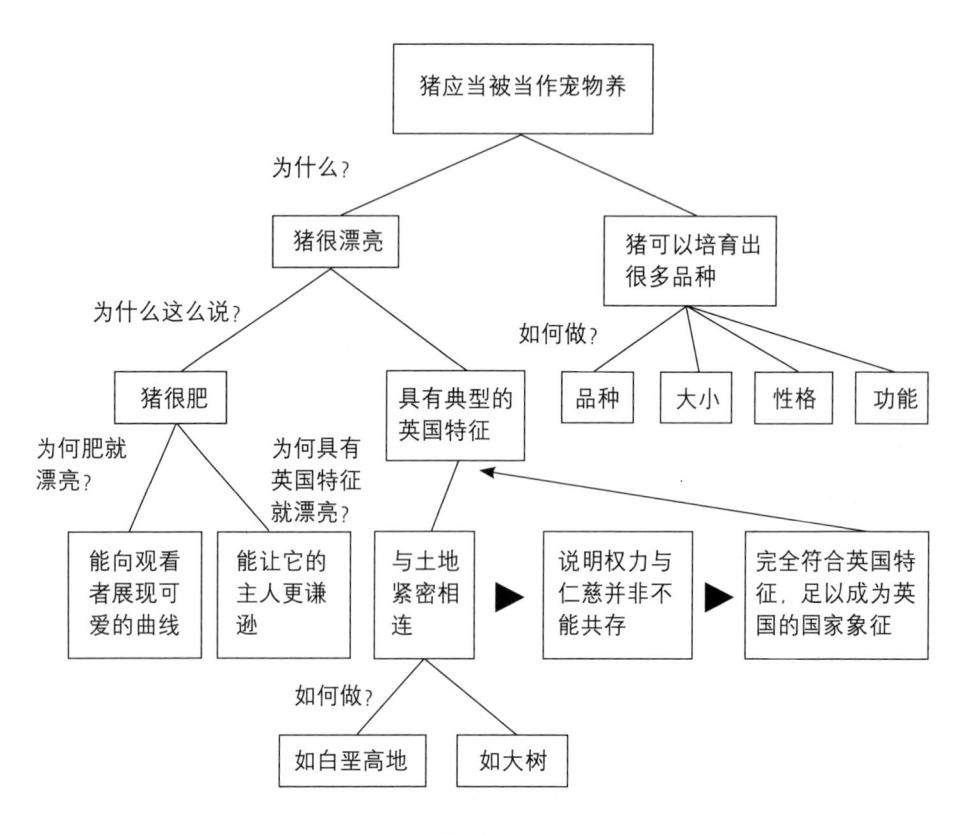

图2-2 金字塔结构引导疑问－回答式对话

读者:"为什么说猪很漂亮?"

切斯特顿:"猪很漂亮,因为猪很肥,而且具有典型的英国特征。"

读者:"肥胖的猪有什么漂亮的?"

切斯特顿:"胖胖的猪能够向观看者展现可爱的曲线,也能让它的主人更谦逊。"

显然,你可能不会同意切斯特顿的观点,但至少你可以了解他的论述过程。你能够清楚地了解切斯特顿为什么做出如上表述,显然不需要再提出疑问以进一步了解他的推理过程。于是,切斯特顿可以继续他的另一部分论述,即猪漂亮是因为它们具有典型的英国特征。

读者:"为什么具有典型的英国特征就漂亮呢?"

切斯特顿:"猪与土地是紧密相连的;这种连接说明权力与仁慈并非不能共存;这种态度很有英国特点,也非常美好,足以成为英国的国家象征。"

同样,你可能对这种观点持不同意见,但是你能够很清楚地了解切斯特顿这样表述的原因。这种表述之所以清晰,是因为所有思想都紧紧围绕着回答由主题引发的疑问来组织。最后一部分关于猪的品种的论述,同样可以让读者清楚地理解。

如图 2-3 所示,你还可以在商务报告中发现作者使用了同样的技巧。这是一份 20 页的商业备忘录的内容结构。这份备忘录的主题是建议购买英国莱兰公司的特许经营权(当然是在多年以前)。建议购买特许经营权有 3 个原因,在每个原因的下一层次,都对读者可能提出的疑问给予了回答。由于文章的论述过程非常清晰,读者要做的只是确定是否同意作者的推论，并提出与之相关的合乎逻辑的问题。

综上所述，金字塔结构的巨大价值就在于它促使你在理清思路时，在视觉上使纵向的疑问－回答式对话关系清晰化。你的每一个表述都应当引发读者的疑问，而你也必须在这一表述之下的层次上，在横向上逐个回答读者的疑问。

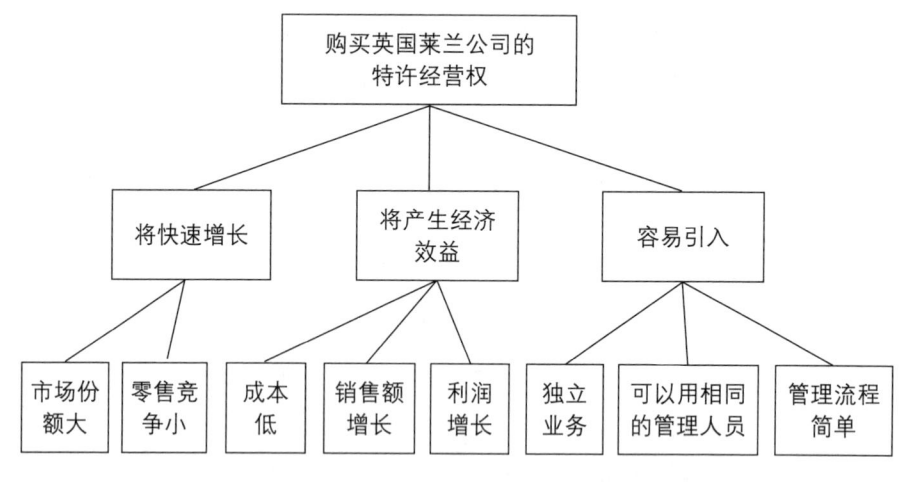

```
                    购买英国莱兰公司的
                      特许经营权
           ┌──────────────┼──────────────┐
       将快速增长      将产生经济         容易引入
                          效益
       ┌─────┐       ┌─────┬─────┐    ┌─────┬─────┬─────┐
    市场份  零售竞   成本   销售额  利润  独立   可以用相同  管理流程
    额大   争小    低    增长   增长  业务   的管理人员   简单
```

图 2-3 所有文章都应当具有疑问－回答式对话结构

横向关系

当考虑在下一结构层次上如何表述时，必须保证你的表述能回答上一个层次的表述引起的疑问，还必须保证符合逻辑。也就是说，表述必须具有明确的归纳或演绎关系，但不可既具有归纳关系，又具有演绎关系。在组织思想时，归纳和演绎是仅有的两种可能的逻辑关系。

演绎性思想组是由几个承前启后的论述组成的。第一个思想是对世界上的某种现象的表述，第二个思想是对第一个论述句的主语或谓语所做的表述，第三个思想则说明了以上两种情况同时在世界上存在时所隐含的意义。因此，演绎性思想组具有以下形式：

- 所有的人都会死。
- 苏格拉底是一个人。
- 因此苏格拉底会死。

通过对论述的概括，可以从一组演绎论证上升到更抽象的层次。而概括主要基于最后一个论述——因为苏格拉底是一个人，所以苏格拉底会死。

而一组归纳性论述中的思想可以互相关联，关键在于你可以用同一个名词表示思想组中的所有思想，比如支持的原因、反对的原因、步骤、问题等。归纳性论述的形式是：

- 法国坦克已抵达波兰边境。
- 德国坦克已抵达波兰边境。
- 俄国坦克已抵达波兰边境。

为了上升到更抽象的层次，你需要发现以上句子的共同点（即都是针对波兰的战争行为），并得出一个推论。你的推论可能是"波兰将遭遇坦克入侵"或类似的思想。

如果你选择以演绎法回答由某个思想引起的疑问，就应该使用三段论。其中，第二个思想是对第一个思想的主语或谓语所做的表述，而第三个思想则由以上两个思想推理得出。如果你选择以归纳法回答由某个思想引起的疑问，就必须保证该组思想在逻辑上具有共同点，而且可以用同一个名词表示。

了解了以上知识点之后，你就可以随时从某一思想开始构建自己的金字塔结构了，并在需要时加入其他思想（向上、向下或横向）。但是，在你着手构建金字塔结构之前，还要了解一件事，即你的文章需要回答的初始问题（即读者可能提出的第一个疑问）。你可以通过讲故事式的序言（前言、引言）确定初始问题。

序言的结构

我们已经了解，金字塔结构可以使你与读者不断地进行疑问－回答式对话。但是，除非引发这种对话的话题与读者有相关性，否则很难吸引读者的注意力。保证产生相关性的唯一办法，就是确保对话直接回答了你所发现的业已存在于读者头脑中的疑问。

虽然写作的主要目的是告诉别人他们不知道的信息，但是，读者只有在需要了解这些他所不知道的信息时才会去寻找答案。如果读者没有这种需要，就不会提出任何疑问，也谈不上找答案，反之亦然。

因此，为了保证能够吸引读者的注意，你的文章必须回答读者头脑中已有的问题，或者能回答读者对周围发生的事情进行短暂思考后可能会提出的问题。文章的序言可以通过追溯问题的起源和发展来给出这一问题。

问题的起源和发展必然以叙述的形式出现，应当按照典型的叙述模式展开。序言的开头应向读者说明"背景"（situation）的时间和地点。在这一背景中应当发生了某件事情，可称为"冲突"（complication），使读者提出（或将使读者提出）你的文章将要"回答"（answer）的"疑问"（question）。

这种典型的讲故事式的呈现方式——背景、冲突、疑问、回答——能够确保在引导读者了解你的思维过程之前，读者和你"站在同一位置上"。这种形式还能保证把思想重点放在文章的最前面。这也是判断你是否以最直接的方式传递正确信息的方法。

为了说明以上观点，请看下面这段商业报告中的序言：

本备忘录的目的是进一步思考和讨论以下问题并征集建议：
1. 董事会的组成及最合适的人数。
2. 董事会和执行委员会的日常角色、具体职责及相互关系。
3. 使独立董事成为有效的参与者。
4. 董事会成员的选举和任期的有关规定。
5. 董事会和执行委员会的运作可采取的各种可能方式。

请注意，当作者用讲故事的形式写备忘录的序言时，读者可以更容易理解该备忘录的目的和信息：

10月新设立的机构将获得管理该机构两个部门所有日常事务的全部权力和责任，这些权责以前由两个部门的经理负责。这一举措将使董事会从日常琐事中解脱出来，全力处理董事会独有的决策和规划等全局性事务。

但是，因为董事会长期深陷于处理短期运营问题的状态，现在无法有效地将工作重心转移到长期战略发展上。因此，董事会必须考虑实现工作重心转移所需要进行的变革。具体来说，我们认为董事会应当考虑如下变革：
- 将日常运营事务交由执行委员会处理；
- 增加董事会编制，吸纳独立董事参与；
- 制定规范内部运作的政策和流程。

总之，序言以讲故事的形式告诉读者，关于你正在讨论的主题他已经了解或将要了解的相关信息，从而引起读者的疑问，这个疑问也是整篇文章将要回答的问题。叙述式的序言说明了发生"冲突"的"背景"，以及"冲突"引发的"疑问"，而这个"疑问"正是文章将要"回答"的。一旦你提出了对该"疑问"的"回答"（即位于文章金字塔顶端的思想），就会使读者产生新的疑问，你就要在文章结构的下一层次回答这些新的疑问。

这3种子结构（即纵向的疑问-回答式对话、横向的演绎或归纳推理、讲故事式的序言）能够帮助你找到构建金字塔结构所需的思想。了解了纵向关系，就可以确定某一层次上的思想组必须包含哪些信息（即必须回答读者针对上一层次的思想提出的新疑问）。了解了横向关系，就可以判断你组织在一起的思想是否用符合逻辑的方式表达了信息（即是否采用了正确的归纳或演绎论述）。更重要的是，了解读者最初提出的疑问，将确保你组织和呈现的思想与读者有相关性（即文章中的思想有助于回答读者的问题）。

现在你一定很期待着手逐一应用以上规则，第3章将告诉你如何做。

第3章　如何构建金字塔

当你坐下来开始写作时，常会遇到这样的情形：只是大致知道要写什么，但并不清楚具体想表达什么，以及如何表达。即使你知道最终呈现的思想必定会组成金字塔结构，仍然会有不确定感。

实际上，你对将要完成的"成品"已经了解了很多。首先，你知道在文章的金字塔结构的顶端将有一个包含主语和谓语的句子；其次，你知道这个句子的主语就是文章的主题。

你还知道，这个句子是对读者头脑中业已存在的某个疑问的回答。当在（读者了解的）某个"背景"下发生了（读者了解的）某种"冲突"，就会引发读者的"疑问"，而回答这个"疑问"就是你写作的出发点。你可能还大致知道将要表达的一些要点。

这些已经不少了。你可以利用已知的这些知识，自上而下或自下而上地构建文章的金字塔结构。自上而下的方法通常比自下而上的方法更容易一些，可以首先尝试采用自上而下的方法。

自上而下法

自上而下地构建金字塔结构通常容易一些，因为你一开始思考的是最容易确定的事情，即文章的主题，以及读者对该主题的了解情况（你将在文章的序言中引导读者重温自己了解的情况）。

但是，你不能现在就坐下来开始写序言。应当先利用序言的结构，将头脑中的观点、论点、想法逐个梳理出来。为了做到这点，建议你遵循图3-1介绍的流程。

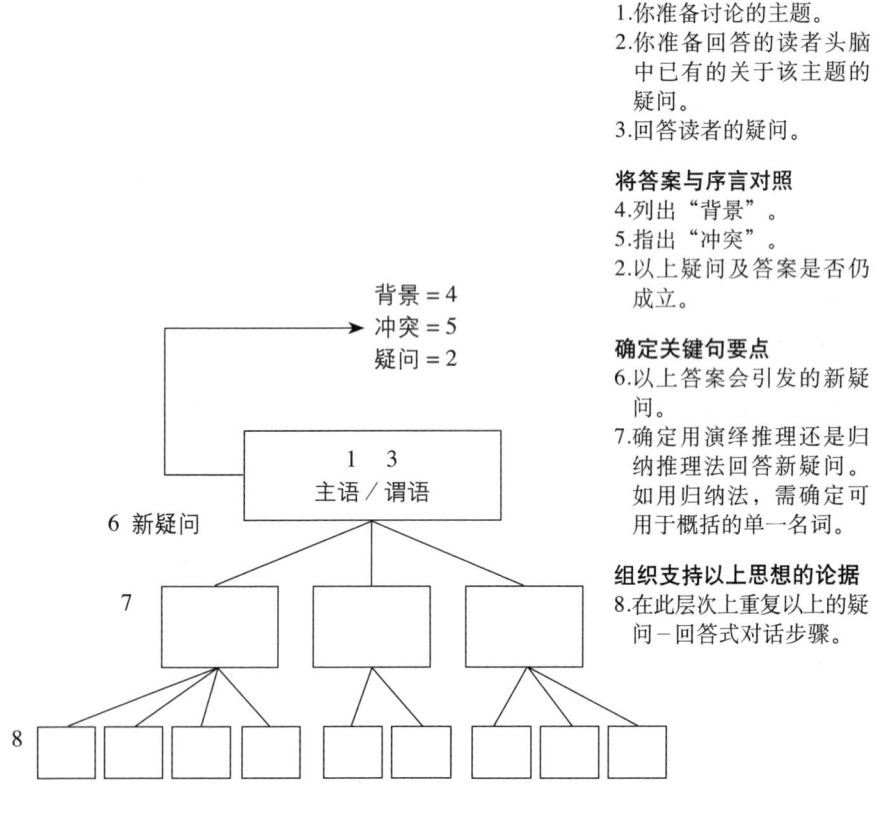

在最顶部的方框填入
1. 你准备讨论的主题。
2. 你准备回答的读者头脑中已有的关于该主题的疑问。
3. 回答读者的疑问。

将答案与序言对照
4. 列出"背景"。
5. 指出"冲突"。
2. 以上疑问及答案是否仍成立。

确定关键句要点
6. 以上答案会引发的新疑问。
7. 确定用演绎推理还是归纳推理法回答新疑问。如用归纳法，需确定可用于概括的单一名词。

组织支持以上思想的论据
8. 在此层次上重复以上的疑问－回答式对话步骤。

背景 = 4
冲突 = 5
疑问 = 2

1　3
主语／谓语

6 新疑问

7

8

图3-1 金字塔结构中互相关联的各要素

以自上而下法构建金字塔的步骤如下。

1. **画出主题方框。**

这就是文章的金字塔结构最顶部的方框。在方框中填入要讨论的主题。当然，前提是你知道要讨论什么主题，否则请跳到步骤2。

2. **设想主要疑问。**

确定文章的读者。你的文章将面对哪些对象？你希望文章能回答读者头脑中哪些疑问？如果你能确定读者的主要疑问，请写出来，否则跳到步骤4。

3. **写出对该疑问的回答。**

如果你知道答案，请写出你的回答，或者仅标注你能够回答。

4. **说明"背景"。**

你需要证明，现阶段你能够清晰论述该主要疑问及其答案。具体做法是：把要讨论的主题与"背景"相结合，做出第一个关于该主题的不会引起争议的表述。首先，关于该主题的哪些表述肯定不会引起读者的疑问呢？要么读者知道这一表述，要么根据以往经验很容易判断该表述的正确性。

5. **指出"冲突"。**

现在你已经开始与读者进行疑问-回答式对话了。想象一下，读者表示同意，点头说："对，我知道这个情况，那又如何？"此时，你就应当考虑"背景"中发生了哪些能使读者产生疑问的"冲突"，例如发生了某种意外，出现了某个问题，或出现了明显不应当出现的变化。"背景"中发生了哪些"冲突"，以致引发了读者的"疑问"？

6．检查"主要疑问"和"答案"。

对"背景"中"冲突"的介绍，应当直接引导读者提出主要疑问（已在步骤 2 中列出）。否则，应重新介绍"背景"中的"冲突"，使之可以直接引导读者提出主要疑问。可能有时"背景"中的"冲突"与主要疑问对不上号，这就需要重新构思。

以上步骤的目的是确保你了解自己将要回答哪些疑问。一旦确定了主要"疑问"，其他要素都很容易在金字塔结构中各就各位。

· · ·

提示

采用自上而下法构建金字塔的步骤：

1．提出主题思想。

2．设想受众的主要疑问。

3．写序言：背景—冲突—疑问—回答。

4．与受众进行疑问－回答式对话。

5．对受众的新疑问，重复进行疑问－回答式对话。

· · ·

下面举例说明应用以上方法时思维的发展过程。表 3-1 是美国某大型饮料公司财务部主管写的一份备忘录，我们将试着用以上方法改写该备忘录。

饮料公司的送货员将产品交付给客户后，客户应向财务部发回一张交货单，列明产品代码、交货日期和交货数量。公司的记账系统要处理这些交货单，处理流程如下：

处理交货单──▶发送账单──▶接收支票──▶处理收款

一家卖汉堡包的公司是该公司的大客户，长期从该公司采购大量饮料。大客户出于自身数据统计的需要，希望跟踪每天的账单情况。他们想知道是否可以留存每次的交货单，将有关信息及计算出的总数输入电脑，然后每月将数据盘和支票送至饮料公司总部。也就是说，大客户建议财务系统采用以下运作方式：

接收数据盘和支票────►处理收款

饮料公司的财务部主管需要审核和答复该方案的可行性，为此他写了一份备忘录，如表3-1所示。但是，这份备忘录仅仅阐述了"我们对该方案的运作方式有以下发现"，并未真正回答对方提出的问题。

如果你是饮料公司的财务部主管，并用图3-1中的方法组织思路，你的思维过程将大致如下。

1. 首先画一个方框，并问自己：我将讨论什么主题？（大客户提出的改变记账方式的建议。）

2. 我将回答读者头脑中已经存在的关于该主题的哪些疑问？（这个建议可行吗？）

3. 我的答案是什么？（可行。）

4. 然后与序言相对照，检查疑问和答案是否相互对应。将要讨论的主题与背景结合，做出第一个不会引起争议的表述。首先做出的哪些关于该主题的表述肯定不会引起读者的疑问呢？即读者肯定会当作事实接受，且不会提出任何疑问的表述。（大客户建议改变记账方式。）

5. 现在假定读者说："是的，我知道这回事，那又如何？"你就可以直接指出冲突。（你们问我该建议是否可行？）

你之前关于疑问的表述（该建议是否可行？）现在将跃入读者

表 3-1 答非所问的例子

收件人：罗伯特·赛尔蒙先生
主题：大客户

我们按照要求对大客户（公司编号 8306）提出的用数据盘将交货单信息发送至我们全国财务系统的建议进行了可行性研究。大客户和我们会基于预付款支付方式共同完成对信息的处理。经研究，我们对于该方案有以下发现：

1. 对于来自外部的全国财务数据，我们主要的要求，是这些数据必须按规定格式发送：
 A. 公司编号
 B. 销售点编号
 C. 交货单编号
 D. 交货单金额
 E. 交货时间

如果大客户没有公司编号或销售点编号，我们可以根据客户管理系统向其提供相关信息。大客户将这些信息录入其系统后，将为我们今后处理交货单数据提供很大便利。

2. 大客户将开发一个信息提取程序，从其系统中提取所有的交货单数据，并录入数据文件。该文件的格式适用于全国财务系统的现金收据子系统（参见数据格式）。然后，大客户会将此数据导出至数据盘，并送至我公司用于结算。同时，大客户还将把支票和数据盘的详细清单（参见报告格式一）送至我公司的全国财务系统银行保管箱。

我公司数据处理部门收到数据盘后，将根据规定程序进行结算，最终，大客户提交的支票金额与数据盘的数据必须为"零差额"（0.00）。

3. 结算完成后，我们将通过全国财务系统对数据进行处理，将交货单编号与更新的历史报表对照，并制作全国财务报表。

约翰·J·杰克逊
日期：

的大脑。读者想到的疑问与你之前提出的疑问基本一致,因此可以说,读者的疑问和你的回答相互匹配,你讨论的主题对读者是有意义的。

6．做出该建议确实可行的表述后,你将沿金字塔结构继续向下思考,以确定读者看到这样的表述后会产生哪些新的疑问。(为什么可行?)

7．针对"为什么"之类问句的回答必须是"原因",因此,在关键句这一层次上提供的所有要点必须都是"原因"。你的原因有哪些呢?

- 该建议将提供给我们所需的信息。
- 该建议将增加我们的现金流。
- 该建议将减少我们的工作量。

8．在确定了以上要点都正确且符合逻辑之后,下一步就是继续沿金字塔结构向下思考,提供能够支持以上观点的思想。在篇幅较短的文章中,可能无须进一步构建金字塔结构,就可以开始写正文了。你在写到每个具体部分时或许很容易从脑海中找到支持以上观点的思想。

从以上步骤可以看出,这种方法促使作者在写作时仅仅抓住与读者的疑问有关的信息。但是在具体操作中,这种方法能够让作者更全面地考虑该疑问,而不是像表 3-1 的例子那样,只考虑到疑问的一部分。而且,如果作者在写作时能够遵循这种自上而下的思想组织方式,读者显然就能非常容易地理解作者的全部思想,如图 3-2 所示。

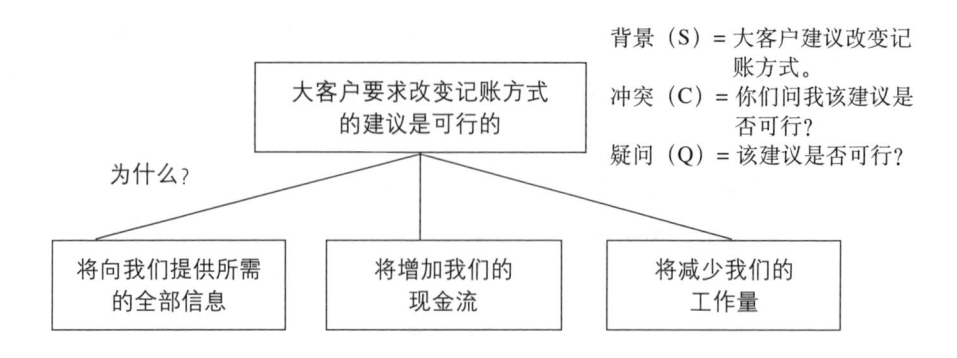

```
                    大客户要求改变记账方式           背景（S）= 大客户建议改变记
                      的建议是可行的                         账方式。
                                                  冲突（C）= 你们问我该建议是
   为什么？                                                 否可行？
                                                  疑问（Q）= 该建议是否可行？

  将向我们提供所需      将增加我们的        将减少我们的
    的全部信息            现金流              工作量
```

图 3-2　紧扣读者疑问的回答

自下而上法

很多时候你会发现自己还没想清楚，无法构建金字塔结构的顶部。比如，有时你无法确定要讨论的主题，有时还不清楚读者头脑中的疑问，有时则无法确定读者了解什么、不了解什么。遇到这些情况时，可向下移动一个层次，从关键句层次着手。

如果你能够确定某些关键句要点，那很好，但多数情况下你可能无法确定。别着急，你可以按照以下步骤，通过"三步走"自下而上地组织你的思想。

• • •

提示

自下而上思考：

1．列出你想表达的所有思想要点。
2．找出各要点之间的逻辑关系。
3．得出结论。

• • •

让我们以一篇需要重写的文章（如表 3-2 所示）为例，说明此方法。这是一位年轻的咨询顾问在得到任务并工作两周后，交给上级经理的一篇备忘录，客户是英国的一家印刷厂——TTW 公司。

除了备忘录中的内容，我对有关情况或主题一无所知。因此，我们做的一切都只能根据这篇文章提供的信息进行，对这名咨询顾问建议的正确性不妄加评论。我们要做的只是让文章的思路更加清晰。

表 3-2　思路混乱的例子

收件人：
主题：TTW

以下是本人近两周工作成果的总结。

我们都知道，排版成本是新书成本中最重要的部分，约占精装书成本的 40%、简装书的 50%～55%。

排版成本主要包括：

机器排版	30%～50%
审阅	17%～25%
初校样及校对	10%～16%
编排	10%～20%
整版及布版	10%～15%

将 TTW 公司的排版成本与平均水平进行比较可发现，TTW 的排版效率相对较低。目前，排版评估人员正在研究我向他们提供的一些典型案例。

TTW 公司的每一项排版工作基本都要重复相同的步骤，以保证较高的质量。这也是其在简单的排版业务上缺乏竞争力的原因之一。

爱斯伯雷公司对 TTW 公司排版成本较高的原因非常感兴趣。我已经与罗伊·沃尔特、布赖恩·汤普森和乔治·肯尼迪谈过此事，肯尼迪愿意进行一项实验，以确定：(1) 该企业的排版工序是否可以简化，尤其是针对某些排版业务；(2) 效率较低的原因，即为什么低于平均水平。

TTW 公司目前的排版任务已经超负荷了。排版部门的大部分工作都无法按时完成。这种生产能力低下的现象在手工排版方面尤为突出。TTW 公司支付的工资比该地区其他印刷厂都低，因而越来越难以吸引和留住排版员。

现在，TTW 公司正面临工会提出的一项新要求。另外，有两名排版员已经辞职。

47

续表

该企业排版部门的员工目前少于预定编制,员工的加班量超过 50%。

结论:
1. 降低排版成本似乎可以采用以下办法:
   (1) 简化价格较低的排版业务的工序。
   (2) 改变工作方法,提高生产效率。
2. 为了简化某些项目的工序,必须进行一些实验,对整个工序进行全程跟踪,控制因改变校对次数和时间而对排版质量造成的边际效应,并观察客户的反应。此举节约的费用可以达到排版总成本的 10%。

我认为,第二种降低排版成本的方法需要进行细致的研究。TTW 目前在手工排版上的效率低于平均水平 20%~50%,应当能够有所改善。

3. 如果我们将 TTW 与贝德尔公司、波耐尔公司等进行比较,也许可以有一些发现。乔治·肯尼迪和罗伊·沃尔特似乎对这项对比研究很有兴趣。但是,我已经告诉过他们,也许他们不会有太多发现。

4. 爱斯伯雷公司内部对 TTW 公司的排版成本有不同看法。格里·卡尔弗特认为 TTW 公司的排版成本肯定过高,乔治·肯尼迪认为尚没有确凿证据显示其排版成本过高,而罗伊·沃尔特则认为他还无法对此下结论。他们似乎都非常愿意对此进行调查研究。

发件人:
日期:

步骤 1:列出所有要点。

我们先来看看表 3-3 中的解决方案,因为确定行动性思想(即介绍需要采取的行动)的有效性比确定描述性思想(即说明背景或介绍信息)的有效性更容易一些(参见第 7 章"概括各组思想")。简化工序与改变工作方法之间存在什么逻辑关系呢?答案是没有任何关系,两者说的是同一件事。因此,这一步分析没有什么收获。

再看看问题。我们很快能看出,其中显然隐含着一些因果关系。我们应尽可能清楚地将其结构画出来。

表 3-3 列出所有要点

问题	解决方案
1. 排版工作效率低。 2. 每项排版业务均使用相同的工序。 3. 对简单业务的报价没有竞争优势。 4. 无法按时完成。 5. 工资偏低。 6. 员工短缺。 7. 加班过多。 8. 在排字和手工排版上的效率低于平均水平。	1. 简化价格便宜的排版业务的工序。 2. 改变工作方法，提高生产效率。

步骤 2：找出逻辑关系（因果关系）。

对因果关系的分析揭示出两条推理链条（如图 3-3 所示），可能某些应当列出的要点并未被列出。现在可以得出一些结论：那名咨询顾问可能想说，该企业生产效率低、加班过多，因此导致成本过高；也可能想说，为了降低成本，应简化工作方法、提高员工工资。

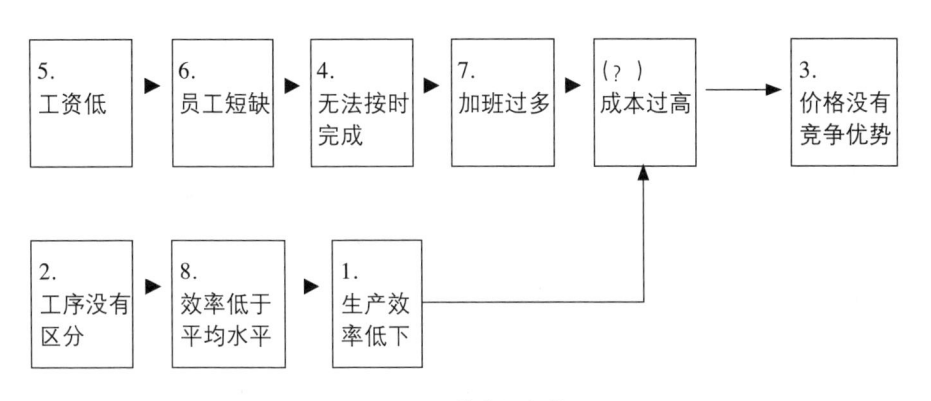

5. 工资低 ▶ 6. 员工短缺 ▶ 4. 无法按时完成 ▶ 7. 加班过多 ▶ （？）成本过高 → 3. 价格没有竞争优势

2. 工序没有区分 ▶ 8. 效率低于平均水平 ▶ 1. 生产效率低下

图 3-3 找出逻辑关系

步骤 3：得出结论。

如图 3-4，可以得出两个结论，那名咨询顾问究竟想说明哪一个结论呢？你可以结合序言部分进行思考。原备忘录暗示读者已经

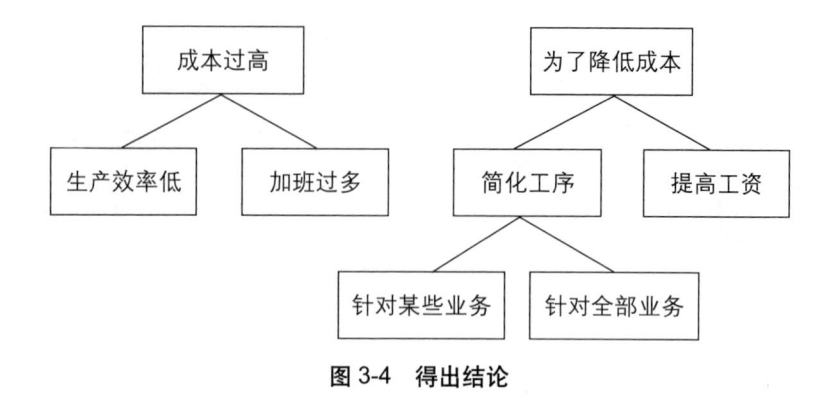

```
        成本过高              为了降低成本
        ╱   ╲                 ╱      ╲
   生产效率低  加班过多     简化工序    提高工资
                            ╱    ╲
                      针对某些业务  针对全部业务
```

图 3-4 得出结论

了解的情况是什么？显然，读者知道成本是一项重要因素，知道 TTW 在报价上不具竞争力，可能还知道在 TTW 没人知道其成本是否过高。这样，你的思路应当如下所示：

1. 主题　　　＝ 排版成本。
2. 疑问（1）＝ 排版成本是否过高？
3. 答案（1）＝ 是的。
4. 背景　　　＝ 排版成本是总成本中最重要的一部分。
5. 冲突　　　＝ 不知道排版成本占总成本的比重是否过高，但竞争力较低的事实说明可能如此。
   疑问（2）＝ 排版成本可以降低吗？
   答案（2）＝ 可以。
6. 新的疑问 ＝ 如何实现？
7. 关键句　　＝ 省略排版过程中不必要的工序，并且将员工工资提高到具有竞争力的水平。

表 3-4 的文章既包括了以上思想，又容易被接受。你可能不同意这位年轻咨询顾问的推论，但至少这样可以将其思路清楚地表达

表 3-4　结论清晰的例子

> 收件人：
> 主题：TTW
>
> 　　过去两周，我在爱斯伯雷公司的工作是研究排版的成本。我们知道，排版成本占精装书成本的 40%，占简装书成本的 50%～55%，TTW 公司并不知道自己的排版成本是否过高，但是大家认为该公司在排版业务方面缺乏竞争力。
> 　　经过初步调查，我们认为该公司可能可以通过以下方法大幅降低排版成本：
> 　　1. 省略排版过程中不必要的工序。
> 　　2. 将员工工资提高到具有竞争力的水平。
>
> **省略工序**
> 　　TTW 公司在手工排版方面的工作效率比平均水平低 20%～50%。观察其排版方法可以发现，该公司对每一项排版业务，不管是圣经还是惊悚小说，基本都采用相同的工序，以保证质量。这是该公司缺乏竞争优势的部分原因。
> 　　我就这一发现与罗伊·沃尔特、布赖恩·汤普森和乔治·肯尼迪讨论过。肯尼迪愿意进行一项实验，以找出：(1) 该企业的排版工序是否有可以简化的，尤其是针对某些排版业务而言；(2) 其效率低于平均水平的原因。
> 　　下周我们将全程跟踪几项简单的排版业务，控制因改变校对次数和时间而对排版质量造成的边际效应。此举可节约的费用或许会达到排版总成本的 10%。我们还将进行一项细致的方法研究，以尽量缩小该公司与平均水平的差距。
>
> **提高工资**
> 　　TTW 公司支付给员工的工资比该地区其他印刷厂低，因而难以吸引并留住排版员。有两名排版员刚刚辞职，使该公司排版部门的员工人数低于预定编制。大多数排版业务都无法按时完成，员工的加班量也超过了 50%。
> 　　该公司目前正面临着工会提出的一项新的要求，可能会被迫增加员工工资。如果这样，该公司应该能够招聘到合适的员工，省去加班费用。
>
> 　　　　　　　　　　　　　　　　　　　　　　　　　发件人：
> 　　　　　　　　　　　　　　　　　　　　　　　　　日期：

出来，读者也才能够确定是同意他的观点，还是找出可质疑之处。

我将这份备忘录完整地重写了一遍，因为我想说明一点，总的序言可以包括关于关键句要点的表述，这样读者就可以在开始阅读的最初30秒内了解你的全部思路。文章的其余部分都是为了解释或支持你已提出的观点，所以读者在之后的阅读过程中肯定不会遇到让他意外的重要思想。这样，如果读者的时间有限，他就可以简单地浏览一下文章。实际上，如果读者在阅读的最初30秒内还不能清楚了解你的全部思路，你就应该重写这篇文章。

此外，加标题及小标题是为了用以突出文章结构中的要点，以便读者迅速找到关于某个问题的详细论述。如果文章篇幅较长，加小标题的做法尤其有效。为了达到更好的效果，还应注意标题的用词（参见第10章），即标题应呈现某种思想、观点或论点，而不是只说明要讨论问题的类别。不要用"我们的发现"或"结论"这类标题，它们对于让读者快速了解文章的主要内容和观点没有太大帮助。

最后，再简单说说写作风格。你会发现，原备忘录与改写后的备忘录在语言使用和措辞上几乎没有区别。这说明，改写后的文章思路更清晰是因为应用了金字塔结构，而不是写作风格的变化。

初学者注意事项

金字塔原理的规则能够使你从金字塔结构中任何一个位置上的思想着手，发现其他所有相关的思想。但是，你必须采用自上而下法或者自下而上法。我已经分析了常规的思维方法，但是在具体应用时仍会遇到各种可能的情况，出现问题在所难免。以下是我对金字塔原理初学者常见问题的回答：

1. 要先尝试自上而下法。

一旦你将思想落实为文字，它似乎就戴上了最美丽的光环，令你感觉"字字珠玑"，甚至不愿意进行必要的修改。因此，不要试图一下写出整篇文章，或许稍后你会更容易理清文章的结构。一旦思想变成了文字，你可能会觉得写得不错，而根本不管文章的思路实际上是不连贯的。

2. 序言先写背景，将背景作为序言的起点。

一旦你知道自己想在序言的主体部分说什么——背景、冲突、疑问和回答，就可以根据你希望产生的效果，按任何顺序写出这些内容。选择不同的顺序会影响文风，当然你肯定想运用不同的风格写不同的文章。但是，一定要从"背景"开始构思，因为按照这个顺序，你更容易准确地找到"冲突"和"疑问"。

3. 多花点时间思考序言，不要省略这一步。

先想好序言，避免开始论证时还在想背景或冲突。当你坐下来开始写作时，通常头脑中已经完整地呈现出了文章要点，触发这些主要思想的"疑问"也很明显。这时，你就很容易直接跳到关键句层次，开始回答由主要思想引起的新的疑问。我劝你不要这样做。因为多数情况下，你会发现自己还在思考和组织属于"背景"或"冲突"的信息，这会使你陷入复杂、混乱的论证中。你应当先整理出序言的信息，让自己能更自由、从容地将注意力集中在金字塔结构中较低层次的思想上。

4. 将背景放在序言中。

不要到文章的正文部分才告诉读者之前发生的事情。正文部分应当只包括思想（即因向读者呈现新的思考而引起读者疑问的表述），思想只能按特定逻辑互相联系。也就是说，文章主体部分只能描述一些通过分析能够发现因果关系的事件。简单的背景事件不是逻辑思考的结果，因而不能视为思想。

5．序言仅涉及读者不会对其真实性提出质疑的内容。

序言的目的只是告诉读者一些他们已经知道的信息。当然，有时你并不知道读者是否确实知道某些信息，有时你则可以肯定读者不知道某些信息。如果要表达的信息能够很容易地由客观的第三方进行检验和证实，那就可以假定读者"知道"该信息，不会对其真实性提出质疑。

同时，注意不要在序言中涉及任何读者不知道的信息，因为这样的信息可能会让读者提出非你所愿的"疑问"。另外，不要在金字塔结构中涉及任何读者已经知道的信息。如果你需要利用读者已经知道的信息回答金字塔结构中较低层次上的问题，就说明序言中遗漏了重要的信息。如果在序言中加入该信息，也许读者会提出不同的疑问。

6．在关键句层次上，更宜选择归纳法而非演绎法。

关于这一点，第5章"演绎推理与归纳推理"会有更详尽的说明。在关键句层次上使用归纳推理比使用演绎推理更容易使读者接受你的观点，因为归纳法更易于理解。人们倾向于按照思维发展的顺序表达自己的思想，而思维发展的顺序通常都是演绎的顺序。但是，以演绎的顺序发展的思想并不一定要按演绎的顺序表达。在大多数情况下，你都可以用归纳法的形式来表达以演绎法发展的思想。

假设你要建议某人购买一座库房，就可以用如图3-5所示的演绎推论支持你的建议。

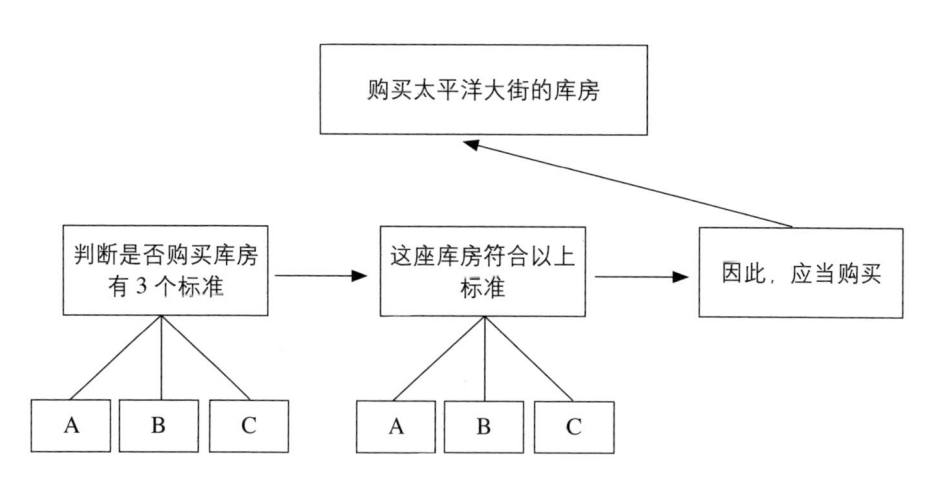

图 3-5 支持对方购买库房的演绎推理

这个结构中的第三个要点不会引起读者的疑问。假设你的写作顺序是先表达金字塔顶端的核心观点，然后表达关键句要点，那么你根本不需要用第三个要点再表达一遍核心观点。这个论证结构过于复杂，而采用归纳法能更有效地表达你的观点，如图 3-6 所示。

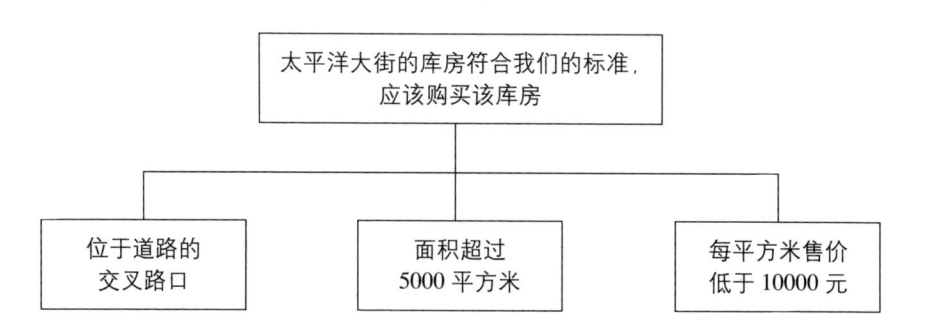

图 3-6 支持对方购买库房的归纳推理

55

第 4 章　序言的具体写法

文章的序言（前言、引言、导言）概述了读者已知的信息，并将这些信息与文章将要回答的疑问联系起来，然后作者就可以将全部精力放在回答这个疑问上。在演讲稿中，这部分内容对应的就是开场白。

文章的序言通常会采用讲故事的形式，也就是说，序言应当先介绍读者熟悉的某些"背景"，说明发生的"冲突"，并由此引发读者的"疑问"，然后针对该"疑问"给出"答案"。这种讲故事的形式对于组织读者已知的信息非常有用。只要掌握了这种方法，就能迅速构思出短篇文章的整体结构。文章的序言通常只有有限的几种模式。

序言的故事结构

如图 4-1 所示，序言可以用位于金字塔顶端、文章思想结构以外的一个圆圈来表示。序言总是在向读者陈述其已知的信息，它的意义在于说明了某种"背景"，这种"背景"中发生了某种"冲突"，从而引发了某种"疑问",而整篇文章的目的就是回答这个"疑问"。你也许会问:"为什么序言是在讲故事,又为什么讲的是读者已经了解的信息?"

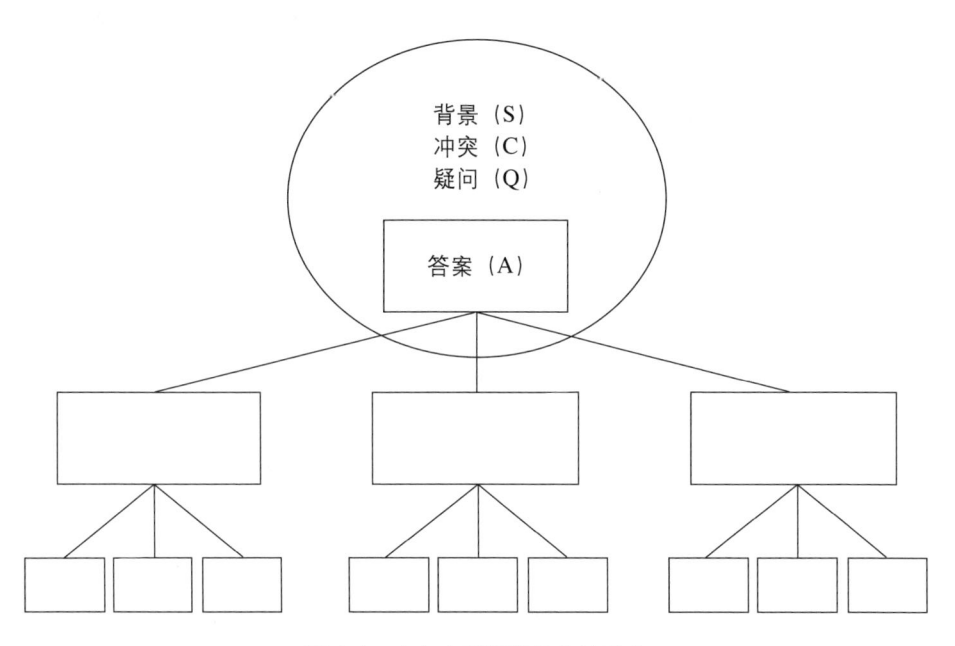

图 4-1 序言应采用讲故事的形式

为什么要采用讲故事的形式

无论是谁,读你写的文章都不会像读一篇所有人都认为扣人心弦的小说那样兴趣盎然。认真想一想,也许你也会认同这一点。读者头脑中已经存在许多杂乱、零散的思想,其中绝大多数与你的文章讨论的主题无关,但却是读者关心和感兴趣的。如果读者事先并不确定会对你的文章感兴趣,那么对读者而言,要将所有其他思想抛开,专注于你提供的信息,将是一件非常困难的事情。读者只有在感受到强烈的吸引力时,才会愿意暂时放弃其他思想,专注于你提供的信息。

但是，即使读者非常想了解文章的内容，相信文章很有意义，他们也必须付出努力才能抛开其他思想，专注于文章中的内容。相信大家都有过这种经历：某篇文章已经读完了一页半内容，却忽然发现自己其实一个字也没看进去，这就是因为我们没有抛开头脑中已有的其他思想。

因此，你必须想办法使读者轻松抛开其他思想，专注于文章的内容。为了达到这一目的，有一种非常简单的方法，即利用未讲完的故事制造悬念吸引读者。举个例子，假如我对你说：

"深夜，两个爱尔兰人在一座陌生的城市中相遇……"

不论你在读这句话之前想的是什么，读过之后你的注意力都会紧紧地被我吸引住。我已经将你的思想带到了特定的时间和空间，并且通过叙述这两个爱尔兰人的言行牢牢地控制了你的思想，直到故事的高潮过后。

这就是你在文章的序言部分要做到的。你应当为读者讲述一个与主题有关的故事，引起读者对主题的兴趣。每一个好的故事都有开头、中间和结尾，相当于引入某种"背景"、说明发生的"冲突"，并提出解决方案。写文章的目的或者是为了解决一个问题，或者是为了回答读者头脑中的一个疑问，因此，这里的解决方案就是你在文章中要表达的主要思想。

当然，对于读者来说，序言还应当是一篇"好"故事。如果你有孩子，就会明白，世界上最好的故事实际上就是孩子们已经听过的故事。因此，如果你确实想给读者讲一个好故事，就应该给他们讲一个他们已经知道的故事，或者他们应当知道的故事（如果读者具有相应的背景知识）。

这种方法能够让你在向读者表述他们可能不同意的观点之前，

先向他们传递一些他们肯定会认可的信息。从心理学角度看,与让读者在混乱的思想中摸索相比,先向他们传递一些简单易懂、容易接受的信息,可以使读者更容易接受全文的思想。

···

提示

序言要采用讲故事的形式,是为了让读者抛开其他思想,专注于你的话题。

激发读者兴趣,吸引注意力:新奇、悬念、与读者本人相关。

···

何时引入"背景"

引入"背景"时,应先陈述与文章主题有关且读者会同意的内容,即读者已经了解或者将会认可的内容。如果你发现自己没有在文章开头说明与文章主题有关的背景,那么你或者是选错了主题,或者是开始讨论主题的时机不对。

如果你完全清楚文章的目标读者是谁,甚至知道他们的名字,譬如在写信或备忘录时,那么何时引入"背景"就很简单了。引入"背景"的时机,就是你能够对文章主题做出独立的、无争议的表述的时候。表述的独立性是指,在这一表述之前无须用其他表述论述其准确含义;无争议性是指,你预计读者肯定能够理解并接受这一表述。

如果文章针对的读者面很广,比如准备发表在杂志上或者出版图书,那么你的任务更多的是"引导"读者产生某种疑问,而不是"提醒"读者想起已有的某种疑问。在这种条件下引入"背景"会相对困难一些。但是,你可以假设读者对于文章主题已经有了足够的了解,并且你也就这一主题给出了已被普遍接受的知识。

如果你提供的信息曾经在《商业周刊》或《财富》杂志上出现过，就可以假定你的读者群能够接受该表述。当读者看到以故事形式组织的素材，并且素材的组织方式是自己以前从未考虑过的，他们就比较容易提出你要在正文部分回答的疑问。

所有引出"背景"的句子都具有一个重要特征，即能够将你锁定在特定的时间和空间，从而为讲故事做好准备。以下是几个典型的起始句：

- 能源投资公司正在考虑将采矿厂的铁矿石出口到捷克斯洛伐克的可行性。（备忘录）
- 任何大型医疗服务体系都受到资源日益匮乏的困扰，民营医疗服务体系也不例外。（报告）
- 根据考古发现，在人类历史最早的250万年中，人类制造的工具都是实用性的石器。（杂志文章）
- 与其他人一样，当今商业社会中的经理人也是其所属文化的产物。（图书）

读者对于上面列举的这些表述通常会点头表示同意："是的，我认为是这样，那又如何？"如果更客气一点，他们或许会说："你为什么要告诉我这些呢？"读者的回应使你能够借此提出"背景"中的"冲突"。

什么是"冲突"

文章序言中的"冲突"经常是指出了某种问题，但并不总是字面上的"问题"。这里的"冲突"类似于讲故事时推动情节发展的因素，能够促使读者提出"疑问"。

从描述文章主题的公认事实开始讲"故事"，"冲突"就是推动"故事"情节发展的因素,并且必须引发读者的"疑问"。读者的"疑问"可能有多种形式,但通常可归结为一个问题——"接下来会怎么样",如表4-1所示。

表4-1 多数文章回答了以下4个疑问之一

背景 (关于文章主题的 公认事实)	冲突 (推动情节发展并引发读者 提出疑问的因素)	读者的疑问
需要完成某项任务	发生了妨碍完成任务的事	我们应该怎么做
存在某个问题	知道解决问题的方案	如何实施解决方案
存在某个问题	有人提出了一个解决方案	该方案是否正确
采取了某项行动	行动未达到预期效果	为什么没有达到预期效果

表4-2为上述每种形式列举了一个具体的例子。这4个例子都摘自亨利·斯特拉格编著的《管理中的里程碑》一书(这本书在过去近30年中为塑造人们的管理思维发挥了很大的作用)。读到这些例子的时候,你会注意到,人们在实际应用"背景-冲突-疑问"(S-C-Q)的框架结构时,可能会根据实际情况采用多种不同风格的写法。

••••

提示

什么是"冲突"?

"冲突"是推动故事情节发展,并引发读者提出疑问的因素。

••••

表 4-2　具有故事结构的序言

资本投资的风险分析 　　企业经营者必须做出很多决策，其中最具有挑战性也最受关注的，就是从多种资本投资方案中选择低风险方案。这种选择的难度不在于在特定假设条件下进行投资回报的规划，而在于了解并权衡各种假设条件及其影响。 　　每一种假设条件都存在不同程度的不确定性。如果将多种假设条件综合考虑，不确定性就会相互叠加，可能使总的不确定性达到危险的程度，这就是风险因素发生作用的时候。但企业经营者却很难从现有的工具和方法中获得风险评估方面的帮助。 　　有一种方法可以帮助企业经营者做出重要的资本投资决策，即为他们提供针对相关风险的实际评估方法。有了这种可以在任何投资回报层次上进行风险评估的工具，企业经营者就可以根据企业目标更有效地评估各种投资方案的利弊。 戴维·赫兹 《哈佛商业评论》	背景 = 需要从多种资本投资方案中选择风险最小的方案。 冲突 = 不知道如何评估不确定性风险。 疑问 = 是否有可以计算相关风险的实用方法？ 答案 = 有。
市场短视 　　任何一个支柱产业曾经都属于成长型产业。有些现在非常繁荣的产业已经笼罩在衰退的阴影中，而有些被认为是成熟的产业已经陷入了停滞。 　　在任何情况下，产业发展放缓、停滞或受到威胁，都不是因为市场饱和，而是因为管理失误。 西奥多·莱维特 《哈佛商业评论》	背景 = 许多产业已经陷入停滞或受到衰退的威胁。 冲突 = 认为产业发展受到威胁是由于市场饱和。 疑问 = 这种看法正确吗？ 答案 = 不正确，真正的原因是管理失误。

续表

如何激励员工 　　各种文章、书籍、演讲和研讨会曾无数次无奈地提出：如何才能让员工按照我的期望工作？ 　　在这个问题上，可靠的发现其实很少，这种猜想多于科学认识的研究现状无法阻挡新型骗人招式不断涌入市场，其中许多招式还有学术研究做支撑。 　　本文无法直接打压这些骗人招式的市场，但文中的观点已经过许多企业和组织机构检验。希望这篇文章能够提供更多科学的方法。 　　　　　　　　佛雷德里克·赫尔茨伯格 　　　　　　　　《哈佛商业评论》	背景＝希望员工采取期望的行为。 冲突＝需要应用激励心理学。 疑问＝如何做到？ 答案＝应用本文的观点。
调整管理模式，以应对经济衰退 　　在过去数年中，美国商业的竞争力明显有所减弱，整体的经济形势也越来越令人担忧。经济学家和商界领导者们认为，美国经济健康和经济信心的下滑是由于欧佩克（OPEC）的贪婪、政府税收政策和货币政策的不完善，以及政府管控的加强。然而，我们认为这些理由非常不充分。 　　有一些问题他们没有解释，例如，为什么美国生产增长率的绝对值和与欧洲、日本对比的相对值都出现了下滑。他们也没有解释，为什么美国在许多高科技领域和一些成熟的工业领域失去了领先地位。虽然许多很容易想到的因素制约着美国的商业，比如政府管控、通货膨胀、货币政策、税收法案、劳动力成本和限制性条件、对于资本短缺的担忧、进口油价，但是，美国的经济所面临的这些压力也同样影响着其他国家。	背景＝美国商业经历了明显的衰退。 冲突＝美国与德国、法国要面对的问题相同，但美国的衰退状况更糟糕。 疑问＝为什么？ 答案＝管理者们没有着眼于长远的技术性竞争力上。

上述理由显然无法得到德国人的认可。德国的石油有95%依靠进口（美国有50%依靠进口），德国政府对于GDP的贡献率为37%（在美国，这一数字是30%），而且在德国，绝大多数重要决策必须征询工人的意见。然而，德国的生产增长率自20世纪70年代开始不断提高，近年来已经是美国的4倍多。

法国的情况与此相似，如今，法国制造业（尽管他们的钢铁业和纺织业遇到了问题）的生产增长率是美国的3倍多。没有哪个现代工业国家能够避免困扰着美国商业的各种问题和压力。那么为什么相比之下，美国企业的竞争力会衰退得更明显呢？

罗伯特·海因斯，威廉·阿伯内西
《哈佛商业评论》

为什么要用这种顺序

序言应当采用"背景—冲突—疑问—解决方案"的结构，但是，各部分的顺序可以变化，以塑造不同的文章风格。以下是一篇序言的基本结构和分别用4种顺序写出来的例子，请注意体会改变陈述顺序后文章风格的变化。

基本结构

背景（S）= 本公司的业务多元化研究服务在过去5年中增长了40%。

冲突（C）= 无法证明我们的工作对客户有明显益处。

疑问（Q）= 如何确保多元化研究确实对客户有明显益处？

回答（A）= 实施"公司发展项目"，以研究该问题。

标准式：背景—冲突—答案

近几年来，本公司已经因为提供多元化研究服务而向许多客户收取了大量费用，但是至今伦敦办事处也没有一个员工能够证明，某客户的某项收购案或并购案与本公司的工作密不可分。该办事处为能够证明这一点的员工准备的香槟酒也一直无人开启。然而，本公司的多元化研究服务在过去5年中增长了40%。因此，现在应该实施"公司发展项目"，以便搞清楚一点——我们如何确保多元化研究确实能够为客户带来显著的利益。本备忘录列举了该项目实施过程中应当解决和进行试验的主要问题与假设。

开门见山式：答案—背景—冲突

我们实施"公司发展项目"的首要目标，是提高我们帮助客户实施业务多元化的能力。仅在伦敦办事处，帮助客户寻找收购或并购对象的服务在5年中就增长了40%，但是我们不能证明任何一项收购案或并购案是与我们的工作密不可分的。

突出忧虑式：冲突—背景—答案

据我了解，目前伦敦办事处还没有一个员工可以说，他为客户所做的多元化研究已经为客户带来了客户自身无法实现的明显效益。这种情况令人吃惊，因为我们在多元化研究领域的服务在过去5年中已经增长了40%。从良心上讲，我们不能继续为无法取得显著收益的工作收取客户的报酬，这样做也难以维持我们的良好声誉。因此，我建议实施"公司发展项目"，研究如何使我们的业务多元化研究服务真正为客户带来显著的利益。

突出信心式：疑问—背景—冲突—答案

如何确保业务多元化研究继续成为我们的重要服务项目？此项

服务目前已占公司总营业额的 40%，但是难以举出例子，说明我们为客户提供了必不可少的帮助。如果不采取措施提高工作的价值，我们就会面临失去该领域发展优势的实际风险。

为此，我建议立即实施"公司发展项目"，用以研究如何改善我们在该领域的服务能力，使这项服务能够不断为客户带来显著的利益。

什么是"关键句要点"

关键句要点（或称要点、核心观点、一级结论、一级论点、重要结论）不仅要回答由文章主题思想引起的受众的新疑问，还要呈现文章的框架结构。因此，如果文章篇幅较长，就应该列出关键句的要点，如图 4-2 所示，然后为第一个要点起一个小标题，由此开始写作（参见第 10 章）。

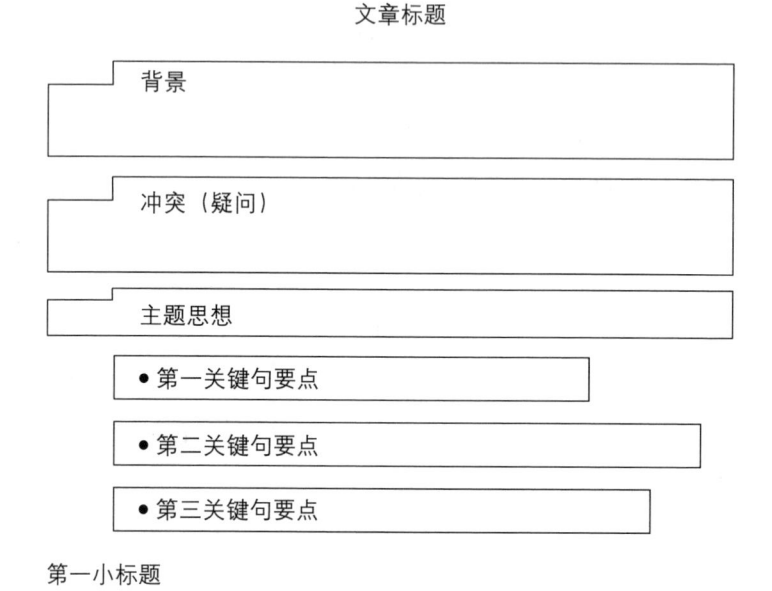

文章标题

- 背景
- 冲突（疑问）
- 主题思想
  - 第一关键句要点
  - 第二关键句要点
  - 第三关键句要点

第一小标题

图 4-2　首先列出关键句要点

列出关键句要点可以让读者在开始阅读的最初 30 秒内就能了解你的全部思路。随后的内容只是解释或支持这些要点，你已经非常得体地将读者请到了一个适当的位置上，由读者自行决定是继续读下去，还是就此接受你的结论。不管读者如何选择，他们都明白，接下来不会有令人意想不到的内容，这样他们在继续阅读时会更加容易接受和理解。

如果文章篇幅较短，譬如每一部分只有一两段支持素材，就不用先列出要点，然后在小标题中再重复一遍了。在较短的文章中，可以将关键句要点作为段落的主题句，并在这些主题句下划一条下划线（或加粗），使读者在阅读时更容易注意到。

要记住，关键句要点必须能表达文章的思想。举个反例，像下面这样写序言是不对的。

> 本备忘录将主要说明由项目组制定和实施的能显著提高盈利指标的方法。全文可分为 6 个部分：
> - 背景。
> - 项目组的方法原则。
> - 项目内容。
> - 如何组织计划。
> - 具体收益和效果。
> - 成功的前提条件。

用这种方式列出的要点不是在向读者传达文章的信息，而只是向他们硬塞了一系列无法准确理解的词汇，除了浪费读者的时间，拖延读者对文章的理解之外，没有任何用处。

根据我的经验，最好永远不要用"背景""介绍"作为某一章节的标题，因为这种标题所含的信息与其他标题所含的信息肯定不在同一个抽象层次上，或者说抽象的程度不同。而且，仅列出主语而不列出完整的思想可能存在风险，即关于该主语的思想无法形成明确的归纳或演绎逻辑论证关系。

在第 67 页列举的文章组织结构中，各章节的思想可能还比较混乱。譬如，"具体收益和效果"似乎应放在"项目组的方法原则"中讨论，而"成功的前提条件"似乎应并到"如何组织计划"中讨论。千万不要罗列名词，关键句要点应当是完整的思想，完整的句子。

序言应当写多长

序言应当写多长？人的腿又应当有多长？（答案是足以站在地面上。）序言的长度应当确保在你引导读者按照你的思路思考之前，读者和你"站在同一位置"。

一般情况下，序言需要 2～3 段，结构如图 4-2 所示。当然，说明"背景"和"冲突"的文字有时可以长达 3～4 段，但是不能再长了。(你还需要多少字来提醒读者他已经知道的信息？)事实上，如果在序言中就出现了图表，那你肯定过多强调了已知事实。

序言也可以短到只有一句话，比如"你在 1 月 15 日发给我的信中问我……"你与读者的关系越近，序言的篇幅就可以越短。但无论有多短，都必须能唤起读者的疑问。

以上例子表明，序言的篇幅与正文部分的篇幅不一定成正比，长度应由读者的需要决定。为了充分理解文章的主要思想、结论，并且了解你得出结论的思路，读者必须了解哪些信息呢？

也许你在想，原来写一段好的序言也不是一件容易的事，事实确实如此。在一篇文章中，序言甚至可以说是最难写的部分。不过，多看几个例子，也许就能够感觉出什么样的序言是写得好的，并且举一反三。

信函

詹姆斯·司梯巴在《日本商人：日元强于剑》一文中称赞日本索尼公司率先发现了晶体管的商业用途，并且说晶体管的发明者贝尔实验室"根本不知其有何用，只得将其卖给美国国防部"。

他的话既非描述事实也不是客观的比喻。贝尔实验室早在晶体管发明之前就了解它的用途了。

报纸社论

尼克松政府对美国电视网络进行了一次虚假进攻，而电视网络也进行了一次虚假反击。这给不明就里的人们造成这样一种印象——美国人的自由权利正遭到严重破坏。

事实上，根本问题在于我们希望通过电视媒体将社会变成什么样，即我们想要一个无政府主义倾向的、自我纵容的社会，还是要一个带有精英文化色彩的、具有较强普遍约束力的社会。

杂志文章

产品经理概念的引入使许多杰出公司大获成功，因而产品经理备受尊重。他们在当前竞争激烈的市场上成功地推出了许多知名产品，获得了大量市场份额和高利润率，因而受到赞赏（当然，他们也应当受到赞赏）。在许多生产多种产品的、复杂的大型企业中，产品经理可以基于产品获得相应领导权；而在较小的、组织结构紧密的企业中，最高管理者则会将领导权直接交给其最主要的产品生产线的经理。

最近的一项调查显示，参加调查的企业中有3/4正在应用产品经理这一组织概念，这并不令人惊奇。令人惊奇的是目前出现了一股对产品经理和产品经理概念运作方式不满的声浪。

这股正在增强的反对声浪是否说明产品经理概念本身不实用呢？当然不是。在许多正在应用这一概念的企业中，有证据显示，产品经理概念不仅是一个可行的概念，而且在很多时候还是一个必不可少的概念。这一概念在如此多的企业中得到应用正是基于其合理性。在这一概念运作失败的企业中，问题总是出在管理层如何（错误地）应用这一本质上完全合理的管理工具。

备忘录

流程部一直坚持认为，工作流程手册应当将那些操作不符合规定、可能对企业造成损害的行为包括进来。工作流程需要经常更新，因为有时会出现新的工作流程，有时旧的工作流程会被修改。为了保证工作流程的兼容性，我们在修改工作流程手册时应当遵循以下方法。

报告

大陆人寿公司早就被公认为人寿保险行业的领导者之一。公司资产在所有股份制公司中排名第五。面对日益激烈的竞争压力，保费收入在过去10年中一直保持增长。但是，该公司的传统市场环境正在发生重大变化，这必将对其地位产生重大冲击。投保人的兴趣正从工业险转向普通险，付费方式正在从委托收取转向缴费通知，竞争也更加激烈而广泛。

大陆人寿公司的管理层清醒地认识到，菲尔德分公司在运作中遇到了难以克服的困难，阻碍了其提高绩效。他们还认识到，菲尔德分公司及总公司的管理层出现了问题，致使菲尔德分公司未能获得处理问题所需的领导和指导。因此，大陆人寿公司认为，要解决菲尔德分公司面临的问题，必须先改进总公司的组织结构和管理流程。本报告将说明如何实现这一目标。

散文

　　1930年时，世界尚未敏锐地意识到，已经被笼罩在现代历史上最大的一次经济灾难的阴影中。但如今（1972年），普通人都能有所察觉。他们不知道为什么心中突然产生极度的恐惧（虽然这种恐惧可能有点过度），而在第一次出现经济灾难时，他们恰恰缺少合理的忧虑。

　　他们开始怀疑未来。他们现在是正要从美梦中醒来，面对残酷的事实，还是正要陷入噩梦，等待醒来？他们不用怀疑。现在面临的则是一场噩梦，而等黎明到来，噩梦就会过去。

　　自然资源仍然与以前一样充足，人们也仍然和以前一样富有创造力，所以我们在解决生活物质问题方面的进步也仍然与以前一样快速。我们与以前一样能够使每一个人享受高质量的生活（我指的是与20年前相比），并且很快将为大家带来更高质量的生活。

　　我们以前没有受过欺骗，但今天却陷入了巨大的泥潭，并触动了一台精妙机器的控制钮，然而我们并不了解它的工作原理。这可能会让我们暂时失去获得财富的机会，也可能会让我们很长时间与财富无缘。

图书

　　公元2世纪，罗马帝国的疆域覆盖了当时最富饶的土地，统治着世界上拥有最先进文明的臣民。纪律严明的勇士们保卫着这个巨大帝国的边境。

　　法律和行为规范的温和而强大的影响力逐渐加强了各省之间的团结。臣民们尽情享受着财富和奢华。自由宪法得到了尊重和敬畏。元老院表面上掌握着最高权力，但实际上已将政府的所有行政权力都交给了罗马皇帝。

在80多年的欢乐时光中，帝国的公共事务统治权分别由内尔瓦皇帝、图拉真皇帝、哈德良皇帝和两个安东尼皇帝行使。本章以及之后的两章将介绍罗马帝国的繁荣景象，随后还将从马可斯·安东尼皇帝之死谈到罗马帝国走向衰亡的一个重要的因素——一次将永远被铭记的革命。

长期出版项目

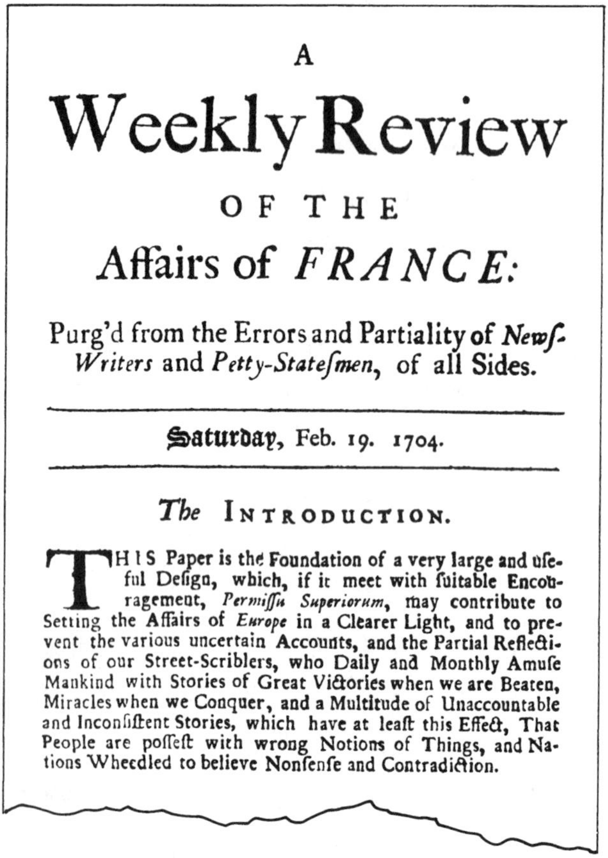

> A
> # Weekly Review
> OF THE
> Affairs of *FRANCE*:
>
> Purg'd from the Errors and Partiality of *News-Writers* and *Petty-Statesmen*, of all Sides.
>
> Saturday, Feb. 19. 1704.
>
> *The* INTRODUCTION.
>
> THIS Paper is the Foundation of a very large and useful Design, which, if it meet with suitable Encouragement, *Permissu Superiorum*, may contribute to Setting the Affairs of *Europe* in a Clearer Light, and to prevent the various uncertain Accounts, and the Partial Reflections of our Street-Scriblers, who Daily and Monthly Amuse Mankind with Stories of Great Victories when we are Beaten, Miracles when we Conquer, and a Multitude of Unaccountable and Inconsistent Stories, which have at least this Effect, That People are possest with wrong Notions of Things, and Nations Wheedled to believe Nonsense and Contradiction.

图 4-3　一个长期出版项目

关键句要点是否需要用引言

关键句层次的每一个要点都应该像文章的序言那样（但整体要简单得多），按照背景—冲突—疑问结构逐个引出。也就是说，当读者对某个关键句要点提出疑问时，你应当告诉读者一个简单的"故事"，以保证读者与你站在同一位置。

为了阐明这一点，请看图4-4。这是一篇关于管理工具的论文的结构。

背景 = 全面质量管理是20世纪80年代非常流行的一种管理工具，用于降低成本，提高产品或服务质量，从而获得竞争优势和更多利润。

冲突 = 大多数主流企业现在都采用了某种形式的全面质量管理工具，但并非所有企业都能获得预期的利益，大部分的优秀企业仍控制着大量市场份额，享有高额利润回报。

疑问 = 为什么？优秀企业采取了哪些更有效的措施？

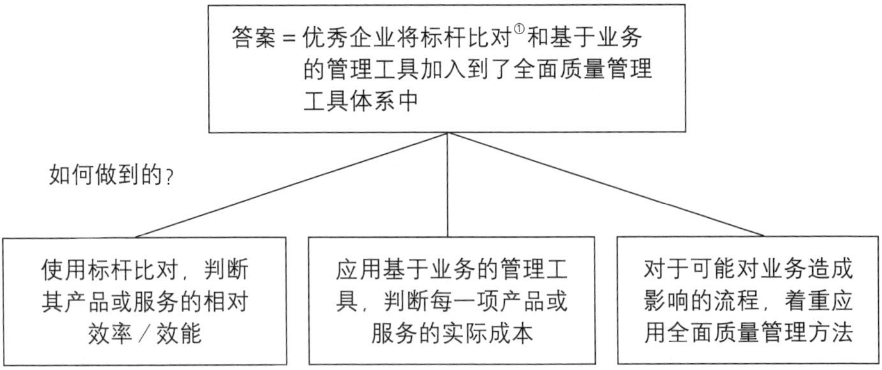

答案 = 优秀企业将标杆比对[1]和基于业务的管理工具加入到了全面质量管理工具体系中

如何做到的？

- 使用标杆比对，判断其产品或服务的相对效率/效能
- 应用基于业务的管理工具，判断每一项产品或服务的实际成本
- 对于可能对业务造成影响的流程，着重应用全面质量管理方法

图4-4 关键句要点也需要引言

---

[1] 或称标杆对比（bench marking），是指瞄准某一目标、领先者或竞争对手，比较和学习，争取赶超。——译者注

文章的序言具有以下结构：

背景（S）= 人们认为使用工具 X 将获得 Y。
冲突（C）= 确实在使用 X，但是只有一部分人获得了 Y。
疑问（Q）= 为什么一部分人获得了 Y？
回答（A）= 使用 A + B + X。

这一回答直接引出了新的疑问："使用这些工具如何获得 Y（竞争优势、更多利润）"，继而引出了关键句要点：

- 使用标杆比对，判断其产品或服务的相对效率/效能；
- 应用基于业务的管理工具，判断各产品或服务的实际成本；
- 对于可能对业务造成影响的流程，着重应用全面质量管理方法。

各关键句要点引出的疑问都可归结为"它是怎样起作用的"，而用以概括这些关键句要点的名词将说明如何一步步的起作用。但是，并不是列出各个要点，然后提供支持性论据就可以了。你应当用一个能够概括要点本质的标题突出其所在位置，然后引入该要点。下面是一个反面例子。

标杆比对

管理者们将使用标杆比对，判断其提供产品或服务流程的相对效率和效能。为达到这一目的，他们需要：

- 测试关键流程的效率。
- 与竞争者的效率进行对比。
- 找出产生差距的根本原因。

"标杆比对"这个标题过于模糊，你应当选取一个能够更清楚地概括要点本质的标题，并且通过回顾读者已知的关于这一主题（标杆比对）的知识，以及该要点将要回答的疑问，逐渐切入正题，提出关键句要点。例如：

对流程的效率进行标杆比对

背景（S）＝ 假设你已经应用了全面质量管理，并将处理贷款申请的时间从两天缩短到 2 小时。

冲突（C）＝ 可以假设如果能按照预期提高效率，就足以获得竞争优势。

疑问（Q）＝ 是否足以获得竞争优势？

答案（A）＝ 只有与竞争者对比后才能知道。

引出其他关键句要点也应采用同一方法。

确定实际成本

背景（S）＝ 假设你的企业现在已经通过标杆比对，成为最优秀的企业，这样其他企业就要与你的企业进行对比。

冲突（C）＝ 对比完全有理由感到自豪，但前提是提供产品或服务所获得的实际回报超过生产／提供该产品或服务的实际成本。

疑问（Q）＝ 如何确定你的企业是最优秀的，获得的回报大于成本呢？

回答（A）＝ 根据行为而非功能进行成本分析（基于行为的管理）。

调整全面质量管理办法

背景（S）= 你的企业已经通过标杆比对，应用了基于行为的管理方法，并且知道自身在哪些流程上与竞争对手相比还处于劣势，知道哪些产品或服务成本过高，哪些有较高的利润。

冲突（C）= 应该开始改进这些流程。

疑问（Q）= 现在是进行全面质量管理的时机吗？

回答（A）= 目前正是合适的时机，但此时进行的全面质量管理针对的主要是那些对业务有重要影响的流程。

文章序言与关键句要点的引言不同，它们的区别在于读者阅读这二者时思维所处的层次。在文章序言部分，你的目的是提示读者有关文章主题（当前管理方法）的信息。在第一个关键句要点的引言部分，你的目的是提示读者这一主题为什么与全文的主题相关。在其他关键句要点的引言部分，你的目的是向读者说明将要讨论的主题与前面已讨论过的主题相关。

换句话说，在写关键句要点的引言时，你可以清楚地意识到刚才已经将哪些信息输入了读者的大脑，以及（从读者的角度来考虑）读者还需要获得哪些信息，才能提出你的下一个要点将要回答的疑问。

想写出好的序言，必须遵循以下原则：

1. **序言的目的是"提示"读者而不是"告诉"读者某些信息。**

序言中不应含有读者需要求证后才能接受的信息，例如，不应含有图表。

2. 序言必须包含故事所需要的 3 个要素，即"背景""冲突"和"答案"。

在较长的文章中，你还应当对接下来要讨论的内容给予简要的解释。"背景""冲突"和"答案"这 3 个要素不一定要按标准的叙述顺序排列，但是这 3 个要素必须齐全，缺一不可，还应当组织成故事结构。

3. 序言的长度取决于读者和主题的需要。

序言应包括便于读者充分理解文章主题所必需的信息，比如问题的背景与历史、你与该问题的关联、你或他人之前对该问题所做的研究与发现、术语的定义等。所有信息都可以也应当采用讲故事的形式表述。

通过前文列举的各种例子可以看出，全篇文章的中心都依赖于读者提出的第一个疑问，或称初始疑问。这样的疑问全篇只能有一个。如果存在两个初始疑问，那么这两个疑问肯定是互相关联的。比如，我们是否应当进入市场？如果是，应当如何进入？这两个疑问实际上相当于一个，即"我们应当如何进入市场"。因为如果对第一个疑问的答案是否定的，就不存在第二个疑问；如果对第一个疑问的答案是肯定的，那么这个回答就成了金字塔结构顶端的中心思想，而由之引起的疑问"如何进入市场"将引出关键句要点来对其进行回答。

有时，仅凭对序言部分的思考很难确定初始疑问。这时可以看看你打算放在正文中的素材。你想要说明一些思想，是因为你认为读者应该知道这些思想，那么为什么读者应该知道呢？肯定是因为这些思想能够回答某个问题。这样，通过倒推法，你也能写出合理的序言，并引出你要回答的疑问。

序言的常见模式

随着时间的推移，你会看到不同类型的文章序言。你也许会发现，这些序言具有某些共同的模式，还可能会发现，文章的目的通常是回答以下4类问题中的一种：

1. 我们应该做什么？
2. 我们应该如何做（将如何做／是如何做的）？
3. 我们是否应该这样做？
4. 为什么会发生这种情况？

大多数文章的目的是告诉人们在某种情况下应采取什么行动。更多人关注的是将采取哪些行动，而很少有人想知道为什么发生了某种情况，除非文章在报告分析过程早期阶段的发现。

你常用的序言模式取决于你的工作内容。下面我将逐一介绍商务文章中最常见的4种序言模式：

1. 发出指示式（针对"我们应该做什么"或"我们应该如何做"等问句）。
2. 请求支持式（针对"我们是否应该这样做"等问句）。
3. 解释做法式（针对"我们应该如何做"等问句）。
4. 比较选择式（针对"我们应该做什么"等问句）。

发出指示式

"指示"是所有商务文章中最常见的一种，其目的是要求或告诉某人做某事。作者通常不是要提醒读者想起某个问题，而是要告诉他们某个问题。

我们来举个例子,假设你准备召集公司的全体销售人员开会,教授他们一种在连锁商店中管理货架的新方法。为了收到更好的效果,需要每位销售人员从自己所在地区选一家存在问题的连锁店,提供相关信息。那么该如何组织会议的开场白呢?你可以以这种方式开场:

  背景(S)= 我们准备在销售人员会议上教授一种管理货架的新方法。
  冲突(C)= 为了收到更好的效果,需要你们从所在地区选取一家存在问题的连锁店,提供相关信息。
  疑问(Q)= 我们如何向你提供信息?

这种模式也可以以更简单的方式呈现:

  背景(S)= 我们打算做 X。
  冲突(C)= 需要你们做 Y。
  疑问(Q)= 我们如何做 Y?

在这个例子中,读者的疑问可能不会挑明,是隐含式的,因为按照作者的思路,并不一定要明确提出该疑问。但是,在写开场白之前,你必须向自己明确提出疑问,否则就无法确定文章将要回答的问题。

在这里,读者的疑问是"如何提供信息",而针对疑问词为"如何"的问句,回答必然是有关"步骤"。因此,文章的结构应该类似图 4-5。还要注意的是,这里的"冲突"和"答案"基本上是相互对应、正好相反的,"冲突"是引出"疑问"的前提,"答案"则是采取措施后的效果,这些措施应当能够解决以上"疑问"。

79

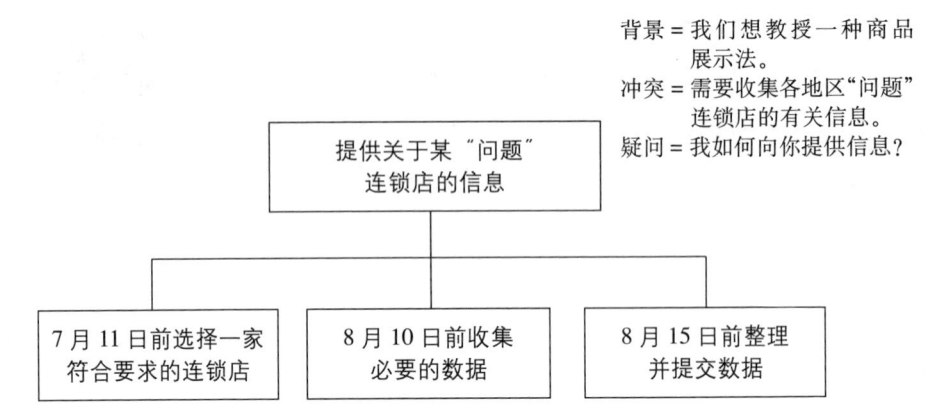

```
                                          背景 = 我们想教授一种商品
                                                 展示法。
                                          冲突 = 需要收集各地区"问题"
                    ┌──────────────┐              连锁店的有关信息。
                    │ 提供关于某"问题" │      疑问 = 我如何向你提供信息？
                    │   连锁店的信息   │
                    └──────┬───────┘
              ┌────────────┼────────────┐
      ┌───────┴──────┐ ┌───┴──────┐ ┌───┴──────┐
      │7月11日前选择一家│ │8月10日前收集│ │8月15日前整理│
      │符合要求的连锁店 │ │ 必要的数据  │ │ 并提交数据 │
      └──────────────┘ └──────────┘ └──────────┘
```

图 4-5　直接将疑问抛给读者的发出指示式的文章

再举一个例子。假设你所在的企业有一份工作流程手册，各部门都可以对其进行更新或增删，你希望各部门能以相同的方式更新手册：

> 背景（S）= 我们有一个工作流程手册，任何违反工作流程手册的行为都可能损害公司利益。工作流程手册需要持续更新。
>
> 冲突（C）= 为确保手册的兼容性，更新手册时必须遵循同一方式。
>
> 疑问（Q）= 这个方式是什么？

在这里，读者的疑问仍然没有明确提出来，是隐含式的。以上模式还可用更简单的方式表示：

> 背景（S）= 你要做 X。
>
> 冲突（C）= 必须按 Y 方式进行。
>
> 疑问（Q）= Y 方式是什么？

请求支持式

另一类常见的商务文章是要求批准经费的申请。在此类文章中，读者的疑问是"我应该批准这一申请吗"，这类疑问通常也是隐含式的。

经费申请通常会采用以下结构：

背景（S）= 我们遇到了一个问题。
冲突（C）= 我们已经制订了解决方案，该方案需要____美元的经费支持。
疑问（Q）= 我应该批准吗？

如果需要更详细一点，可以这样表示：

背景（S）= 正如您所了解的，在过去 4 年中，我们部门的业绩每年都有 20% 的增长。但是，根据总部的规定，我们部门的员工编制一直为 14 人。这使得员工必须超时工作、周末加班，但工作仍不断积压。
冲突（C）= 目前我们部门积压的工作量已经达到 22 周，这对任何机构来说都是无法承受的，我们已经没有再增加工作时间的余地了。通过研究，我们认为，购买一台价格为____美元的 IBM _____，既可以减少积压的工作量，又可以减少超时工作的次数。
疑问（Q）= 我应该同意吗？
回答（A）= 我们请您尽快批准此申请。

为了使请求经费的申请得到支持，通常有3个（有时有4个）标准的理由：

> 您应当批准此申请，因为：
> - 解决该问题刻不容缓。
> - 此方案能够解决该问题（或者此方案是多种解决该问题的方案中最优的一种）。
> - 采用该方案后节约的成本（或其他合理的财务方式）将超过此方案支出的成本。
> - 我们还可以得到其他好处。

上面列出的第一要点详细说明了存在的问题，第二要点详细说明了解决方案，第三要点是常规的财务分析，第四要点有时可表示成"此方案还将创造新的业务机会"，但这一要点并不总是成立。不过，如果成立，就应该将这一要点包括在内。换句话说，你并不是出于这一原因而采用该方案，但在准备方案时，还是应当指出这一额外的好处。图4-6是这份申请基本的金字塔结构。

背景 = 我们遇到了一个问题。
冲突 = 我们的解决方案需要经费。
疑问 = 我应该批准吗？

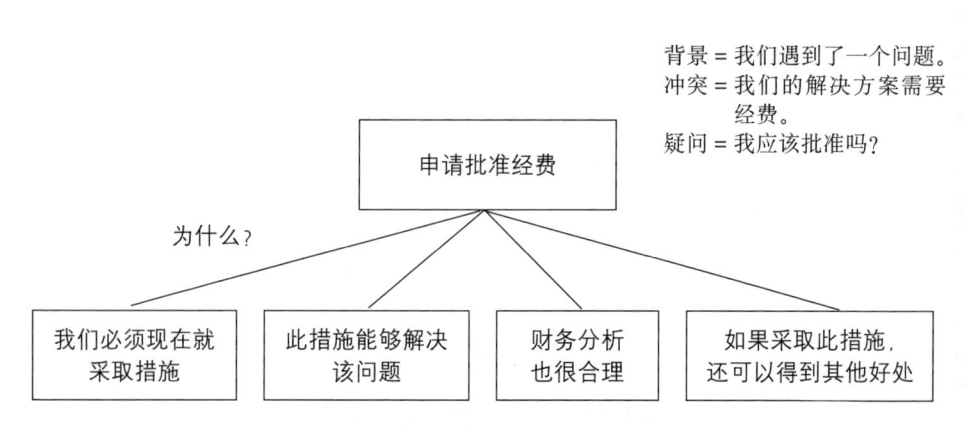

```
                    申请批准经费
         为什么？         │
    ┌──────────┬─────────┼─────────┬──────────┐
我们必须现在就  此措施能够解决   财务分析     如果采取此措施，
  采取措施      该问题       也很合理    还可以得到其他好处
```

图4-6　请求支持式文章的金字塔结构

解释做法式

很多时候，尤其是在提供咨询时，你的写作目的，是告诉某人如何解决他所遇到的问题，即向读者解释解决问题的方法。这类文章的关键句要点是相关步骤，如图 4-7 所示：

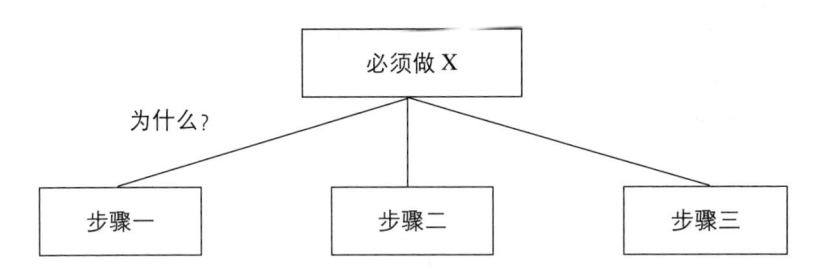

```
              ┌─────────┐
              │ 必须做 X │
              └────┬────┘
      为什么？ ┌────┼────┐
     ┌──────┐ ┌──────┐ ┌──────┐
     │步骤一│ │步骤二│ │步骤三│
     └──────┘ └──────┘ └──────┘
```

图 4-7　解释做法式文章的关键句要点结构

你想告诉读者的是如何做他们以前没有做过的事，还是如何正确地做他们正在做的事，想要传达的信息不同，文章序言的结构也会略有不同。本书第 37 页列举的关于董事会作用的备忘录就是第一类的例子：

背景（S）= 必须做 X。
冲突（C）= 还未做好做 X 的准备。
疑问（Q）= 如何做好准备？

假设一家企业的市场预测系统做出了错误的预测，他们希望你告诉他们如何使该系统做出正确的预测。文章的结构应当是：

背景（S）= 你们目前的系统是 X。
冲突（C）= 该系统不能正常工作。
疑问（Q）= 如何改进，使其正常工作？

在这个例子中，文章应当先列出该企业目前采用的流程，然后列出你认为正确的流程，两个流程之间的差异会告诉你文章的关键句要点应该怎么写，如图4-8所示。

目前流程

7月1 进行市场预测 → 7月2 制定半年总计划表 → 3 在月度工作会议上进行调整

建议流程

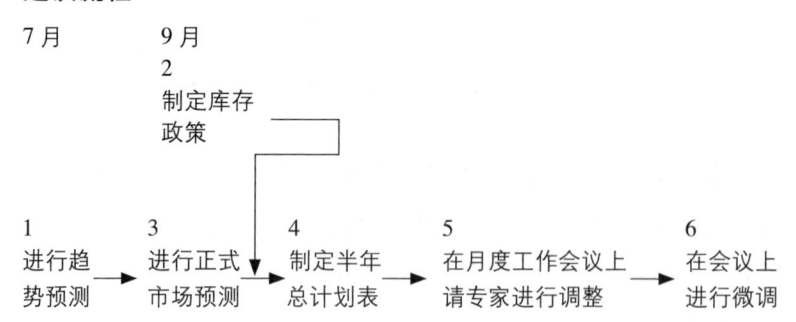

9月2 制定库存政策

7月1 进行趋势预测 → 3 进行正式市场预测 → 4 制定半年总计划表 → 5 在月度工作会议上请专家进行调整 → 6 在会议上进行微调

建议结构

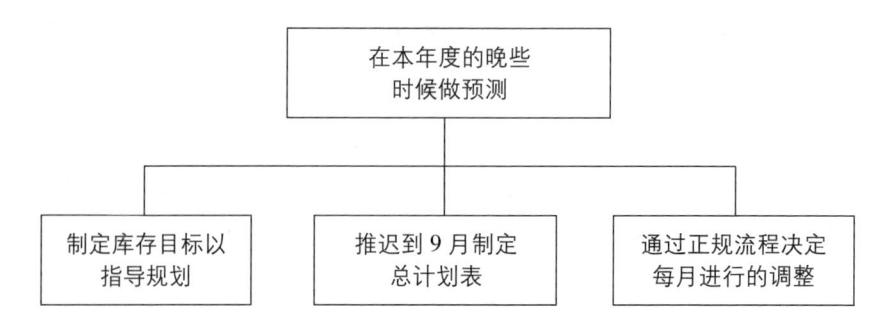

```
            在本年度的晚些
             时候做预测
       ┌──────────┼──────────┐
   制定库存目标以   推迟到9月制定   通过正规流程决定
     指导规划        总计划表      每月进行的调整
```

图4-8 两个流程的差异决定了关键句的要点

需要强调一下，开始写作之前，在纸上列出两个流程进行对比非常重要。也许你认为，你已经在这个领域工作了很长时间，完全了解问题出在哪儿，但是，如果你不将这两个流程列出来进行比较，那么遗漏某个重要因素的可能性就很大。

正因为我在这类文章中发现过许多考虑不周全的例子，所以才要在这里特别强调。本书的附录 2 对此还有更详细的说明。事实上，我们在第 42 页提到的关于饮料公司大客户的备忘录就是一个典型的考虑不周全的例子。

比较选择式

管理者们经常会要求下属就某一问题进行分析并提出相应的解决方案，他们还经常会加上一句："再提几个替代方案。"严格地说，如果你对问题做出了正确的界定，那么根本不需要什么替代方案。你建议的方案要么能够解决该问题，要么不能解决该问题。从这个意义上说，不存在什么替代方案。在第 8 章我们将详细讨论问题的界定。

因此，管理者的意思实际上是"如果你无法提出能彻底解决我们所界定的问题的方案，那就给我们一些可以尝试的其他方案"。也就是说，在要求你写替代方案之前，读者已经对这些替代方案有所了解，可能这些替代方案还在企业内部讨论过。在这种情况下，文章的序言就很容易写了：

> 背景（S）= 我们希望做 X。
> 冲突（C）= 我们有不同的执行方案。
> 疑问（Q）= 哪一种方案最合理？

如果要更详细些，也可以这样表示：

85

背景（S）＝ 正如您所知，最近的一项评估认为，5～105马力发动机在低温环境下进行采油作业的效率最高，我们最大的客户因此提出要放弃我们的 10 马力发动机，改用其他公司的 $7^3/_4$ 马力发动机。

冲突（C）＝ 我们有 3 种可供选择的应对方案，可以解决当前的问题：
- 将我们的 10 马力发动机的价格降至 $7^1/_2$ 马力发动机的价格。
- 改进 $7^1/_2$ 马力发动机，使之达到 $7^3/_4$ 马力发动机的效能。
- 专门设计 5～105 马力发动机。

疑问（Q）＝ 哪一种方案最合理？

一旦选择了某个方案，通常可以用两种方法组织关键句要点，回答"为什么此方案优于其他方案"这个疑问。具体采用哪种方法取决于你的分析结果。最好也最简单的方法是围绕评估的标准来写关键句要点（如图 4-9 所示）：

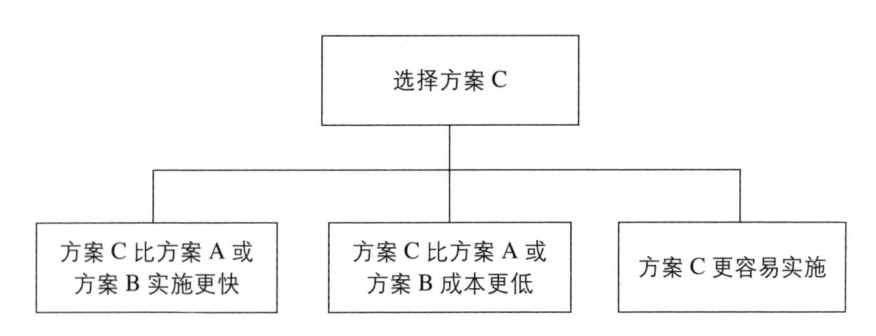

```
          ┌──────────────┐
          │  选择方案 C   │
          └──────┬───────┘
        ┌────────┼────────┐
┌───────┴──┐ ┌───┴──────┐ ┌┴─────────┐
│方案 C 比  │ │方案 C 比  │ │方案 C 更 │
│方案 A 或  │ │方案 A 或  │ │容易实施  │
│方案 B 实施│ │方案 B 成本│ │          │
│更快      │ │更低      │ │          │
└──────────┘ └──────────┘ └──────────┘
```

图 4-9　围绕评估的标准写关键句要点

但是，问题在于方案 C 不一定在所有 3 个标准上都优于方案 A 或方案 B。这时，你只能通过说明所有可能的方案提出你的观点（如图 4-10 所示）：

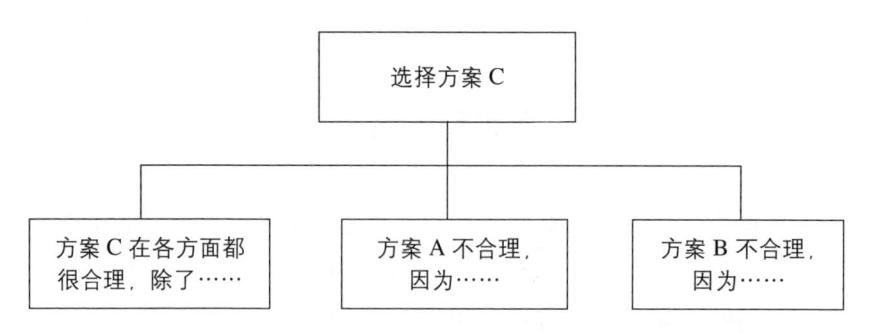

```
                    选择方案 C
         ┌─────────────┼─────────────┐
   方案C在各方面都   方案A不合理，    方案B不合理，
   很合理，除了……    因为……          因为……
```

图 4-10　通过说明所有可能的方案提出观点

也就是说，你需要说明选择方案 C 的主要原因，以及放弃方案 A 和方案 B 的主要原因。

如果任何一种方案都无法达到你的目标，或者在事先没有可选方案的情况下，你无法提出能够达到所有目标的建议，那么这时的"疑问"要么是"哪一个"，要么是"我们应该做什么"，回答则应该如图 4-11 所示：

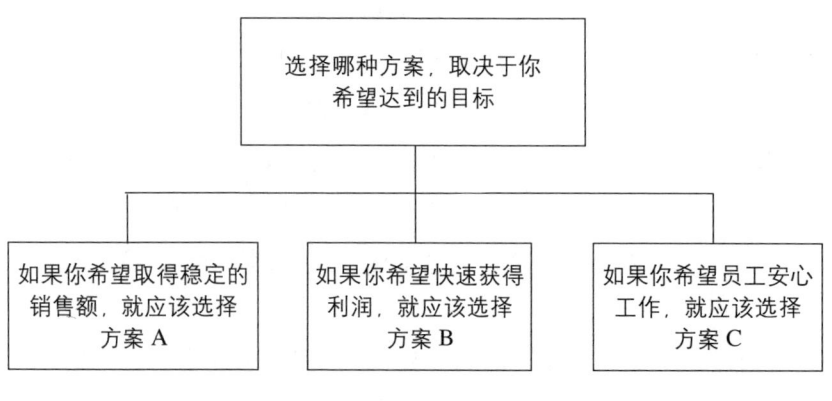

```
               选择哪种方案，取决于你
                 希望达到的目标
        ┌─────────────┼─────────────┐
  如果你希望取得稳定的  如果你希望快速获得  如果你希望员工安心
   销售额，就应该选择   利润，就应该选择    工作，就应该选择
       方案 A              方案 B            方案 C
```

图 4-11　对"疑问"的回答

注意，即使在这种情况下，你的文章也不是围绕解决问题的"替代方案"来写的，而是要围绕"替代目标"来写，这两者之间有很大的区别。

序言的常见模式——以咨询为例

咨询性文章与通常的商务文章不同。咨询性文章通常较长，而且写作目的主要是推动读者采取某种措施。因此，无论是备忘录、报告、PPT 演示文稿，或项目建议书，作者（也就是咨询顾问）通常都只回答表 4-1 中列出的 4 类问题的前 3 类。本书第 8 章和第 9 章将详细介绍如何构思咨询性文章。下面只简单分析两种最常见的咨询性文章：

- 项目建议书。
- 项目进度小结。

项目建议书

项目建议书是咨询公司的生命线，多年来，各咨询公司为此类文章付出了大量心血。大多数咨询公司会采用以下形式：

背景（S）= 你遇到一个问题（用1～2句话描述该问题）。
冲突（C）= 你已决定请第三方帮助解决此问题。
疑问（Q）= 你是我们聘请来解决问题的第三方吗？

当然，对于括号中的读者"疑问"，回答永远都是肯定的。接下来的关键句结构通常由 4 部分组成：

1．我们理解该问题。
2．我们有解决该问题的合理方法。
3．我们在应用此方法方面有丰富的经验。
4．我们的项目安排非常合理。

在实际写序言时，你可能不会将"冲突"和"疑问"直接写出来，所以读起来可能像下面这样：

> 我们很高兴和您见面，并且讨论了因公司内部持有不同意见而难以确定如何处理汽车配件市场的问题。本文提出了我们的建议，希望有助于您从多种方案中挑选合适的方案，制定能够使您在短期内扩大市场份额的战略。

这种结构的项目建议书通常适用于新客户，因为咨询顾问希望将主要精力放在分析问题上，使读者了解其在该领域的突出专长。如果客户是知名企业，或者该建议书纯粹只是形式需要，那么可以将对问题的描述放在序言中，这样文章的结构会更清晰。第 8 章还会对此进行更详细的介绍。

背景（S）＝你遇到了一个问题（用 3～4 段进行说明）。
冲突（C）＝你希望通过咨询解决该问题。
疑问（Q）＝你将如何帮助我们解决问题？

文章的其余部分会围绕咨询顾问解决问题的方法展开，思路是客户将因为这种方法而决定聘请他。（虽然情况并非总是如此。）这种文章结构将促使作者把能够证明其经验的例证与如何采取以及为什么要采取其所提出的具体方法相结合。

项目进度小结

项目进度小结是咨询顾问在项目的每个阶段结束时与客户或自己的上级进行交流的正式文件,一般可在此基础上形成最终报告。除了第一份项目进度小结,其他项目进度小结的结构大致相同。

第一份项目进度小结可能为如下结构:

背景(S)= 我们一直在处理 X 问题。
冲突(C)= 我们此前提出,分析的第一步是确定 Y 是否成立。我们现在已经完成了这一步。
疑问(Q)= 你们发现了什么?

提交了这份项目进度小结后,对方也许会要求你调查项目推进时发现的不正常现象,也许会对你的工作表示满意并要求你继续进行第二步。

第二份项目进度小结可能为如下结构:

背景(S)= 我们在上一份项目进度小结中提出,你们的生产能力存在问题。
冲突(C)= 你说你们认为这不会是一个长期问题,因为你们所面临的竞争很快会结束。你要求我们调查情况是否确实如此。现在我们已经完成了调查。
疑问(Q)= 你们发现了什么?
回答(A)= 我们发现你们仍然存在生产能力问题,而且情况比以前更严重。

也可以用更简洁的方式表示:

背景（S）= 我们告诉过你 X。

冲突（C）= 你要求我们调查 Y，我们已经完成调查。

疑问（Q）= 你们发现了什么？

（在本书附录 2 中，你可以看到一些实际的咨询类文章的序言。）

我希望对文章序言的讨论能够让大家认识到序言部分的重要性，明白需要花费大量的精力思考才能写出完美的序言。从上面的例子可以看到，好的序言不仅能持续吸引读者的注意力，还能影响读者对文章的理解。

序言中的故事为作者对"背景"的独特解读赋予了一种真实感，而这种解读的本质实际上就是对相关事实进行有倾向性的选择。这种真实感限制了读者对"背景"进行不同的解读，就像律师的开场白总是希望将陪审团的思维限制在某个框架内，使陪审团只能在这个思维框架内评判律师提出的证据。

讲故事还会让读者觉得作者得出结论的逻辑必然是正确的，从而减少读者对文章随后的思路提出反对意见。此外，讲故事还能使读者感受到作者对读者的关心——希望读者能够清楚地理解"背景"，能够透过叙述性的故事看到其代表的事实。

∙∙∙

提示

序言应当介绍 4 要素：

1. 介绍背景（S, Situation）
2. 指出冲突（C, Complication）
3. 引发疑问（Q, Question）
4. 给出答案（A, Answer）

∙∙∙

第5章　演绎推理与归纳推理

前面谈到，条理清晰的文章必须能够准确、清晰地表现主题思想下的各思想组之间的逻辑关系。以正确的方式组织起来的思想会形成金字塔结构，这些思想分别位于不同的抽象层次上，但又互相关联，并且由一个主题思想统领。

金字塔中的思想以3种方式互相关联——向上、向下和横向。上一层次思想是对下一层次思想的总结和概括，下一层次思想则是对其上一层次思想的解释和支持。同一组思想之间存在特定的逻辑顺序，具体的顺序取决于该组思想是演绎推理关系，还是归纳推理关系。

这两种逻辑推理方式是建立思想逻辑关系仅有的两种模式。因此，为了理清思路，条理清晰地表达思想，我们有必要了解演绎推理和归纳推理的区别和应用。

图 5-1 简要说明了演绎和归纳的区别。演绎是一种线性的推理方式，最终是为了得出一个由逻辑词"因此"引出的结论。在金字塔结构中，位于演绎推理过程上一层次的思想是对论证过程的概括，重点是在演绎推理过程的最后一步，即由逻辑关联词"因此"引出的结论。归纳推理是将一组具有共同点的事实、思想或观点归类分

组,并概括其共同性(或论点)。在演绎推理中,结论已经蕴含在前提之中,各思想之间的关系是线性的,而在归纳过程中则不存在这样的关系。

演绎推理与归纳推理的区别非常明显,接下来我将进一步阐述它们之间的区别。一旦真正理解了演绎与归纳的区别,你就可以毫不费力地识别和分辨这两种推理方式,并根据需要选择恰当的推理方式。

演绎推理

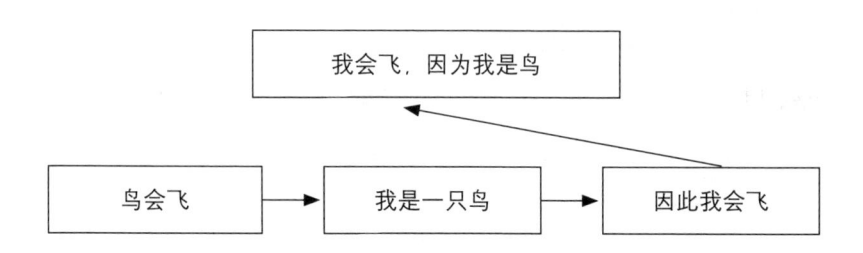

```
            ┌─────────────────────┐
            │  我会飞,因为我是鸟  │
            └─────────▲───────────┘
                      │
┌────────┐    ┌──────────┐    ┌──────────┐
│ 鸟会飞 │──▶│ 我是一只鸟 │──▶│ 因此我会飞 │
└────────┘    └──────────┘    └──────────┘
```

归纳推理

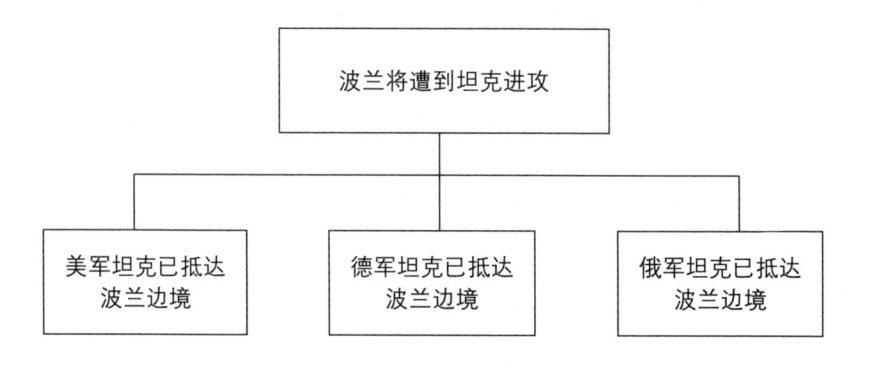

```
              ┌──────────────────┐
              │ 波兰将遭到坦克进攻 │
              └──────────────────┘
               ┌────────┼────────┐
      ┌──────────┐ ┌──────────┐ ┌──────────┐
      │美军坦克已抵达│ │德军坦克已抵达│ │俄军坦克已抵达│
      │ 波兰边境  │ │ 波兰边境  │ │ 波兰边境  │
      └──────────┘ └──────────┘ └──────────┘
```

图 5-1　**演绎推理与归纳推理的区别**

演绎推理

演绎推理比归纳推理更容易实现,因此人们在思维时会更多地使用演绎推理。演绎推理是人们在思考如何解决问题时常用的方法,也是人们在呈现自己的思想时愿意采用的方法。虽然演绎推理是一种有效的思维方法,但用于写作时却显得笨拙、烦琐。下面我将尽力说明这一点。

演绎推理的步骤

我们先来了解一下什么是演绎推理。人们通常将演绎法解释为三段论,即由一个大前提和一个小前提推导出一个结论的论述形式。但是,用这样的术语解释写作中的演绎推理过程反而容易使人迷惑,因此,我们在此暂不使用三段论的术语。

演绎推理的过程可以概括为以下3步:

- 阐述世界上已存在的某种情况。
- 阐述世界上同时存在的相关情况。如果第二则表述是针对的是第一则表述的主语或谓语,那么就说明这两则表述是相关的。
- 说明这两种情况同时存在时隐含的意义。

演绎推理也可以呈现为以下3步:

- 出现的问题或存在的现象。
- 产生问题的根源、原因。
- 解决问题的方案。

图 5-2 列举了几个演绎推理的例子，每一个例子都包含了前面说的 3 个步骤。前文提到，位于演绎推理过程上一层次的思想必须是对论证过程的概括，且重点在最后一个步骤。在第一个例子中，上一层次的思想应该是"因为苏格拉底是一个人，所以他会死"；对第四个例子来说，上一层次的思想应该是"如果贵公司想增加产量，就必须改变现有公司结构"。

这些演绎推理的例子包括了所有推理步骤，但是，有时在把超过两个以上的演绎过程连接起来时，你可能希望能略去一个推理步骤，因为对所有的步骤一一进行说明会使推理过程显得冗长而呆板。

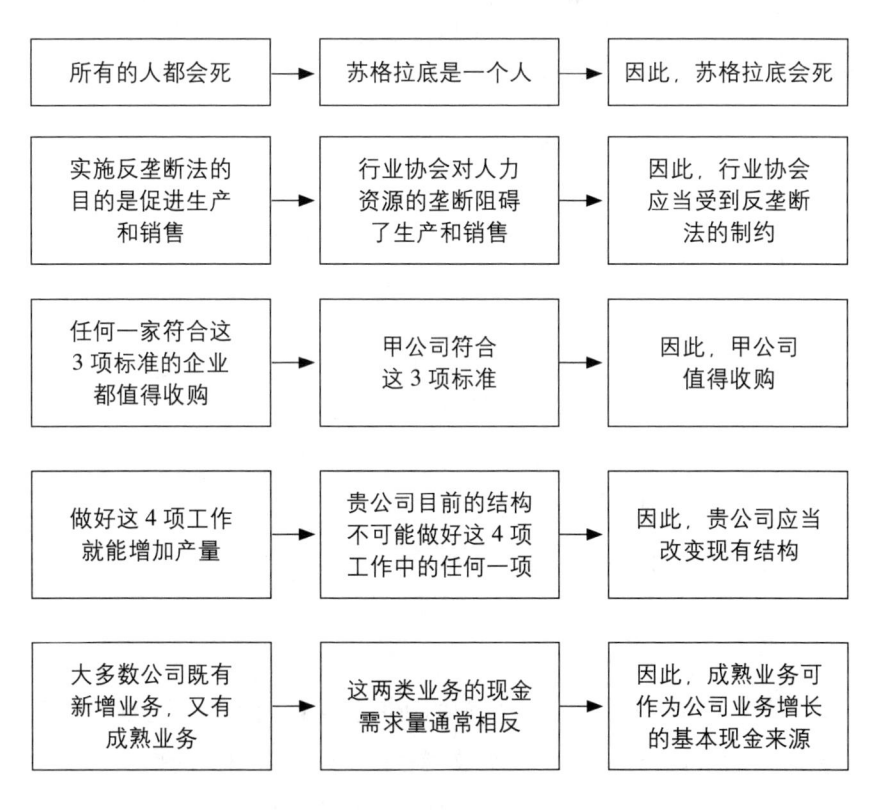

所有的人都会死	→	苏格拉底是一个人	→	因此，苏格拉底会死
实施反垄断法的目的是促进生产和销售	→	行业协会对人力资源的垄断阻碍了生产和销售	→	因此，行业协会应当受到反垄断法的制约
任何一家符合这 3 项标准的企业都值得收购	→	甲公司符合这 3 项标准	→	因此，甲公司值得收购
做好这 4 项工作就能增加产量	→	贵公司目前的结构不可能做好这 4 项工作中的任何一项	→	因此，贵公司应当改变现有结构
大多数公司既有新增业务，又有成熟业务	→	这两类业务的现金需求量通常相反	→	因此，成熟业务可作为公司业务增长的基本现金来源

图 5-2　线性演绎推理步骤

如果读者能够理解并同意略去步骤，那么这种连环式的演绎推理也是可以接受的。图5-3呈现的就是一个连环式演绎推理过程。

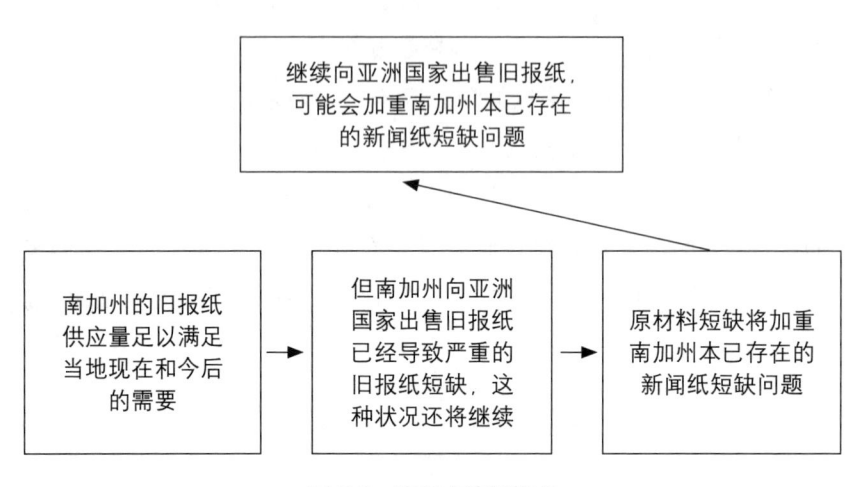

```
                    ┌─────────────────────┐
                    │ 继续向亚洲国家出售旧报纸，│
                    │ 可能会加重南加州本已存在 │
                    │ 的新闻纸短缺问题        │
                    └─────────────────────┘
                               ▲
┌──────────┐   ┌──────────┐   ┌──────────┐
│南加州的旧报纸│   │但南加州向亚洲│   │原材料短缺将加重│
│供应量足以满足│ → │国家出售旧报纸│ → │南加州本已存在的│
│当地现在和今后│   │已经导致严重的│   │新闻纸短缺问题 │
│的需要      │   │旧报纸短缺，这│   │            │
│          │   │种状况还将继续│   │            │
└──────────┘   └──────────┘   └──────────┘
```

图5-3　连环式演绎推理

它的完整推理步骤如下：

- 我们的旧报纸供应足以满足自身的需要。
- 但是我们已经将旧报纸卖给了其他国家。
- 因此我们面临旧报纸短缺问题。
- 旧报纸短缺会导致新闻纸短缺。
- 我们面临旧报纸短缺问题。
- 因此我们将面临新闻纸短缺问题。

可以看出，如果将演绎推理的所有步骤都列出来，论证过程会显得非常琐碎。这也是我不赞成在写作中过多使用演绎推理的主要原因。演绎推理过程烦琐，主要是因为它必须从简单明了的思想推导出复杂的思想。

演绎推理的应用

演绎推理非常烦琐，因此我建议在关键句层次尽量避免使用演绎法，转而用归纳法取代。为什么？因为归纳法更便于读者阅读和理解。

下面我会举例说明读者在阅读用演绎法组织的文章时被迫进行的思考过程。假设你想告诉某人必须以某种方式进行改革，论述的基本推理过程应如图5-4所示：

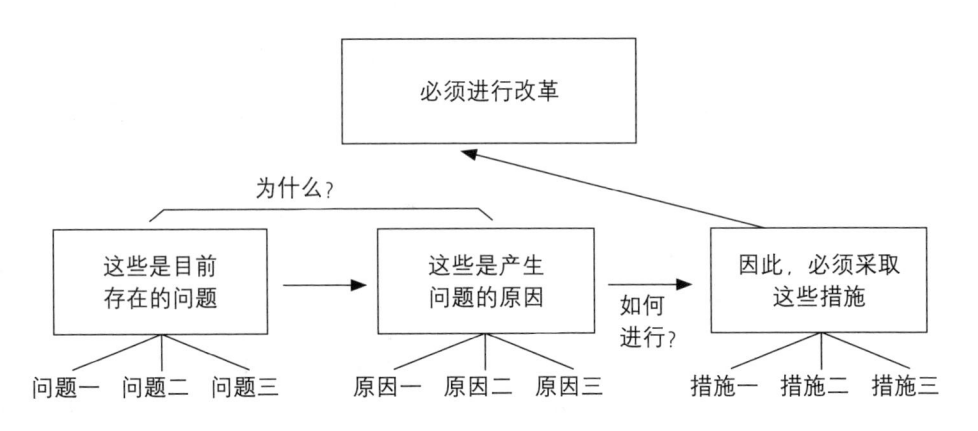

```
                        必须进行改革
                              ↑
          为什么？                          
   ┌──────────────┐    ┌──────────────┐  如何  ┌──────────────┐
   │  这些是目前   │ →  │  这些是产生   │  进行？ │ 因此，必须采取 │
   │   存在的问题  │    │   问题的原因  │   →    │   这些措施    │
   └──────────────┘    └──────────────┘        └──────────────┘
    问题一 问题二 问题三   原因一 原因二 原因三   措施一 措施二 措施三
```

图 5-4　论述的基本推理过程

为了理解你的思维过程，读者必须先理解和接受"目前存在的问题"（问题一、问题二、问题三）。要做到这一点并不难，但是随后读者还需要将"问题一"带到"产生问题的原因"这一组思想中，与产生这一问题的"原因一"联系起来，并且将这种联系保存在大脑中。接着再依此类推，将"问题二"与"原因二"，"问题三"与"原因三"联系起来。然后，读者还必须再次重复类似的过程，将"存在的问题"中的"问题一"与"产生问题的原因"中的"原因一"相联系，再与"应采取的措施"中的"措施一"相联系。问题二、原因二、措施二，以及问题三、原因三、措施三也需要进行同样的处理。

这种方法使读者必须费尽周折才能知道要采取什么措施，而且在获得"回报"（了解要采取的措施）前，读者还得重复作者解决问题的思维过程。这就相当于对读者说，"我费了很大的劲儿才找出解决方案，必须让你知道我为此付出的辛苦劳动"。用归纳法表达同样的思想，则可以使作者和读者都省去不少工夫，如图5-5所示。

在图5-5中可以看到，我们将"为什么"和"如何进行"这两个疑问的顺序互换了一下，先提出"如何进行"，再提出"为什么"。虽然在金字塔结构的最底层仍然使用了演绎推理，但整体上直接回答了读者的主要疑问，而且思路非常清晰。归纳推理与演绎推理相结合，使得所有关于同一主题的信息集中在一起，不同主题之间的思维界限非常明确。

人们经常这样问我，"演绎法比归纳法更严密、更有说服力，不是吗？"这个问题根本就不存在。在以上两个例子中，我们思考时采用的推理方式是完全相同的，都用到了归纳法，只是在写作时呈现思想的顺序不同。

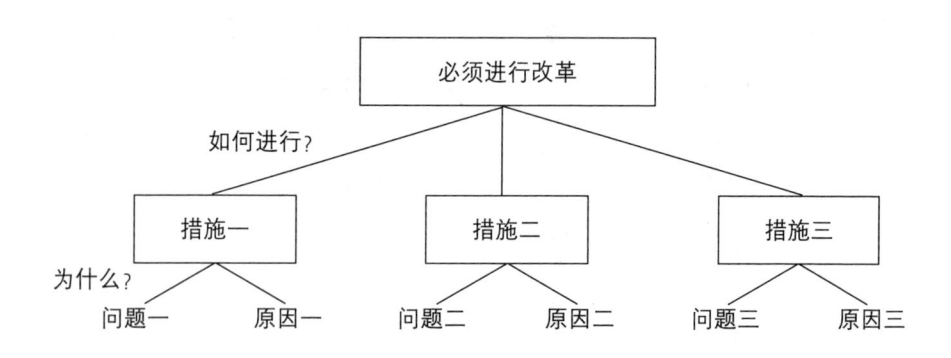

图5-5　用归纳法论述更清晰、更简洁

我们再换一种方法解释一下。在完成解决问题的思维过程后，你可以将各种思想分类列入一个"工作表"中，如表5-1所示。它可以将你收集的"调研结果"、由调查结果得出的"结论"，以及根据结论提出的"建议"分类列出，看得更清楚。

表5-1　必须使用演绎推理分析问题的步骤

调研结果	结论	建议
目前存在的问题：	产生问题的原因：	必须采取的措施：
问题一	原因一	措施一
问题二	原因二	措施二
问题三	原因三	措施三

"调研结果""结论"和"建议"这些词语被大家广泛使用，但严格地说，用法并不太准确。"调研结果"和"结论"其实没有什么区别，只是被随意地用来表示不同的抽象程度。我们知道，对一组调研结果的概括就是一个结论。因此，文章中必定有一组调研结果和结论支持"目前存在的问题"，也必定有一组调研结果和结论支持"产生问题的原因"。

为了得出这些结论，就要借用归纳、演绎和外展推理（abduction）这3种推理方法中的一种。我们此前已经了解了归纳法和演绎法，下面再介绍一下外展推理。外展推理指的是先提出一个假设，然后寻找支持该假设的信息。一旦获得了支持假设的信息，这一推理过程就又变成了归纳推理。附录1对外展推理还有进一步说明。

表5-1列出的思想已经足以构成完整的推理过程，剩下唯一要做的就是确定用什么方法将其呈现出来。如果你希望用演绎法表达你的思想，就要依次将表中的每一类思想列出来，如图5-4所示；如果想用归纳法，你可以简单地将表5-1逆时针旋转90度，将"建

议"这一列思想放在关键句层次,将对应的调研结果和结论依次置于下一层次。

这个例子中的问题是,应该先告诉读者为什么要进行改革,后告诉读者要采取的措施,还是先告诉读者必须进行改革,后说明为什么要这样改革。根据我的经验,最好先说明行动,后说明原因,因为要采取哪些行动才是读者最关心的。当然,在极少数情况下,读者也可能更关心采取行动的原因。

在什么情况下,采取行动的原因比采取行动本身对读者更重要呢?当你在金字塔顶端表达的思想与读者期望的或预想的不一样时会出现这种情况。想象一下以下两种情况。

情况一

某人:请告诉我如何降低成本。
你:降低成本是一件很容易的事。
某人:如何做到?
你:只需做到 A、B 和 C 即可。

显然,读者更关心"如何做"(how),这时我们将得到一个用归纳法构建的标准金字塔结构,如图 5-6 所示:

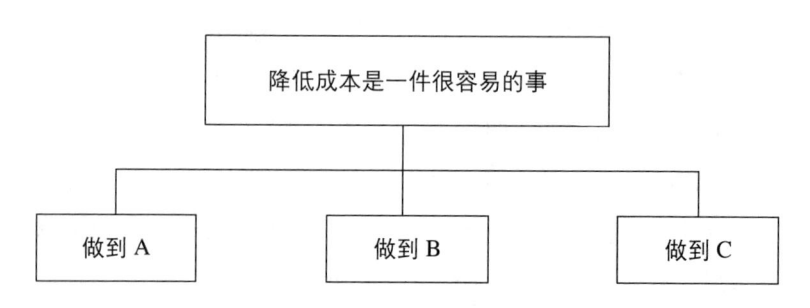

图 5-6 用归纳法构建的标准金字塔结构

情况二

　　某人：请告诉我如何降低成本。
　　你：别想着降低成本了，还是考虑考虑把公司卖了吧。
　　某人：为什么？怎么卖？你肯定要这样做吗？天哪！

　　读者更关心"为什么"（why），这时就需要用演绎法表达。
　　还有一种情况需要在关键句层次上使用演绎推理——如果不先给予解释，读者就无法理解需要采取的行动。第62页列举的戴维·赫兹写的关于如何进行风险分析的例子就属于这种情况。在这个例子中，读者必须先了解分析思路，才能理解根据分析方法需采取的实际措施，如图5-7所示：

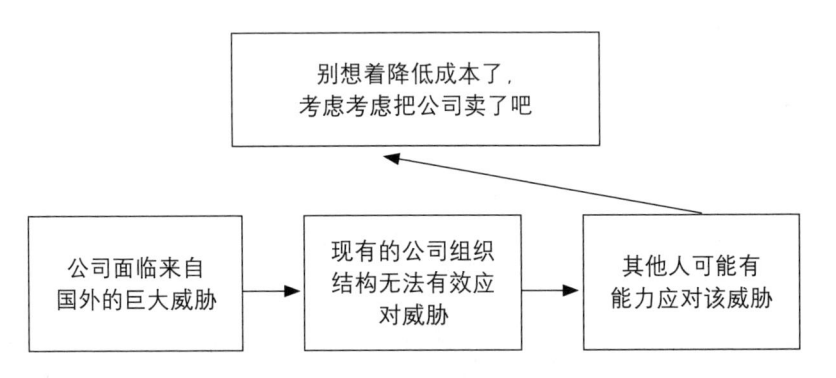

图 5-7　先了解分析思路，然后理解需采取的实际措施

　　商务文章的读者很少遇到以上两种情况。因此，通常需要用归纳法组织金字塔结构的关键句层次。注意，我说的是尽量使用归纳法，并且只是针对关键句层次，而不包括下面的层次。如果演绎推理非常简单直接，那么读者也能很容易理解，比如：

　　　　鸟会飞 ⟶ 我是一只鸟 ⟶ 因此我会飞

但是，如果读者必须读完十几页，才能找到演绎推理的第一步和第二步之间的关系，又必须再读十几页才能找到第二步和第三步之间的关系，那么读者就无法快速理解这次演绎推理。因此，应当尽量将演绎推理放在金字塔结构的较低层次上，并且尽可能减少在演绎推理过程中插入其他干扰信息。在某个段落中使用演绎法是可以的。但是，在较高的层次上，归纳法总是比演绎法更容易理解。

若要在金字塔结构的较低层次使用演绎推理，可以参考以下几种将三段论式演绎推理连接而成的连环演绎推理，如图 5-8 所示：

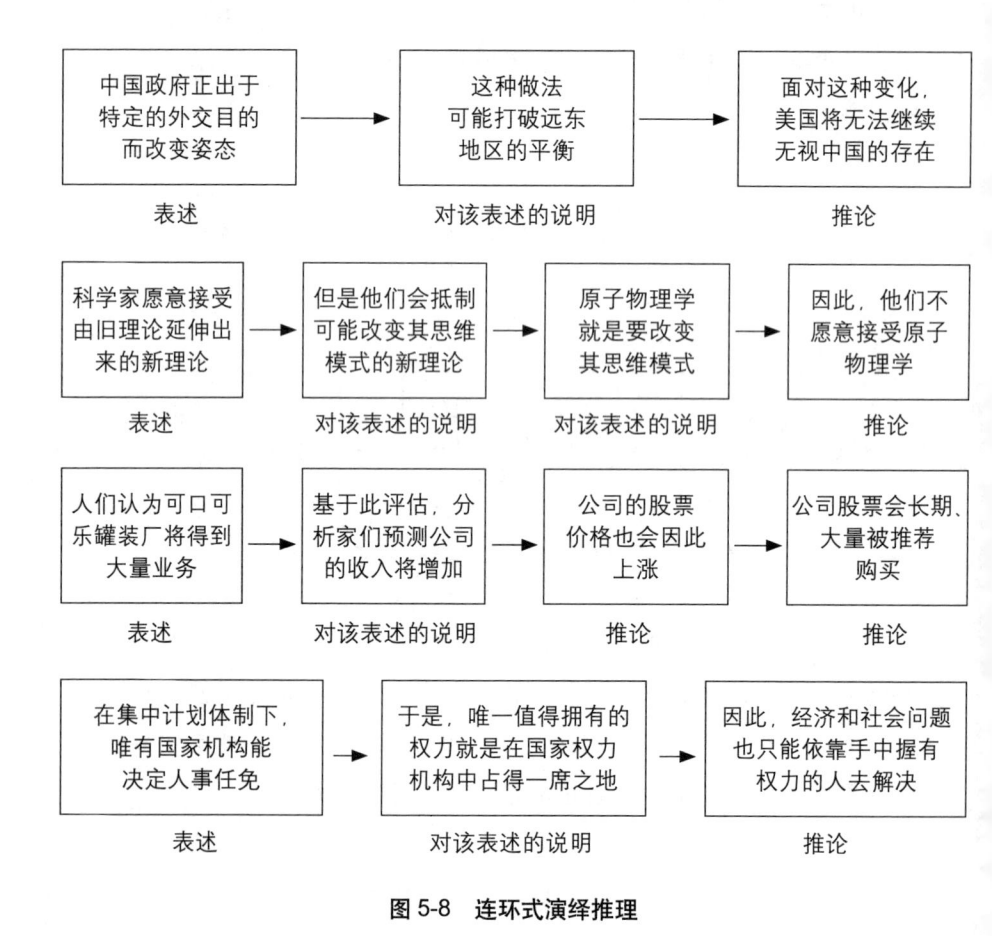

图 5-8　连环式演绎推理

在连续进行演绎推理时，需要记住两点：一是演绎推理的过程不要超过 4 步，二是推导出的结论不要超过两个。事实上，如果你想将 4 个以上的推理步骤或两个以上的推导结论连接起来，也是可以做到的（法国的哲学家们一直这样做），但是这样做将使一组思想过于复杂，难以有效概括和理解，所以最好将推理过程控制在 4 步以内。

●●●

提示

演绎推理需要 3 步：
- 阐述世界上已存在的某种情况；
- 阐述世界上同时存在的相关情况。如果第二则表述针对的是第一则表述的主语或谓语，那么说明这两则表述是相关的；
- 说明这两种情况同时存在时隐含的意义。

演绎推理也可以分为以下 3 步：
- 出现的问题或存在的现象；
- 产生问题的根源、原因；
- 解决问题的方案。

连环式演绎推理：
- 当推理过程由两个以上的演绎过程连接起来时，对所有步骤一一进行说明会显得冗长而呆板。
- 适当略去其中几个步骤，就可以形成连环式演绎推理。

●●●

归纳推理

归纳推理比演绎推理难得多,因为归纳推理需要更多地运用创造性思维。进行归纳推理时,大脑首先要发现若干事物(思想、事件、事实)的共性,然后将其归结到一起,加以说明。

在图5-1列举的波兰与坦克的例子中,所有的事件都被定义为"针对波兰的军事行动",因此我们可以得出"波兰将遭到攻击"这一推论。但是,如果要把这些事件定义为"波兰的盟国在为进攻其他欧洲国家做准备",那么就会得出完全不同的推论。

用归纳法进行创造性思维时,我们必须具备以下两项主要技能:

1. 正确定义一组思想。
2. 准确识别并剔除不相称、不属同类、无共同点的思想。

第6章将对如何做到以上两点做出详细说明。现在,你只需要理解归纳推理的基本原理,以区分归纳推理与演绎推理。

归纳推理的步骤

如图5-9所示,在进行归纳推理时,最重要的是找到一个能够概括该组所有思想的名词。这个词必须是一个单一名词,原因是:首先,所有表示一类事物的词都是名词;其次,该组思想中必定有两个以上(含两个)同类思想。在图5-1的例子中,"军事行动"就是一个概括性的名词,"进攻准备"也是一个符合条件的名词。

请看图5-9中的例子。你很快会发现,每一组思想都可以用一个单一名词概括,比如"计划""步骤""影响"等。并且在每一组思想中,你都找不出一个与该名词不相配(不一致)的思想,每一个思想都符合该名词的定义(诠释、描述)。

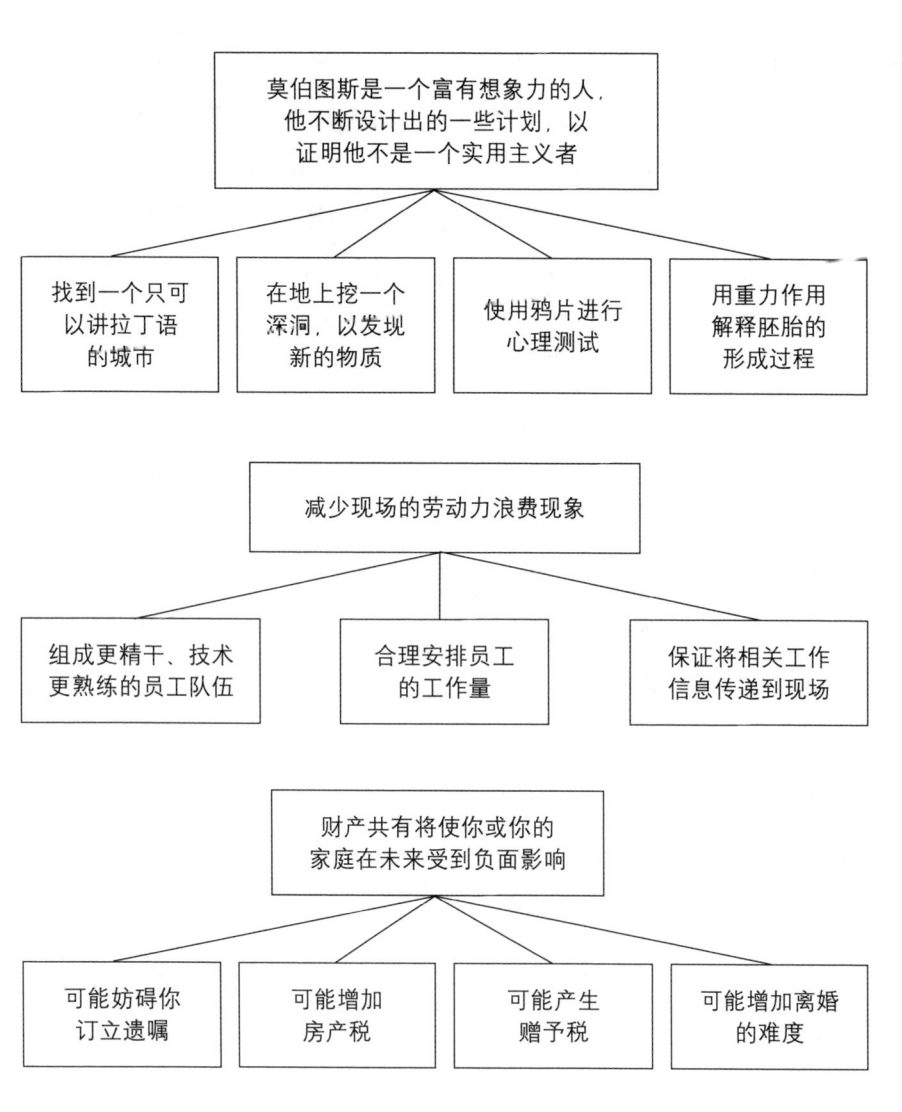

```
                莫伯图斯是一个富有想象力的人，
                他不断设计出的一些计划，以
                证明他不是一个实用主义者
```

```
找到一个只可    在地上挖一个    使用鸦片进行    用重力作用
以讲拉丁语      深洞，以发现    心理测试        解释胚胎的
的城市          新的物质                        形成过程
```

```
              减少现场的劳动力浪费现象
```

```
组成更精干、技术    合理安排员工    保证将相关工作
更熟练的员工队伍    的工作量        信息传递到现场
```

```
              财产共有将使你或你的
              家庭在未来受到负面影响
```

```
可能妨碍你    可能增加    可能产生    可能增加离婚
订立遗嘱      房产税      赠予税      的难度
```

图 5-9　将具有共同点的思想组织在一起

接下来就要通过自下而上提问的方式检查你的推理。例如，你看到一个人，他想找到一个只能讲拉丁语的城市，想在地球中心挖一个深洞……由此可以推断他是一个有想象力的人但不是一个实用主义者吗？答案是可以。

105

我们来看图 5-10 中的两个例子。如果管理人员不面对现实、不接受批评，可以由此推断管理不善是因为他们就愿意这样做吗？当然不能，这样的推断显然过于草率。

再来看第二个例子。如果某部门生产效率低且价格没有竞争力，可以推断出该部门有提高盈利的机会吗？也许可以，但是我还能想出三四个也能被归为提高盈利的因素。这说明主题思想与下面 3 个思想之间的抽象层次过多，也就是说，主题思想的抽象程度过高，因为这一主题思想并非只对应下面这 3 个思想。

你可能还有印象，我们在第 3 章谈过，这是一个看似属于归纳推理，实为演绎推理的例子。生产效率低造成加班过多，而加班过多造成价格无竞争优势。（无论何时，如果只有一个支持某观点的论据，就只能用演绎法进行处理。）因此，该金字塔结构顶端的隐含思想应当是"我们的价格偏高是因为生产效率低"。

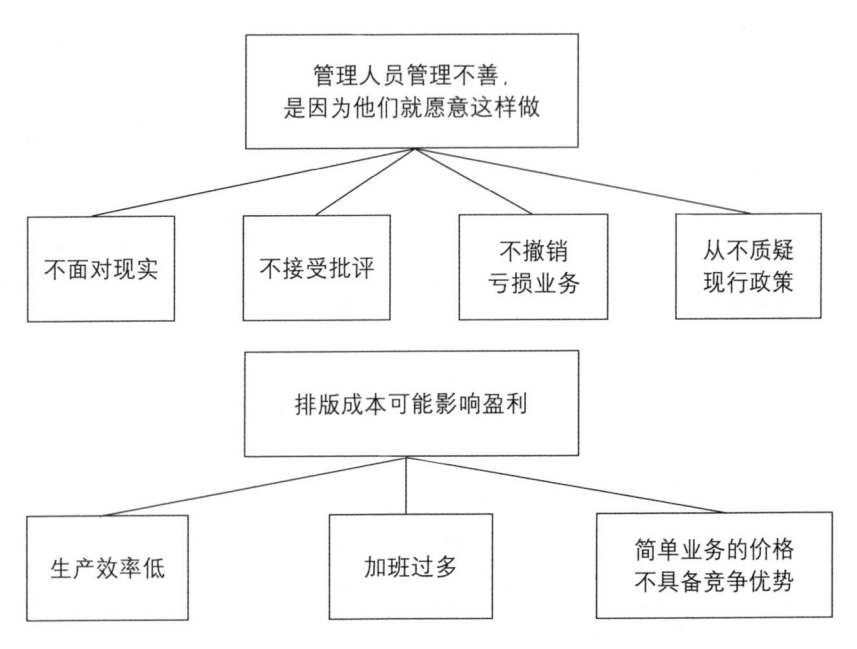

图 5-10　推理得出的结论不可超越本组思想

提示

应用归纳法时，必须具有以下两项主要技能：

- 正确定义一组思想。找到一个能够表示该组所有思想共性的名词。
- 识别并剔除该组思想中与其他思想不相称（不属同类、无共同点）的思想。

演绎推理与归纳推理的区别

现在你已经知道归纳推理与演绎推理之间有明确的区别，也能够很容易地说明这种区别。记住，进行演绎推理时，推理过程的第二个思想必须是对第一个思想的主语或谓语的评述。如果不具备这一特点，它就不是演绎推理，而是归纳推理。如果它确实是归纳推理，就应当能够用一个单一的名词概括这两个思想，以检验归类、分组是否恰当。

举个例子。最近我在一本讲逻辑的书中看到了两个关于演绎推理的谬论：

<u>所有工党成员</u> <u>都支持</u> <u>医疗社会化</u>。
主语　　　　　 谓语　　 宾语

<u>政府中有一些人</u> <u>支持</u> <u>医疗社会化</u>。
主语　　　　　　 谓语　 宾语

因此，政府中有一些人是工党成员。

　　　　所有兔子　跑得　都很快。
　　　　主语　　　谓语　状语

　　　　有一些马　跑得　很快。
　　　　主语　　　谓语　状语

　　　因此，有一些马是兔子。

　　你会发现，在这两个例子中，第二个思想都没有评论第一个思想的主语或谓语，所以这些思想之间不存在演绎关系。两个例子中的第二个思想实际上是在第一个思想建立的范畴（一个单一名词）中增加了一个组成成分。将不同的思想放入同一个范畴中，相当于用一个单一名词概括其定义，我们都知道，这种方法叫作归纳。
　　再举一个例子。假设我说：

　　　"日本商人正在增加对中国市场的投资。"

　　你能看出下面的两个句子中，哪一个与上一句具有归纳关系，哪一个与上句具有演绎关系吗？

　　　美国商人将很快进入中国市场，这必将促进日本商人采取进一步的行动。
　　　美国商人正在增加对中国市场的投资。

　　显然，第一句与前一句具有演绎关系，第二句与前一句之间是归纳关系。
　　注意，在归纳过程中，通常需要保持主语不变，改变谓语，或者保持谓语不变，改变主语。例如，可以这样归纳：

日本商人正在增加对中国市场的投资。
美国商人正在增加对中国市场的投资。
德国商人正在增加对中国市场的投资。
归纳：资本正在涌向中国。

或者这样归纳：

日本商人正在增加对中国市场的投资。
日本商人正在增加对印尼市场的投资。
归纳：日本商人正在大力开拓东南亚市场。

再来看一个例子：

日本商人正在增加对中国市场的投资。
日本商人正在增加对冰岛市场的投资。
日本商人正在增加对秘鲁市场的投资。

除了"日本商人正在进入3国市场"之外，中国、冰岛、秘鲁3国之间有什么共同点呢？没有。这些事实之间没有联系，因此也无法根据这些事实得出更具概括性的观点。写出这些句子纯粹是为了传递新闻，而在一篇旨在表达作者思想的文章中是没有新闻的立足之地的。

弄清新闻与思想之间的区别非常重要。新闻具有真实性，因此有些作者认为有理由将其写入文章中。但是，再想想我们在第1章曾经谈到的：将一个思想与其他思想一起写入某篇文章中的唯一理由，就是这个思想有助于对一个更高层次上的思想提供解释或支持。只有当某一组思想可以用归纳法（具有类似的主语或谓语）或演绎法（第二点是对第一点的评述）关联起来时，才能合理地从中概括出较高层次的思想。

总而言之，演绎关系的建立，要求推理过程中的第二步对第一步做出评述，并推导出一个结论。归纳关系则基于句子结构，必须找出各句主语或谓语之间的相同点，并根据这一相同点得出结论。如果句子之间没有相同点，就无法得出结论，这些句子也就根本不属于这篇文章。

还要注意的是，不论你将几个句子组织在一起是为了进行归纳推理还是演绎推理，你的思维都会不自觉地预期出现某个归纳式结论或演绎式结论。大脑对归纳论述和演绎论述的完整性有一种预期，这使读者将思维"投射"到前方，预测作者的下一个句子。如果读者预期的结果与作者实际表述的不同，读者就可能感到困惑、不解、烦躁。因此，在呈现归纳或演绎过程之前，应当先告诉读者文章的主题思想，使读者能够更容易地跟上你的思路。

• • •

提示

演绎推理与归纳推理的区别：

演绎推理，第二点是对第一点主语或谓语的论述。

归纳推理，同组中的思想具有某种共性。

• • •

第 2 篇

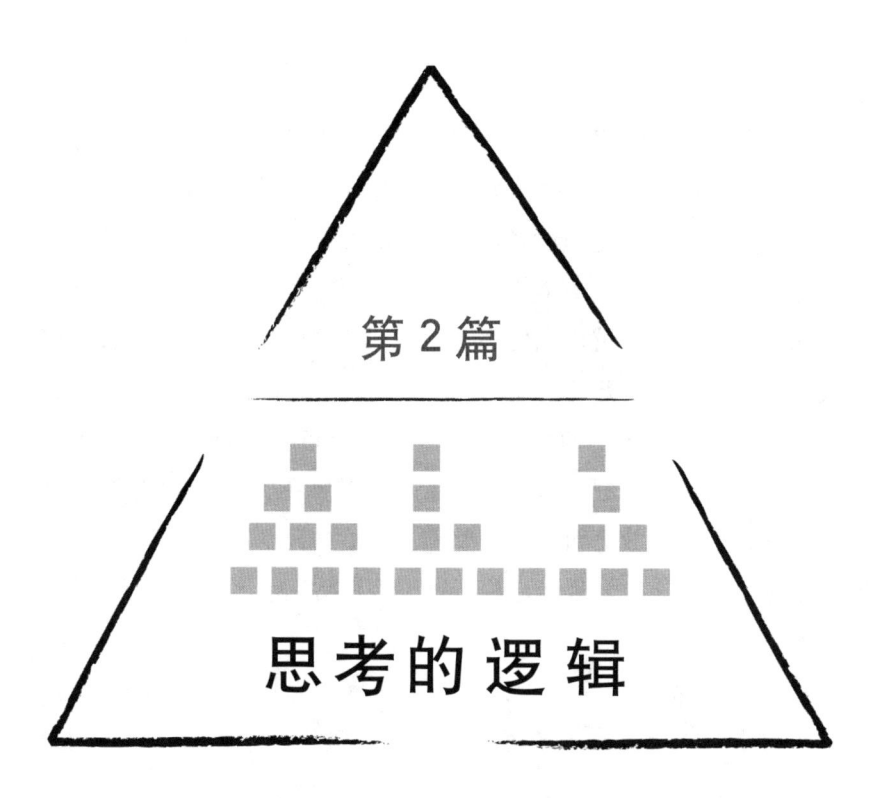

思考的逻辑

在将金字塔原理应用于公文写作时，你只需要稍加练习，就可以简单、轻松、快速地搭建好文章的总体框架结构。通常，你可以很快确定文章的主题和读者可能提出的疑问，想好序言（前言、开场白、引言）中的"背景"和"冲突"，提出文章的中心思想和关键句要点。然后，就可以使用疑问-回答式的对话方式，在每一个关键句要点之下展开论述或说明。

当你对文章结构的思考已深入到关键句层次的下一个层次时，就可以开始写作了。更低层次的思想不需要在构思阶段完成，在实际写作过程中完成即可。写完整篇文章后，还需要仔细检查一下全文结构，你可能会发现自己犯了以下两种常见错误：

- 仅仅因为可以用同一个名词概括就将关联性很弱的思想列在了一起（如"10个步骤"或"5个问题"等），实际上它们之间并不存在逻辑关系。
- 在金字塔结构顶端，表达中心思想的句子"缺乏思想性"（如"该公司存在5个问题"），而非富有启发性的观点。

罗列似乎已经成为一种普遍的倾向。实际上，罗列不失为一种将思想大致列出来以便审视的好方法，但我们不能就此止步，应当进一步思考，以保证每组思想之间确实存在某种内在的逻辑关系，然后说明这种逻辑关系的隐含意义。

认真研究各组思想是思考过程的核心，也是一项艰难的工作，正因为如此，这一过程经常被忽略。忽略这一过程，意味着你无法将自己的思想清晰、明白地呈现给读者，更糟的是，你可能根本就没有把握好自己思想的核心。这不仅是在浪费时间和资源，还说明你没有通过思考发现所有主要的思想和观点。

例如，下面有两种方法列举某公司存在的问题。想一想，如果采用第一种方法，管理者们要多花多少时间，才能找出解决问题的措施？

原文：

客户对销售报告和库存报告不满意。
1．提交报告的周期不恰当。
2．库存数据不可靠。
3．获得库存数据的时间太迟。
4．库存数据与销售数据不吻合。
5．客户希望改进报告的格式。
6．客户希望删除无意义的数据。
7．客户希望突出说明特殊情况。
8．客户希望减少手工计算。

修改后：

销售系统和库存系统生成的月度报告存在问题。
1．报告中含有不可靠的数据。
2．报告的格式混乱。
3．生成报告的时间太晚，无法采取有效措施。

如何才能从原文罗列的信息，整理出修改后列出的结论呢？本篇将讨论有关的实用技巧。首先，要找出将这些思想联系起来的逻辑框架，并确定各组思想的逻辑顺序（见第 6 章"应用逻辑顺序"），然后概括总结出它们的隐含意义，即所谓的归纳跃进（inductive leap）（见第 7 章"概括各组思想"）。

我将这一过程称为冷静思考（Hard-Headed Thinking）。学习和应用这些步骤有一定难度，但如果你确实想了解自己的思维，就必须掌握冷静思考的技巧。因此，希望你多花一点时间，了解和掌握思考的技巧。

第 6 章　应用逻辑顺序

　　金字塔原理的第二条规则是列入同一组中的所有思想必须具有某种逻辑顺序。这条规则可以确保你列入同一组中的思想确实属于这一组，还可以防止遗漏。也就是说你已经将一些思想归集在一起，并用"步骤"之类的名词描述它们的共性，接下来你还必须将这些思想按照第一、第二、第三的顺序排列，否则就不能确定这些思想确实属于同一过程，也不能保证这些思想是该过程的全部。

　　在演绎性的思想组中，你可以毫不费力地找出该组思想的逻辑顺序，即演绎推理的顺序。而在归纳性的思想组中，你可以自主"选择"一种逻辑顺序。因此，你必须掌握选择逻辑顺序的方法，以及判断你的选择是否正确的方法。

　　有一点必须理解，从理论上说，组织在一起的思想绝不是随意堆放在一起的，你是因为看到了其中的某种逻辑关系，才将它们"挑选"出来并组织起来。举个例子，请看以下 3 组思想：

- 解决问题的 3 个步骤。
- 某公司成功的 3 个关键因素。
- 某公司存在的 3 个问题。

为了明确以上 3 组思想的内部逻辑关系，大脑必须进行一系列逻辑分析，你最终选择的逻辑顺序应当能够展现大脑在分组时进行的分析活动。大脑的分析活动可归为以下 3 种，如图 6-1 所示：

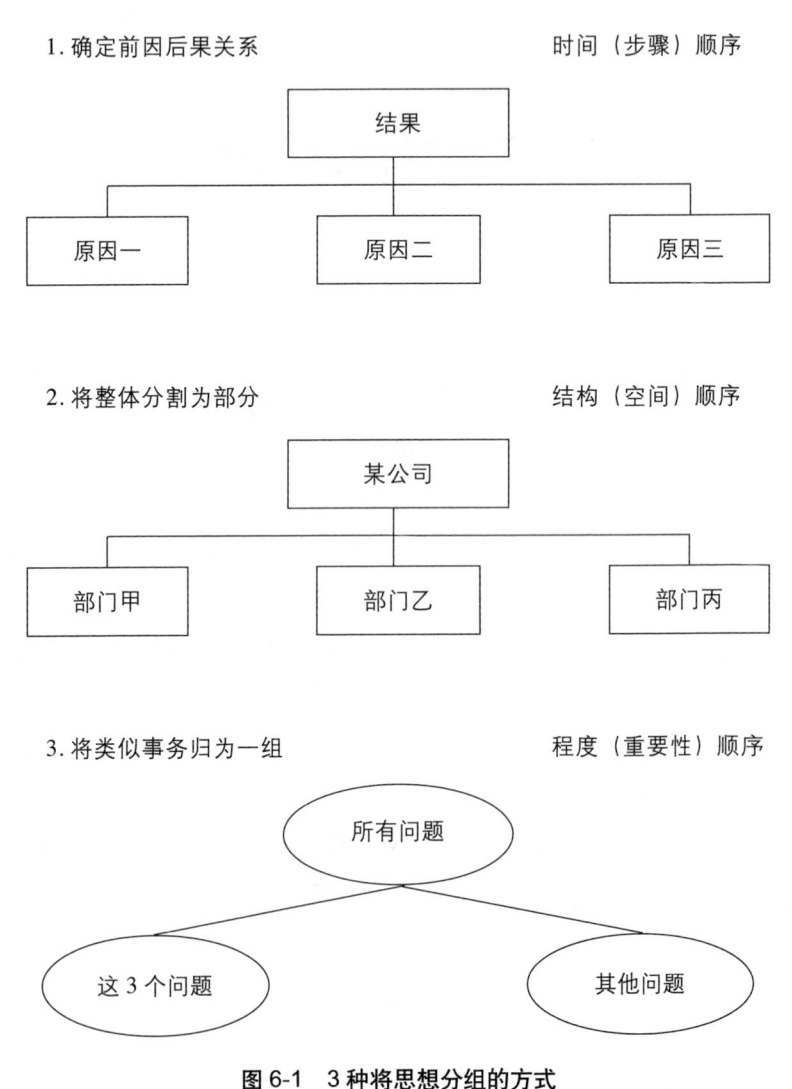

1. 确定前因后果关系　　　　　　　　　　时间（步骤）顺序

```
                    ┌─────────┐
                    │  结果   │
                    └────┬────┘
           ┌─────────────┼─────────────┐
      ┌────┴───┐    ┌────┴───┐    ┌────┴───┐
      │ 原因一 │    │ 原因二 │    │ 原因三 │
      └────────┘    └────────┘    └────────┘
```

2. 将整体分割为部分　　　　　　　　　　结构（空间）顺序

```
                    ┌─────────┐
                    │ 某公司  │
                    └────┬────┘
           ┌─────────────┼─────────────┐
      ┌────┴───┐    ┌────┴───┐    ┌────┴───┐
      │ 部门甲 │    │ 部门乙 │    │ 部门丙 │
      └────────┘    └────────┘    └────────┘
```

3. 将类似事务归为一组　　　　　　　　　程度（重要性）顺序

```
                  (  所有问题  )
                 ╱             ╲
        ( 这3个问题 )        ( 其他问题 )
```

图 6-1　3 种将思想分组的方式

1. 确定前因后果关系。

当你在文章中告诉读者采取某种行动时（比如，辞退销售经理、将盈利指标分解到各个销售分区），必定是认为通过这种行动会产生某种预期的效果。那么你首先要确定希望获得什么结果或效果，然后指出为此必须采取的行动。

必须采取多种行动（比如解决问题的3个步骤）时，这些行动就构成了一个过程、流程或者一个系统，即共同导致某结果的原因集合。构成该过程或系统的行动只能按时间顺序进行。因此，代表一个过程或系统的一组行为必定是按时间排序，而对该组行为的概括必定是采取这些行动后取得的结果或达到的目标。

2. 将整体分割为部分。

绘制组织结构图或行业结构图时，通常需要将整体分割为部分，或将部分组合成整体。例如，如果要找出"在其行业成功的关键要素"，首先必须画出该行业的结构图，然后确定在各个部分取得成功的必需要素。这些必需要素之间的逻辑关系，与此前画出的行业结构图中各部分之间的关系互相对应，这种逻辑顺序就是结构顺序。

3. 将类似事务归为一组。

严格地说，"某公司存在3个问题"这样的表述并不准确。该公司肯定存在许多问题，你只是从所有问题中挑出了3个相对来说更值得重视的问题。问题之间具有某种共性，使你能够将其归为一类，比如，每个问题都是因为不愿意授权造成的。

这3个问题的共同点就在于此，区别则是程度不同。（如果这3个问题的共性在程度上是相同的，你就不可能在这一点上区分它们。）正因为存在差异性，你才可以就这些问题在不同程度上具有的某种共性，按照"重要性"或"程度"从高至低，即从重要到次重要，或从大到小的顺序排列，这就是程度顺序，也称为比较顺序或重要性顺序。

以上3种逻辑顺序既可以单独使用，也可以结合使用，但每组思想都必须至少存在一种逻辑顺序。换句话说，如果一组思想是通过以上3种分析框架之一得出的，那么这组思想就必须按照相应的逻辑顺序组织。因此，在写作时，必须有意识地检查每组思想是否存在某种逻辑顺序。如果该组思想不存在任何逻辑顺序，显然分组有问题，你应该运用逻辑分析框架的相关知识找出问题所在。

下面我们会进一步介绍逻辑顺序的知识，以及如何运用这些知识检查自己的思路。

时间顺序

时间顺序可能是最容易理解的一种逻辑顺序，因为在对思想进行分组时，这种顺序最常用。在按照时间顺序组织的一组思想中，要按照行动的顺序（第一步、第二步、第三步……），依次表述达到某一结果必须采取的行动。该组中的思想可以是实际的行动步骤或关于行动的想法（比如建议、目标等），也可以是大脑中潜在的思维过程得出的结论。在这两种情况下，都有可能出现逻辑不清的现象：前一种情况是由于人们在罗列思想时难以区分原因和结果；后一种情况是由于人们没有意识到自己的思考采用了某一过程，这正是他的思维基础。

根据结果寻找原因

写作时常见的问题之一就是无法区分原因和结果。前面说过，同一组行动是为了达到一个特定的结果。但是，如果过程较长，且包括许多步骤，就会存在多个层次上的原因和结果。为了说明这一点，请看看下面的例子，这是一名咨询顾问建议某公司采取的措施，用以提高生产效率。

在第一阶段应采取以下措施：
1. 与主要管理人员及监管人员谈话。
2. 跟踪并记录交易行为和工作流程。
3. 确定所有关键业务环节。
4. 分析组织结构。
5. 理解服务和绩效措施。
6. 评估业务职能的绩效水平。
7. 找出问题和原因。
8. 发现提高生产效率的潜在可能。

首先，这个过程步骤太多，读者难以掌握。请回想一下前面关于神奇数字"7"的内容，人一次最多记忆7个项目，超过7个，就应当归类分组。（事实上，我建议每组思想最好不要超过4个或5个。若一组思想超过5个，其中一些思想之间就有可能缺乏紧密的联系。如果不指明思想之间的逻辑关系，部分思想就会变得模糊不清。例如，说明"十诫"中的一部分是"对上帝之罪"，另一部分是"对人之罪"，将比逐条列出"十诫"更容易让人理解。）

此外，虽然上述8个步骤是按照顺序罗列的，但它们并不处于同一个抽象层次上，采取其中一些步骤是为了实现另一些步骤，也就是说，在总的过程中存在一些具有完整结构的子过程。如果不将这些子过程提取出来，作者实际想表达的思想就会模糊混乱。在上面的例子中，咨询顾问实际想表达的大概是：

在第一阶段，我们将确定提高生产效率的可能领域：
1．确定企业的关键业务环节。（3）
    －与主要人员沟通。（1）
    －跟踪并记录交易行为和工作流程。（2）
2．找出在开展业务时存在的弱点。（7）
    －调整组织结构。（4）
    －制定并实施服务和绩效管理措施。（5）
    －评估绩效水平。（6）
3．提出切实可行的改革建议。（8）

经过这样组织，作者就能检查该过程中的各步骤是否适当、是否有遗漏。例如，为了确定可能提高生产效率的领域，这3个步骤是否够全面？如果我与主要人员进行了沟通，并且跟踪和记录了交易行为和工作流程，是否足以确定企业的关键业务环节？

为避免出现因果关系错误，可以假设自己采取了文中提到的各项行动，并想象之后的结果，这样就可以判断必须采取的某项行动仅仅是为了在时间上先于另一项行动，还是为了实现另一项行动。

这样可以大大缩短考虑思想分组是否合理的时间。请看这个例子：

战略规划涉及对时间周期的认识。
1．了解需求。
2．制定能提供相应产品或服务的战略。
3．实施该战略。
4．市场接受期、快速增长期。
5．缓慢增长期、进入成熟期。
6．高现金增值期。
7．衰退期。

检查思想分组是否合理的第一步是看能否理解它所描述的过程。假设你自己就是执行者，并开始行动："首先，了解市场需求；其次，制定战略；然后，实施该战略；再然后……"你会发现，这里出现了问题。

上面的例子似乎将3项由企业采取的行动，与4项由这些行动产生的结果放在了一个组里。仔细看看这些行动产生的结果就会发现，这4项行动结果反映的是正常的产品生命周期曲线，如图6-2所示。

第四步的意思应该相当于"评估市场反应"，而图6-2中的几个时期就是市场反应的各个阶段。（我们似乎漏掉了一点——高现金增值期。但是，这一点通常属于进入成熟期的一个特点，根本不属于战略规划周期的一个阶段。）原文可以按以下方式改写：

> 制定战略规划时必须了解时间周期：
> 1. 了解需求。
> 2. 制定能提供相应产品或服务的战略。
> 3. 实施该战略。
> 4. 评估市场反应。
> 5. 调整战略以适应市场反应。

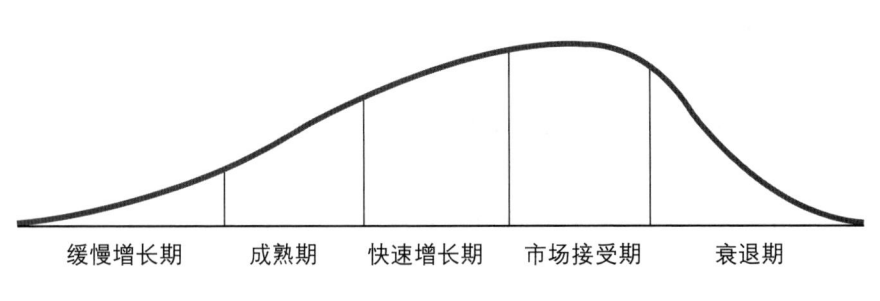

图 6-2　产品生命周期曲线

揭示隐含的逻辑思路

你得出的结论可能是基于某个隐含的逻辑过程，认识到这一点对明确表达真实思想很有帮助。很多时候，人们得出结论时并没有说明其实际上想表达的思想，比如下面这个例子：

> 关于企业性质的定义：
> 1．主要依赖创造性过程。
>   －按需求细分。
>   －按供给细分。
> 2．随时间变化。
>   －生命周期的早期和晚期。
>   －竞争动态。
> 3．在某行业中不必独一无二。
> 4．受自身优势和市场竞争的影响。

虽然在这组思想的最高层次上没有明确给出概括性思想，但我们不难假设这组思想在传达一些信息，因为这组思想的语言不难理解，并且每一项都有明确意义。但如果你试着按顺序检查作者的思路（首先进行市场细分，其次回应变化，然后评估自己在市场中的位置），会发现作者传达的信息与如何确定企业性质有关。因此，可以用更清晰的方式来表达这组思想。

> 确定企业的性质，需要认真分析：
> 1．对市场进行细分。
> 2．评估企业在各细分市场中的竞争地位。
> 3．长期跟踪竞争地位的变化。

然后作者可以检查是否忽略了确定企业性质所需的某一步骤，并做出合理判断。在这个例子中，步骤是完整的，但是像这样强迫自己重新思考整个过程，能让你知道如何通过提问检查其他人的思路。举个例子，假设你的一位员工对你说："这是我打算明天在会上说的，你看行吗？"

> 传统的投资评估重点——比较未来的收益和可能的成本：
> 1. 通常在技术上不可靠。
> 2. 基于简单化的概念。
> 3. 结果可能误导投资。

检查一下其逻辑顺序，你会发现时间顺序可能才是他思想的根基，第三点应列为主题思想，因为这是其他两项行动的结果。

> 传统投资评估的重点可能误导投资，因为它：
> 1. 基于简单化的概念。
> 2. 通常在技术上不可靠。

此外，在检查从第一点（组）到第二点（组）的逻辑顺序时，还应当想一下作为思想分组基础的逻辑过程，例如：

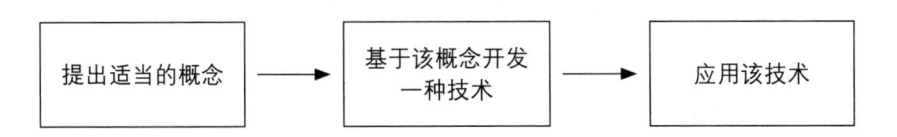

| 提出适当的概念 | → | 基于该概念开发一种技术 | → | 应用该技术 |

我们看到，这位员工考虑了这一逻辑推理过程的第一个步骤和第二个步骤，但是没有提到第三个步骤，这可能是因为企业在应用

该技术的方法方面没有什么问题，但也可能是这些员工遗漏了。我们认为遗漏的可能性比较大。在检查作者的思路时，如果要逆向追溯其思考的源头，就应该问一下："企业应用该技术的方法是否有问题？"

有时你会发现时间顺序只是被用于已有的思想结构中。这时，这组思想的结构本身决定了步骤的数量和顺序。关于这一点，请继续阅读解读结构顺序的内容。

• • •

提示

时间顺序：

在按照时间顺序组织的思想组中，主题句是要达到的结果，表述思想的顺序与采取行动的顺序（第一步、第二步、第三步）一致。

• • •

结构顺序

什么是结构顺序？结构顺序就是当你使用示意图、地图、图画或照片想象某事物时的顺序。你想象的"某事物"既可以是真实的，也可以是概念性的；既可以是一个物体，也可以是一个过程。但是，这个"某事物"必须被合理地划分成不同的部分。

创建逻辑结构

在将某个整体（不论是客观存在的具体事物，还是概念性的抽象化整体）划分为不同的部分时，必须保证划分后的各个部分符合以下要求：

- 各部分之间相互独立（mutually exclusive），没有重叠，具有排他性。
- 所有部分完全穷尽（collectively exhaustive），没有遗漏。

这两个要求简称为分组的"MECE原则"。绘制组织结构图时，你一定会不自觉地使用这一概念，如图6-3所示。

相互排斥的意思是轮胎部的组成与硬件部不同，而体育设备部与其他两个部门也不同，即各部之间没有重叠。完全穷尽指的是3个部门合起来就是阿克伦轮胎橡胶公司的全部，没有遗漏任何部分。

如果你在将整体划分为部分时应用了这两条原则，那么划分出来的结构肯定包括所有需要说明的部分。最简单的结构顺序就是按图6-3中各部分出现的顺序，对其进行说明。

人们在绘制组织结构图时经常会问，应以怎样的顺序将各部分放入示意图？在图中填写各部分时的顺序就反映了你的划分原则。

通常有3种划分组织活动的方式：根据活动本身（如研发、生产、市场营销），根据活动发生的地点（如东部地区、中西部地区、西部地区），根据针对特定产品、市场或客户的活动的集合（如轮胎部、硬件部、体育设备部）。

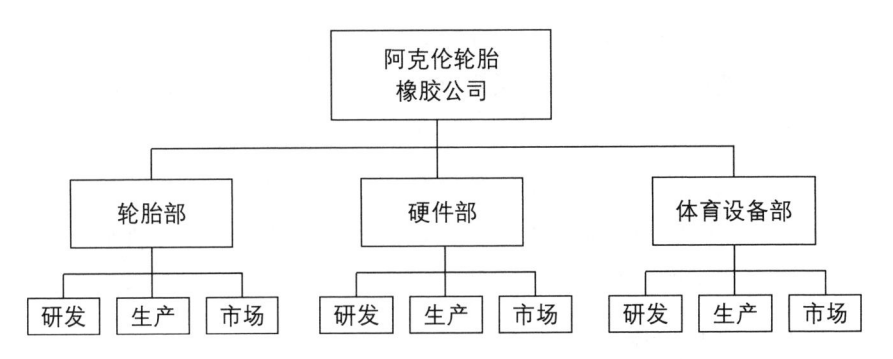

图6-3 各部分"相互独立，完全穷尽"的组织结构图

- 如果划分时强调活动本身，那么各部分展现的就是一个逻辑过程（流程），应采用时间顺序。
- 如果划分时强调地点，那么各部分呈现的是地理状况，应采用结构顺序。
- 如果划分时强调与某一产品或市场有关的活动，那么划分就是一种归类。各部分思想应采用重要性顺序，而你所采用的重要性判断标准就决定了思想的排列顺序（如销量、投资额等）。

假设在重组市政府时，你要筹建负责以下各方面工作的部门：

1. 住房。
2. 交通。
3. 教育。
4. 娱乐。
5. 个人医疗。
6. 环境卫生。

在你看来，这些都是市政府应当负责的领域，假设该市所有建设都要从零开始，以上排序是由市政府的关注程度决定的。在创建新的组织机构时，强迫自己采用结构顺序，可以帮你对分组进行检查，以确认对于你的目的来说，各部分组合之后是否完整。

但是，在划分组织结构以外的事物时，通常是为了分析各部分的功能，因此应当按照功能划分，各部分按其可起到的预期作用排序。例如，如果准备讨论雷达装置，就应当以雷达工作时各部分起作用的顺序来组织：

1. 调制解调器。
2. 射频振荡器。
3. 带扫描装置的天线。
4. 接收器。
5. 指示器。

调制解调器的功能是吸收能量，射频振荡器能够发射能量，天线将能量聚集在天线杆上，接收器用于接收天线扫描装置传回的信号，指示器的功能是显示数据。

• • •

提示

"MECE 原则"可以保证划分出的各部分符合以下要求：

- 各部分之间相互独立（mutually exclusive），相互排斥，没有重叠。
- 所有部分完全穷尽（collectively exhaustive），没有遗漏。

• • •

描述逻辑结构

建立起结构后，就可以按照自上而下、从左向右的顺序来逐一描述各个部分了。在上文的事例中，对雷达装置进行技术性描述就应当采取这样的顺序，对其他机械装置进行技术性描述也应当遵循同样的顺序。

但是，在描述各个部分时，有时也可以采用过程顺序（时间顺序）。举个例子，图 6-4 是一张西奈沙漠的地图，后面的文字描述了地图中的各个部分。

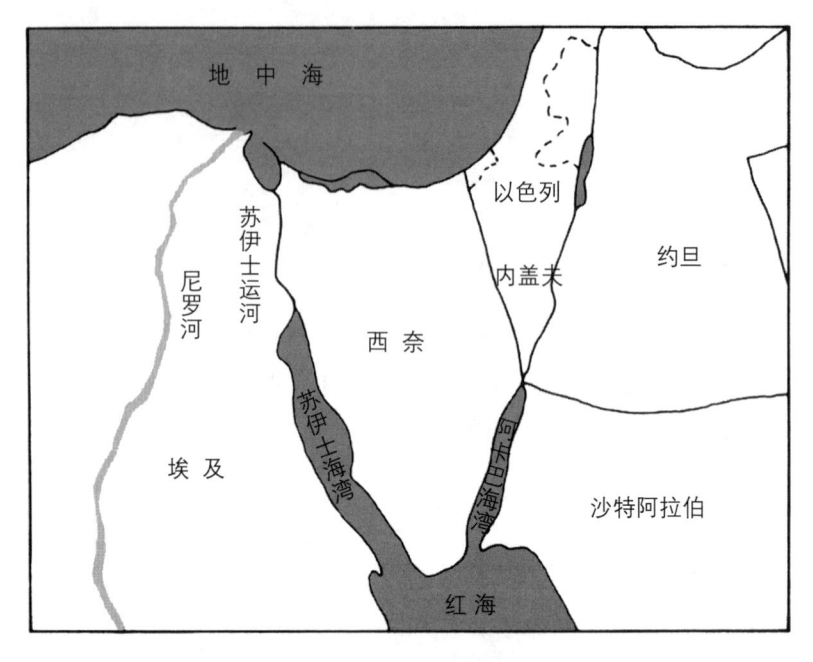

图 6-4　西奈沙漠地图

在任何一张中东地区的地图上,西奈半岛都位于正中间。西奈半岛近似一个倒置的等腰三角形,像一枚楔子插入非洲与西亚之间。基于不同的政治诉求,关于西奈半岛有多种说法。有人说,西奈半岛是埃及东部领土的延伸,是神圣的埃及领土,只是在一个多世纪以前因苏伊士运河的开凿而与本土割离;有人说,西奈半岛是以色列南部领土的自然、合理的延伸,是内盖夫沙漠的主体;有人说,西奈半岛是沙特阿拉伯北部的附属地区,与本土仅被狭窄的阿卡巴海湾隔开;还有人说,西奈半岛自古以来就是连接东西部的大陆桥,是商队通行和军队入侵别国时的便捷通道。

上文列举了人们对于西奈半岛的不同看法，作者叙述的顺序就是人们观看地图的顺序，从左上角开始，沿顺时针方向进行。首先，人们看到的是西奈半岛与埃及之间的运河，其次是以色列南部，然后是沙特阿拉伯北部，最后，自东向西，再回到西边。这说明，原文作者在写作时考虑到了读者看地图的顺序，因而在描述地图时采用了同样的顺序。

修改逻辑结构

人们在处理逻辑结构时经常会想象一下与之相关的逻辑过程，尤其是在对已有结构提出修改建议时。例如，假设图 6-5 是一份市政府的组织结构图，其中包括 25 个部门，它们分别向 23 个委员会汇报工作。

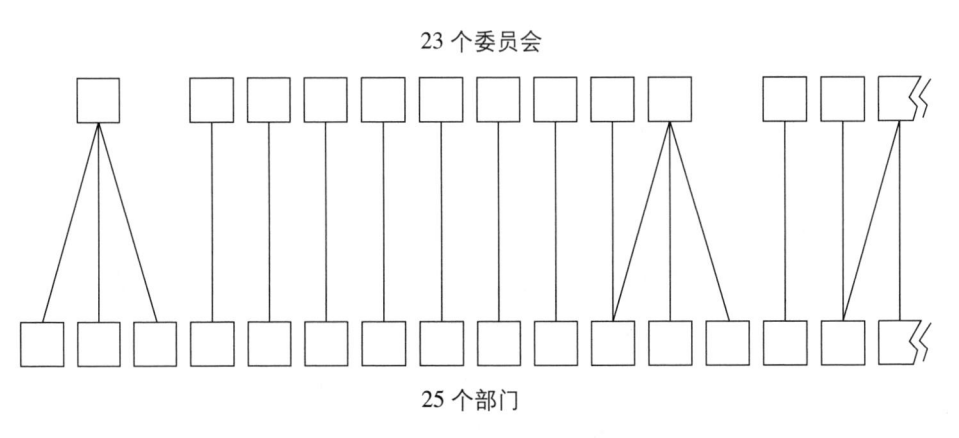

图 6-5 市政府原组织结构图

你建议将原有组织结构中的 25 个部门进行合并，调整为由 6 个部门，它们分别向 6 个委员会汇报工作，外加一个行政管理分支，如图 6-6 所示：

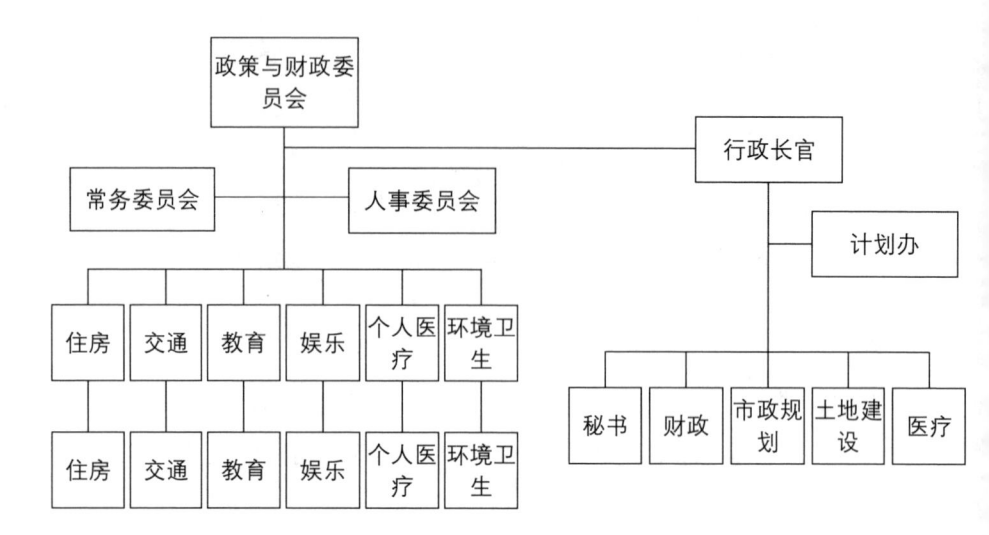

图 6-6　修改后的市政府组织结构图

组织结构调整需要在 4 个方面进行改革。写报告时，应当用什么顺序提出你的改革建议呢？这些改革同等重要，因此不能按重要性顺序排列。理论上，这些改革也必须同时进行，因此也不能采用时间顺序。

在这种情况下，最合适的顺序，就是你在白纸上依次画出各个部分并呈现给读者时使用的顺序。在这个例子中，第一步就是将众多委员会合并改组为 6 个委员会，由政策与财政委员会统筹管理（如图 6-6 左侧所示）。第二步是将所有的 25 个部门合并，分别与 6 个委员会一一对应。第三步是成立两个为政策和财政委员会提供支持的委员会。最后一步是成立由行政长官领导的管理团队，管理行政工作。

组织结构调整报告的具体要点可参见下文：

> 为了完善市政管理体制，提高市政府的工作效率，市议会应当采取以下措施：

1．将为群众提供服务的职责赋予政策与财政委员会下辖的6个委员会。

2．将原有各部门组成6个项目管理部门，分别由一名项目负责人领导，并分别对6个委员会负责。

3．组成行政及其他内部事务管理机构。

－成立常务委员会。

－让人事委员会发挥更积极的作用，激励市政工作者。

4．任命一名行政长官，管理市政府在编人员。

用结构顺序概念检查思路

与时间顺序概念的作用一样，你也可以用结构顺序的概念检查在分组过程中是否有逻辑错误。假设你是某大城市的交通局局长，现在有一份文件在等你审批。

我们认为，此项工作的目标包括：

1．评估和分析维修区域及建筑区域的现场施工情况。

2．了解现场工程师是否具有足够的组织和管理灵活性，以便对公众提出的日常使用问题和要求做出恰当的回应。

3．评估和分析初期工程、道路和桥梁设计、环保问题、用地许可和交通管理等方面的问题。

4．评估和分析交通局的组织结构。

5．找出在每一研究领域的优势和劣势。

这些思想是按照怎样的顺序表述的？它们又是从何而来的？你可以很容易地看出，第五点与其他几点不同，因为它是针对前面4点的分析。我们可以将第五点剔除，暂不考虑，然后来看另外4点要表达的主题：

1．维修及建造。
2．日常运营。
3．初期工程。
  －道路和桥梁设计。
  －环保问题。
  －用地许可。
  －交通管理。
4．组织结构。

若从道路建设过程的角度看,可以假定以上思想包括4个步骤:

1．设计。
2．建造。
3．运营。
4．维护。

因此,作者的意思也许是这样的:

> 该项工作的目的是检查交通局的组织结构是否合理,以及是否有助于其履行职责。其职责包括4个方面:设计、建造、运营、维护。

下面我们再举一个例子。这个例子比较复杂,因为其中各项思想之间的联系非常随意。其实,作者在写作之前确实构思过文章的结构,但是作者对这种结构不是很了解,因此无法用来指导自己的思维。

这是一家饮料生产企业的工作人员写的分析报告。这家饮料企业决定将其产品的包装由玻璃瓶改为塑料瓶。在产品包装的来源上，企业面临两个选择，一个是从外部购买塑料瓶，另一个是自行开发塑料瓶生产。报告作者反对自行生产塑料瓶。

投资生产塑料瓶将面临一系列内部与外部的风险和限制：

1．技术风险——不成熟的设计。

2．环保风险——法律可能禁止生产不可回收的塑料制品。

3．优惠风险——在通货膨胀时期，顾客不一定欢迎所谓的优惠包装。

4．非独家经销：（1）外部销售将降低营销作用；（2）因所有权问题难以向其他企业销售。

5．投资多——投资回收期过长。

6．对每股收益造成负面影响（因杠杆作用加大）。

7．近期研发费用。

8．公司现金流问题——现有业务发展需要资金。

9．玻璃制造商们大幅降低产品价格，而塑料制品的通胀率比玻璃制品低。

10．在我们进入塑料制造行业时，其他塑料制造商可能会大幅降低产品价格，因为它们对投资利润率的期待更低（大多介于 7%～10%）。

11．容器行业的典型特征是低利润，进军该行业的关键是低成本生产。进入该行业可能会导致公司股价收益率下降。

你是不是看得有点头晕？对于这段文字的检查过程与其他文字一样。首先，依次检查作者的每一条反对意见，了解其反对的原因。为什么作者认为这些问题是不利因素？我们将作者反对的原因逐条列在下面，希望你能够找出一些线索。

1．高成本。

2．法律限制。

3．被迫降低销售量或价格。

4．低销售额。

5．高投资、低投资回报率。

6．每股收益率下降。

7．高成本。

8．必须贷款。

9．被迫降低价格。

10．被迫降低价格。

11．毛利低、股价收益率下降。

商界人士在谈论成本、销售额、价格、投资和投资回报率时，都假定对方了解这些因素之间的关系，如图 6-7 所示。如果你按照此树形图将相关因素一一填入，就比较容易了解作者的思想了——此项目将对投资回报率造成负面影响。

关于每股收益和股价收益率，涉及另一幅树形图，如图 6-8 所示，传达了另一个信息——此项目将对每股收益造成负面影响。

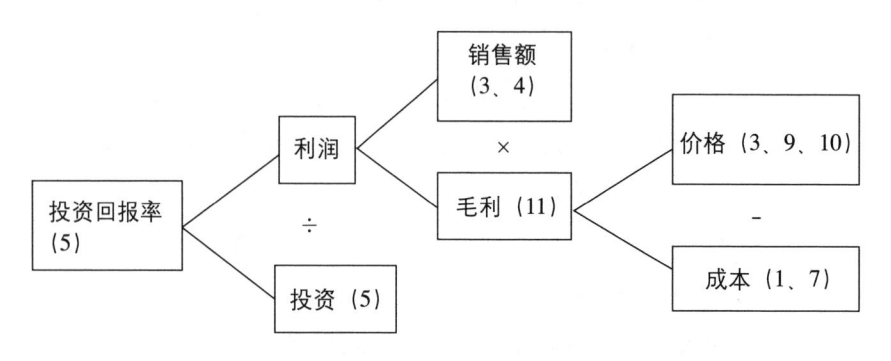

图 6-7　标准的投资回报率树形图

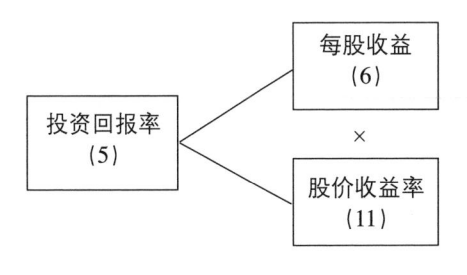

```
              ┌─────────┐
              │ 每股收益 │
              │  (6)    │
    ┌─────────┐└─────────┘
    │投资回报率│   ×
    │  (5)    │┌─────────┐
    └─────────┘│ 股价收益率│
              │  (11)   │
              └─────────┘
```

图 6-8　股价树形图

我们还剩下两点没有处理，即"必须贷款"和"法律可能禁止生产不可回收的塑料制品"。其实，如果在"利润"这一因素下增加"税额和利息"，"必须贷款"就可以纳入图 6-7 了。前面没有列入这一项，是为了使树形图更容易理解。

我们试着将所有因素组织在一起即可看出，作者是想表达：

- 我们在进入塑料容器生产行业之前应该慎重考虑：
- 如果法律禁止生产不可回收的塑料制品，我们可能根本没办法上马该项目。
- 即使未出台类似法律，该项目也将降低我们的盈利能力。从近期看，会降低每股收益。从长期看，会降低投资回报率。

了解了作者的想法后，你就可以仔细思考其中的每个观点是否站得住脚。我想，肯定有站不住脚的，因为我知道这家饮料公司不但进入了塑料容器生产行业，还取得了巨大成功。显然，有一个因素作者没有考虑到，即评估塑料容器可能对产品销售产生的有利影响。

在此重申一点，写作时必须首先构思文章的结构，否则你可能根本不知道自己已经写得一塌糊涂。按照结构写作，便于及时发现错误和遗漏。

> **提示**
> 结构顺序就是当你使用示意图、地图、图画或照片想象某事物时的顺序,如组织结构图、关键成功要素示意图等。

程度顺序

最后,我们再来看看程度顺序,也称重要性顺序。这是你对一组因为具有某种共同特点而聚集在一起的事物进行陈述或分析时采用的顺序,比如 3 个问题、4 个原因、5 个因素等。表达者常常会将思想简单罗列出来,缺乏深入思考。

创建分组

进行分组时,当你说出"这家公司存在 3 个问题"时,大脑就已经自动将这 3 个问题与该公司可能存在的其他问题区分开了,形成如图 6-9 所示的分支结构。从名称上看,这两个组已经完全穷尽,按照分组的意图,它们也应当相互排斥。

```
          3000 个问题
          /        \
  其中 3 个问题   其他 2997 个问题
```

……具有某种共同点并可以据此排序

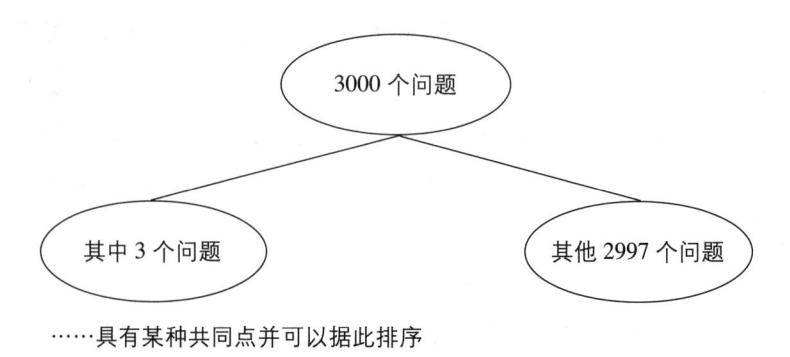

图 6-9 通过分组将思维集中于某个范围内

为了证明这两个组相互排斥，首先必须明确每组中的问题具有共同特性，要确保将所有具有该特性的问题列入一组。然后，在每组中，根据各个问题具有该特性的程度高低排序——该特性最明显的问题排在第一位，即先强后弱，先重要后次要。

很多人曾问我，确定了各要点的相对重要性（某特性的相对程度）后，是否必须将最重要的列在第一位。他们认为，如果将重要性最低的放在第一位，重要性依次增加，将最重要的思想放在最后，会更具戏剧性效果。的确如此，但是戏剧性是出于情绪的考虑，而不是出于逻辑性的考虑，因此这是一个写作风格的问题。

有时，你完全可以按先弱后强的顺序排列，以对读者的情绪产生更大的冲击力，但在多数情况下，还是应该将最重要的思想放在第一位。举个例子，假设你列出了以下要点：

设计电信计费系统时，应当注意让其适用范围更广：
1. 能够满足外部客户的需求。
2. 符合内部管理的要求。
3. 符合国家法律法规。

虽然电信计费系统必须满足以上3种功能性要求，但是上述顺序表明，满足客户的需求比符合国家法律法规更重要。做出这样的评价，是基于如图6-10所示的分组方式。

在商务文章写作中，基于重要性分组排序远比时间顺序或结构顺序应用得少，但这并不意味着不会进行分组。为事物分组是人类普遍的习惯。人们看到任何事物都会为其命名或说出其名称，这就是一种分组。但是，人们不会仅仅因为一些思想具有某个共同属性而将其归为一组，还会考虑这些思想是否源自同一个过程或来自同一个结构，并据此将相似的思想分组。

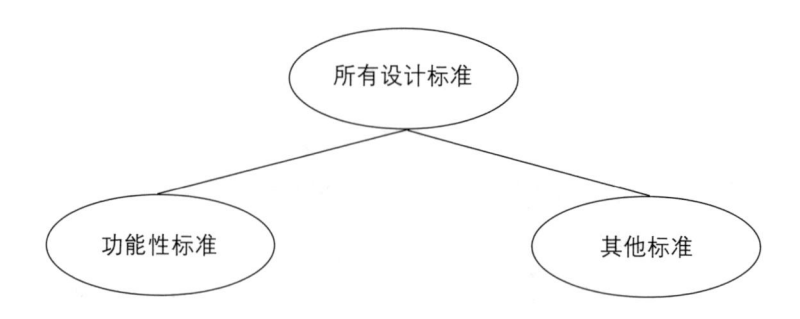

图 6-10 按重要性分组的例子

清楚了解分组的原则后，就完全可以按照过程或结构顺序组织思想。例如，下面列出了支持某一观点的 3 个"理由"：

不应该采取用仓库空间换取销售商专营权的策略：
1. 你们的仓库既不宽敞，位置也不好。
2. 即使既宽敞、位置也好，该方法还要求双重管理。
3. 即使能接受双重管理，在周转上节约的成本也很有限。

以上顺序暗含了一个前提，即这些思想属于某种已经存在的结构（有仓库，在仓库中采用该方法，由此计算节约的成本）。

提示

程度顺序：

指明每组中的项目（思想、观点、问题等）具有共同特性，确保将所有具有该特性的项目列入一组。在每组中，根据各个问题具有该特性的程度高低排序——该特性表现最鲜明的问题排在第一位，即先强后弱，先重要后次要。

辨别、调整不恰当的分组

一个假定的分组，辨识其正确的分组基础，可以帮助你更清晰地表达自己真实的思想。让我们看一看下面这段话：

> 传统投资评估的财务重点误导了企业的行为：
> 1．企业应当在所有收益可能超过资金成本的领域投资。
> 2．对于未来的不确定性因素及风险进行完善的量化处理，是更有效地进行资源分配的关键。
> 3．计划和资本预算是两个独立的过程。
> －资本预算是一种财务行为。
> 4．最高决策层应根据数据而不是思路做决定。

这4种"误导"似乎呈现的是很多公司信奉的"经验法则"。真的是这样吗？我们可以根据上述思想将会产生的结果重新进行表述，简化措辞。

> 财务重点是：
> 1．鼓励公司投资。
> 2．强调对不确定性因素进行量化处理。
> 3．区分计划和资本预算。
> 4．引导最高决策层关注数据。

除了第3点，其他3点都可以看作决策过程中的一个步骤。决策过程要求采用时间顺序，这能够使主题思想更明确。

> 传统的投资评估的财务重点可能导致错误的资源分配决策，原因如下：

1．强调对未来不确定性因素及风险进行量化处理是选择项目的关键。
2．使最高决策层只看重数据，不看重思路。
3．鼓励在所有的收益可能超过资金成本的领域进行投资，而忽略了其他因素。

这个例子中的思路比较容易理顺，因为只需多读一遍，就可以很容易地找出需要处理的思想种类（决策过程）。但是，在很多情况下，你可能会遇到一长串被列为"原因"或"问题"的思想，很难看出这些原因或问题还可以归为一些小的类别。让我们回顾一下第113页提到的例子：

客户对销售报告和库存报告不满意：
1．提交报告的周期不恰当。
2．库存数据不可靠。
3．获得库存数据的时间太迟。
4．库存数据与销售数据不吻合。
5．客户希望能改进报告的格式。
6．客户希望去除无意义的数据。
7．客户希望突出说明特殊情况。
8．客户希望减少手工计算。

在这个例子中，应首先整理出大致的问题类别，再仔细检查作者的思路。你可以根据每一项所涉及问题的类别，先将问题归纳成几类。比如，"提交报告的周期不恰当"属于"时机不对"，依此类推，如表6-1所示：

表 6-1　正确归类分组的例子

客户的意见	问题所属类别
1．提交报告的周期不恰当 3．获得库存数据的时间太迟	1．时机不对
2．库存数据不可靠 4．库存数据与销售数据不吻合 6．客户希望去除无意义的数据	2．数据不符合要求
5．客户希望能改进报告的格式 7．客户希望突出说明特殊情况 8．客户希望减少手工计算	3．格式不对

经过分类可以看到，此前的销售和库存报告存在3类问题：时机、数据和格式。那么这3类问题应当怎么排序呢？这取决于你讨论的是编制报告的过程、阅读报告的过程，还是解决问题的过程。换句话说，逻辑顺序反映的是过程，而过程取决于需要回答的问题，如表 6-2 所示：

表 6-2　需要回答的问题

为什么系统会生成没有意义的报告（编制过程）	为什么客户不喜欢这种报告（阅读过程）	如何解决该问题（解决问题的过程）
2.收集的数据不可靠	1.提交报告的时间太晚	3.确定所需要的数据及其格式
3.报告的格式混乱	3.阅读报告时无法找到所需数据	2.确保报告中数据的可靠性
1.生成报告的时间太晚，无法采取有效行动	2.即使找到数据，数据也是错误的	1.确保及时提交报告

这个例子说明，要了解某一组思想真正想表达的观点，必须遵照以下流程：

1. 确定该组思想的类型（类别）。
2. 将同一类型的思想归类、分组。
3. 找出各类别思想之间的顺序。

为了说明这一流程的具体应用方式，我们再举一个例子。

纽约衰退的原因非常复杂，其中包括：
1. 工资高于美国其他地区的平均工资水平。
2. 能源、房租和土地成本高。
3. 交通拥堵使运输成本增加。
4. 缺少建立现代化工厂的空间。
5. 税收高。
6. 技术的变化。
7. 美国西南部和西部地区与之竞争经济中心的地位。
8. 美国经济和社会生活的重心向郊区转移。

这又是一个简单罗列要点而缺乏思考的例子。我们可以采用归类、分组的方法了解作者的真实思想。首先，找出这些要点之间的相似之处，如表6-3所示。

然后，找出逻辑顺序和作者的真实思想。在这个例子中，逻辑顺序应当是重要性顺序。

我们很容易找出纽约衰退的原因：
1. 成本过高。
2. 工作条件差。
3. 来自其他城市的竞争。

表 6-3　找出各要点之间的相似之处

客户的意见	问题所属类别
1．工资过高 2．能源、房租、土地成本高 3．运输成本高 5．税收高	1、成本过高
4．缺少建立现代化工厂的空间 6．技术变化（提出了现代化要求） 8．业务联系转移到郊区	2、地域不适合
7．西南部和西部地区成为新的经济中心	3、存在竞争

综上所述，我想用前面这些例子说明一点：检查逻辑顺序是判断分组是否恰当的重要手段。当你遇到一组归纳性思想，需要找出其真实意义时，一定要先快速浏览一下该组中的所有思想。从中能否发现某种逻辑顺序（时间顺序、结构顺序、重要性顺序）？如果不能，那能否发现这样分组的基础（过程或流程、结构、类别），并采用某种逻辑顺序进行梳理？如果某一组中罗列的思想过多，你能否发现它们的共同特性，并根据这些共同特性将思想进行细分、归纳，然后用一种逻辑顺序组织起来？

如果你确认某一组思想的划分既合理又完整，就可以从逻辑上推导出一个结论。具体细节请见第 7 章"概括各组思想"。

第7章 概括各组思想

下面我们来讨论金字塔原理的第一条规则：位于金字塔结构每一个层次的思想，都必须是对其下一层次思想的提炼、概括。因为，上一层次的思想实际上都是从下一层次的思想中衍生、提炼、总结出来的。

如果某一组思想表达的是一个由演绎推理得出的结论，那么你只需以该组思想最后的结论为主体进行总结、概括，就可以得出其上一层次的思想了。如果某一组思想采用的分组方法是归纳法，即由具有紧密联系的一些思想组成，那么上一层次的思想必须说明该组思想之间关系的含义。概括各组思想的过程实际上就是完成思考的过程。

很多作者只是简单地将一些思想组合在一起，并没有完成思考。我们在前文看到，很多人将一些只具有一般性关系而不具有特定关系的思想罗列在一起，由于这些思想并不真正属于同一组，因而无法总结概括。不过，即使某组中的思想确实属于同一组，要想总结出恰当的概括性思想也绝非易事。人们通常不愿意费这个脑筋，而用一些"缺乏思想"的句子应付了事。例如：

该公司应当确立 3 个目标。

该公司存在 2 个问题。

我们建议进行 5 项改革。

这些句子之所以"缺乏思想",是因为它们实际上并没有概括其下一层次思想的精华,而只是说明了将要讨论的思想属于哪一类。因此,这种句子对读者和作者来说都是枯燥乏味、缺乏吸引力的。

- - -

提示

概括各组思想:确保划分好的思想属于同一组,应抽象、提炼、概括其中的精华。

- - -

总结句避免使用"缺乏思想"的句子

"缺乏思想"的句子对读者而言枯燥无味,难以持续吸引读者的注意力,不能引导读者继续往下读,读者可能根本无法了解你想表达的思想。举个例子,以下是我从收音机中听到的一段对话:

甲:约翰·韦恩说他是最适合写塞缪尔·约翰逊传记的人,理由有 3 个:

他俩都来自贫困的斯塔福德郡;

他俩都在牛津大学念过书;

他俩都有类似的文学爱好。

乙:我不同意。斯塔福德郡根本没有人说真话。

听到这里，听众都笑了，然后甲和乙开始说别的话题。我当时就想："我好像没听懂。"现在我们来分析一下。你坐在那儿，等待别人表达某种思想，但只听到一个"缺乏思想"的句子(理由有3个)。然后对方说："他俩都来自贫困的斯塔福德郡……"你就会假定这就是对方要表达的主要思想，于是随后的两个要点都没有听进去。如果你需要回应对方，就只能对你听到的第一点做出回答。

但是，如果甲当时这样说：

"约翰·韦恩说他是最适合写塞缪尔·约翰逊传记的人，因为他和约翰逊属于同一类人。"

虽然你还必须再听甲说一些支持此观点的论据，但是你的回答肯定会更有针对性。反观甲和乙的对话，完全没有重点。

这个例子说明了概括性思想的重要性。当你听到"他适合是因为他们属于同一类人"时，肯定比听到"原因有3个"在思想上更有准备，更容易理解随后听到的信息。"原因有3个"听起来索然无味，实际上也言之无物。如果一篇文章充斥着这种"缺乏思想"的句子，可以想象读起来会多么枯燥乏味。

避免使用"缺乏思想"的句子还有更重要的理由，这种句子会掩盖思考不完整的事实，使你错失进行有逻辑性和创造性思考的绝好机会。对一组思想进行严谨的提炼、概括、总结，可以促使你深入思考。如果你已经得出了概括性思想，就可以在此基础上用以下两种方式扩展你的思路：

- 对其做进一步的评论（演绎法）。
- 找出与之类似的思想（归纳法）。

但是在应用这一过程得出新的结论之前，必须保证原有概括性思想是从一个恰当的思想组总结得出的，如图7-1所示：

对其做进一步评论（演绎法）　　　　　　找出与之类似的思想（归纳法）

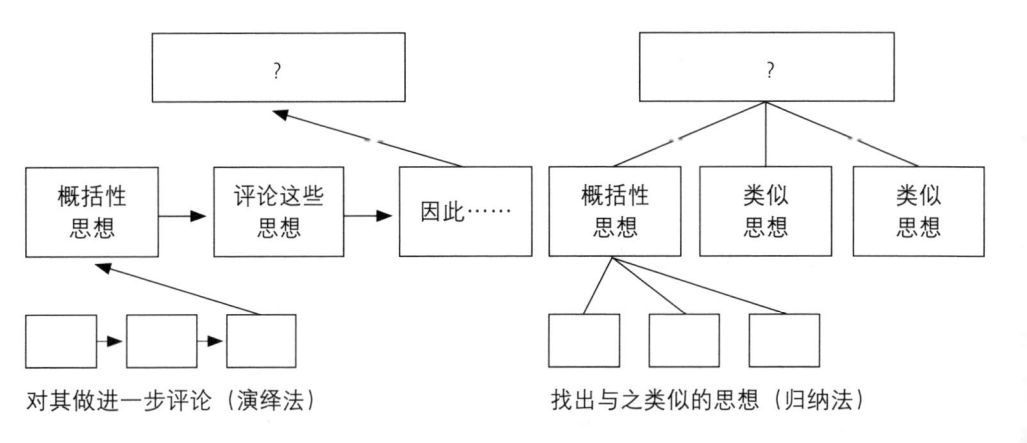

图 7-1　抽象提炼、总结概括，推动思维发展

举个例子，我的一位同事曾在报告中这样写——"该公司存在两个组织问题"，然后列举了两个问题。这个句子就"缺乏思想"，必须重新写。如果这句话后面列举出两个问题都是组织问题，并且存在某种逻辑顺序，那么要重写是很容易的。但是，他似乎没有发现这两个问题之间存在逻辑顺序。

于是，他被迫思考这两个问题的根源，以及二者的相似性。他发现，实际上他不是在泛泛地讨论"组织问题"，而是在具体讨论"公司中更多的领域授权"。看到这一点后，他很快又发现，并非只有两个所谓的问题领域，而是有4个，而且他只恰当地辨认出了其中一个问题领域是什么。于是，他重新提炼出对这些问题领域的概括性结论——该公司的主要组织问题是没有充分授权，如图7-2所示。明确指出公司存在的问题后，就可以将思考的重点转移到找出解决方案上了。

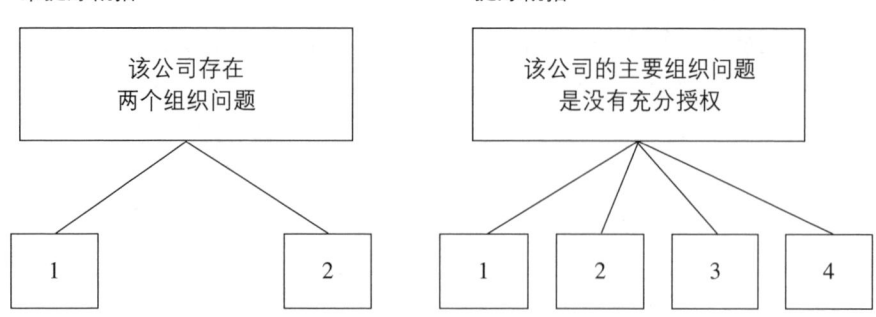

未提炼概括　　　　　　　　　提炼概括

```
┌─────────────┐          ┌─────────────────┐
│  该公司存在  │          │ 该公司的主要组织问题│
│  两个组织问题│          │  是没有充分授权   │
└─────────────┘          └─────────────────┘
   ┌────┴────┐          ┌────┬────┬────┬────┐
  [1]      [2]         [1] [2] [3] [4]
```

图 7-2　"缺乏思想"的句子掩盖了思考不完全的事实

因此，多花一些精力从思想组中提炼出正确的概括性思想非常重要。那么，应该怎样进行正确概括呢？首先，如上一章所述，必须检查各组思想的分组基础，保证其相互独立，完全穷尽（即其逻辑顺序呈现的是一个恰当的过程、结构或分类）。然后，你需要确定用什么类型的语句来表述概括性思想。

思想的表达方式与其分组基础无关，既可以是行动性语句，即告诉读者要做什么事，也可以是描述性语句，即告诉读者关于某些事的情况。

- 概括行动性思想（介绍采取的行动、行为、动作、步骤、流程）时，应说明采取行动后可以得到的结果（效果、达到的目标）。
- 概括描述性思想（介绍背景、信息）时，应说明这些思想所具有的共同点的含义（共同点的意义）。

如图 7-3 所示，在概括归纳性的思想组时，应指出采取行动后将会产生的结果，或从其共性中得出某个结论。

演绎推理

概括、总结性语句

论证

归纳推理

行动的结果

原因（能产生结果的各种行动）

共同点的含义

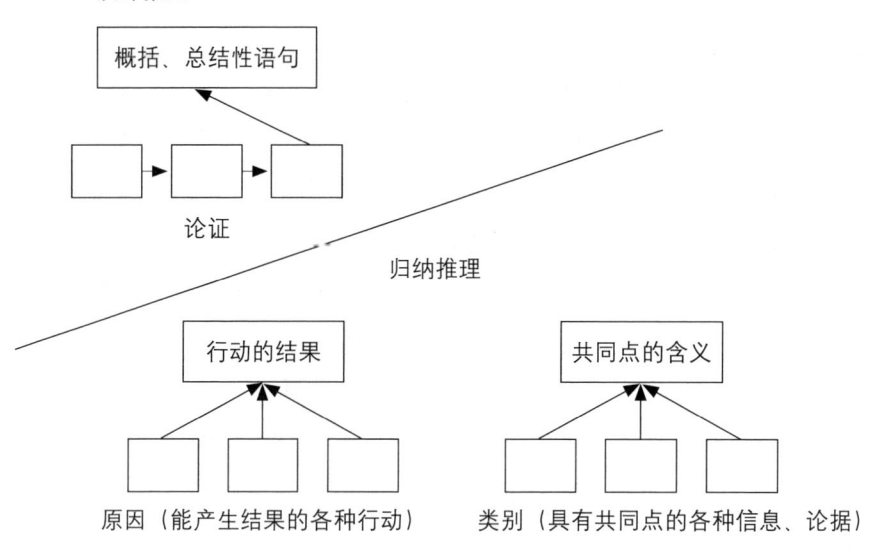

类别（具有共同点的各种信息、论据）

图 7-3　论证的形式决定概括的过程

• • •

提示

概括各组思想：

思想的表达方式可以是行动性语句，即告诉读者做什么事；也可以是描述性语句，即告诉读者关于某些事的情况。

• 概括行动性思想（介绍采取的行动、行为、步骤、流程）时，应说明采取行动后的"结果"（效果、达到的目标）。

• 概括描述性思想（介绍背景、信息）时，应说明这些思想所具有的"共同点的含义"（共同点的意义）。

• • •

说明采取行动的结果／目标

商务文章中的很多思想常要用行动性语句表述，会用到"步骤""措施""流程""建议""目标"或"改革"等名词。比如，在编制操作手册、制订行动计划、介绍系统功能，或说明解决问题的方案时，都会用行动性语句。但是，对行动性思想进行介绍、建立联系和总结概括，以说明采取某项行动的方式或某件事运作的方式，是我所知道的最艰难的思维过程。世界上难以读懂的操作手册不胜枚举，以目标管理为管理手段的失败案例更是数不胜数。

其中的难点在于行动性思想之间的联系方式。我们知道，由于采取行动总是要达到某种目的，因此，对一系列行动的概括必定是实施这些行动所产生的结果。一组相互独立、完全穷尽的行动性思想加上其产生的结果，就形成了一个独特的封闭体系。也就是说，如果某人采取了一系列具体行动，肯定会产生此前已经说明的特定结果。由很多行动组成的一套流程，可能包括一系列不同层次的独特封闭体系，如图 7-4 所示：

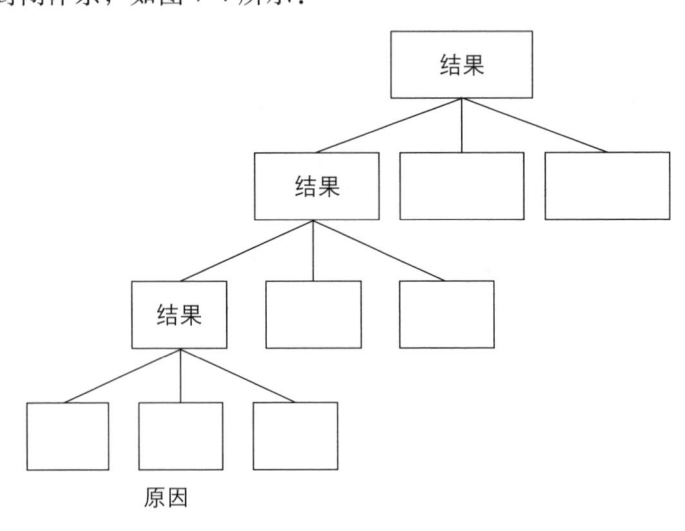

图 7-4 根据产生的结果将行动性思想分组

进行到这一步还没有什么困难。问题在于，任何一组行动性思想除了共同导致特定结果外，没有任何明显关联。换句话说，虽然某些行动性思想可能分属不同层次上的原因或结果，但是所有行动性语句看起来都很相似，都可以用"你应该……"或"我们将……"之类的词开头，然后连接一个动词。因此，你无法从几个独立的句子中看出行动性思想之间的联系，而必须根据你希望达到的结果进行判断。

也就是说，当你罗列出一些你认为实现某一目标应当采取的行动时，必须先指出这些行动将会达到的结果，然后才能判断自己是否有所遗漏。但是，行动可能达到的结果又取决于具体的行动。行动与结果的相互依赖性使你难以理顺思路，尤其是当你准备说明一个包括许多步骤和阶段的流程时，更是如此。

但是别急，有一些技巧能够帮助你理顺思路、轻松表达：

- 在将各项行动（步骤、流程等）联系起来之前，先用明确的语句描述各项行动（步骤、流程等）。
- 找出明显的因果关系组合，尽量将每一组中的行动、步骤控制在5个以下。
- 直接从这些行动、步骤、流程来总结、概括行动的结果及目标。

总结句要用明确的语言概括

在一个由因果关系组成的多层级结构中，你可以说"我做最下面这些事情是为了达到上一层的结果，做上面这一组事情是为了达到更上一层的结果……"依此类推。每一个思想都必须与其同组的其他思想相互排斥（即没有重叠），而且每组中的思想对于上一层概括它们的思想而言，都必须完全穷尽（即没有遗漏）。

在判断某组思想是否完全穷尽时，我们必须非常明确地指出期望这组行动实现的结果或达到的目标，明确到好像最终结果就握在你的手中。例如，你不能含糊地说，"我做这3件事是为了提高利润"，因为提高10%和2%都可以算是提高，但是为此采取的措施肯定是不同的。

为了使读者理解得更清楚，也为了便于检查自己的思路，你可以这样表达："我做这3件事是为了在明年1月15日之前将利润提高10%。"明确的措辞有助于判断你列举的措施是否确实能够实现该结果。

当然，你想要达到的结果不一定总是可以用数字表达的目标，但是必定有某种明确的方式可以判断是否实现了目标。一种可行的方法是在头脑中想象一个真实的人采取了一系列行动，你可以预见他将会取得的结果，然后根据结果修改行动性思想的措辞。根据以上判断标准，下面这个句子简直就是胡言乱语：

> 我们必须培养全球意识，使每一个人都认识到自己是国际社会中的一员。

这句话想让我们做什么？我们怎样才能知道自己达到了这一目标？你能将一个已经"具备全球意识"的人与一个还没有做到的人区分开吗？如果不能，就说明你不了解作者的实际意图。更糟的是，你也没有办法想出为实现这一目标所要采取的行动，也就是说你无法回答"如何做到"这个问题，无法填写图7-5中的方框。从这个意义上说，上面的句子没有任何意义。当然，也可能有人会认为这句话还是有情感价值的。

如果你用模糊的措辞去描述一系列行动步骤，问题就更严重了，因为读者不可能明白你究竟想让他们做什么。请参看第153页的例子。

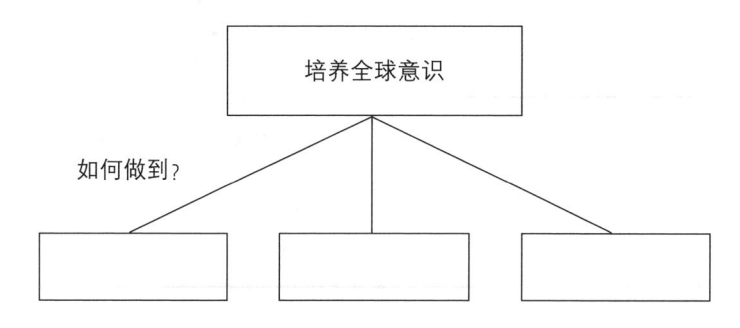

图 7-5 无法回答"如何做到"

为了就事论事,进行健康有益的辩论,尽可能降低矛盾上升为冲突的风险,特别工作组必须做到以下几点:
- 处理好各种个人态度问题。
- 与公司员工建立良好关系。
- 培养良好的谈话技巧。
- 有效安排和进行谈话。
- 学会求同存异。

特别工作组究竟要做到什么,才能保证辩论是健康有益的?如果他们做到了这5点,将会有什么结果?我们无法想象最终的结果,也就无法明确判断采取这些步骤后是否就会产生相应的结果。而且,由于不知道最终目标是什么,没有衡量成功的标准,我们也无法判断完成这5点能否实现目标。

唯一能够避免出现这种问题的方法,就是强迫自己确定明确的结果或节点,以便能够据此判断某个步骤是否已经完成,然后根据这一阶段性的结果修改各项行动步骤的措辞。表 7-1 列举了一个典型的措辞含糊的例子,其中右栏是根据作者真实意图做了适当修改后的表述。

表7-1 说明行动的措辞必须明确

原表达方式	原来的含义
1. 加强地区作用	1. 赋予各地区制订计划的权力
2. 减少应收账款	2. 建立应收账款追收机制
3. 评估管理流程	3. 研究管理流程是否需要调整
4. 改进财务报告	4. 建立能够预测变化的系统
5. 处理战略问题	5. 制定明确的长期战略
6. 重新配置人力资源	6. 根据员工的能力安排合适的岗位

可以看出，修改后的句子比修改前的更容易理解，因为修改后的句子能够使大脑产生某种图景。在阅读过程中如果能够"看到"图景，读者将对文章产生更大的兴趣。这种明确呈现结果的方法对作者的意义更加重要，因为它能够促使作者进一步深入思考。

例如，在表7-1的例子中，假定我已经将制订计划的权力授予了各地区，这时就可以想象各地区在制定年度计划。这会促使我进一步思考：除了已经列出来的这些计划，还需要做什么以达到更高的目标？比如：

- 怎样才能知道各地区制定的计划是否正确？
- 年度计划提交后，下一步该怎么办？

也许除了授权，我还应当建立一个审核年度计划目标的体系，或者成立一个计划评估小组，管理整个计划制订的过程。

但是，对于"加强地区作用"，我能够想象到什么？地区作用应当呈现一种怎样的一种图景？因为措辞表达不够明确，所以无法推进下一步思考。

在图7-4中，你可能已经注意到，在多级结构中，一项行动可能既是原因又是结果。因此，无论处于哪一个层次，每一个步骤（行动）的措辞都必须非常明确。如果某一项结果表述得不够明确，你就无法判断自己是否已经列出了要实现该结果应采取的所有步骤。

例如，下面是另一位作者建议采取的一系列行动：

统计和追收逾期应收账款：
1. 定期统计大额和中等金额应收账款的逾期时间。
2. 根据欠账金额和逾期时间发出催款通知。
3. 追收逾期账款。
4. 逾期时间较长的应收账款由公司董事处理。
5. 必要时可以交由收账公司处理。

作者认为，如果公司采取了这些行动，就能实现一开始列出的目标。但是，这些目标本身不够明确（究竟如何"追收"逾期应收账款），而且多数步骤也不够明确。听了我的质疑后，作者说"这解决起来很容易"，并画了表 7-2。

表 7-2　逾期账款时间表

金额＼逾期时间	1个月	2个月	3个月	4个月	5个月	6个月
10万美元以上						
1万~10万美元						
1万美元以下						

他说，如果应收账款的逾期时间在 1～6 个月之间，金额在 100 美元到 10 万美元之间，他会这样做：

1．逾期1个月的账款，只需让财务部门按正常方式寄出账单，不用采取其他行动。

2．逾期2个月的账款，由财务部门寄出催款通知。

3．逾期3个月的账款，由销售人员上门催收。

4．逾期4个月的账款，由公司董事催收。

5．逾期超过4个月的账款，交由收账公司处理。

他忽然说："我知道怎么表述了。"随后重新列出了文章的结构。

通过分类处理减少应收账款。

1．将逾期账款按逾期时间和金额分类。

2．根据逾期账款违约的严重程度分别用以下方式催收：

　－财务部门。　　　－销售人员。

　－公司董事。　　　－追账公司。

这样，思路显然更清晰了，但是文章的主题仍然有问题。只有在收到账款后，应收账款才会减少，但是以上步骤无法直接收到账款。那么，如果该公司采取这两个步骤，将得到什么结果呢？也许能建立起追收逾期账款的机制。

这时，我们可以看到明确的语言对指导思维的实际意义。一旦搞明白最终目标是推动公司建立一套追收逾期应收账款的机制，你就可以回过头来再仔细想一想，这两个步骤是否足以建立这样的机制。我想，至少还应当加上些后续步骤，比如"要求销售部门不再向长期未付款的客户发货"。

明确表达最终结果的必要性值得一再强调。除非你的措辞达到了这一要求，否则就无法客观判断你列出的行动步骤是否包括了所有应当包括的步骤。

有人认为，可以借用疑问句绕过必须明确表达这个要求。他们认为，回答疑问即可引出明确的结果。但是，这种方法实际上只能使你的思路更复杂，因为你仍然免不了要想象最终结果，并确定这一结果是否正是你想要的。

请看下面的例子：

> 为了使内部和外部股东都能够看到战略联盟带来的广泛利益，并提供支持（股东同意），必须回答以下问题：
> 1. 相关的股东是否相信结盟行动符合自身利益？
> 2. 此举将对公司的声誉产生哪些影响？市场将作何反应？
> 3. 主要的高层管理人员是否愿意结成联盟（意识到此举不会对其权力和地位构成威胁）？
> 4. 如果联盟可能对公司的某些个人或群体构成威胁，如何说服他们继续努力工作，以便在形成联盟后取得成功？
> 5. 客户、供应商、现有合作伙伴、金融机构和竞争者将作何反应？

判断提问方式是否有意义的最简单方法，就是想象一下你派出5名亲信为你收集有关信息，每个人回来后都会提供一份答案。你会得到5份不同的信息，这些信息之间未必有关联，如表7-3所示：

表7-3　5份不同的信息

1	2	3	4	5
股东的看法	市场的反应	主要管理人员的反应	使所有利益相关者为联盟的成功付出努力的方法	各方反应： －客户 －供应商 －现有合作伙伴 －金融机构 －竞争者

可以想象一下，你只有一名不很精干的同事能协助你，时间很有限，且没有预算。怎么才能最有效地指导这位同事合理利用时间，做出一份让股东们看到战略联盟益处的计划？如表7-4所示：

表7-4 合理利用时间的有效方法

列出可能受到联盟行动影响的利益相关者	预测市场反应	决定使其为联盟的成功而努力的方法
股东		
主要管理人员		
客户		
供应商		
现有合作伙伴		
金融机构		
竞争者		

这样，所有人都能理解这一计划，而且计划的第一步（第一列）已经完成。现在只需让那位同事完成第二步和第三步。

再重复一遍，在表述行动、步骤、流程等时，最简单的理顺思路的方法，就是想象自己确实采取了这些行动，然后根据完成这些行动将产生的结果修改各个步骤的措辞，使之更明确、更具体。

• • •

提示

总结句要说明行动产生的结果：
- 先用明确的语句描述各项行动、步骤、流程等。
- 找出明显的因果关系，将每一组行动、步骤控制在5个以内。
- 直接从这些行动、步骤、流程来总结、概括行动的结果、目标。

• • •

区分行动、步骤的层次

大多数人在说明一系列行动、步骤时，倾向于采用他们希望读者采用的顺序，但是这样做面临一个问题，即这会使读者把原因和结果置于同一个层次上。

因此，你还需要掌握一种方法，即有意识地区分各项行动的层次，以便将每一个层次上的行动、步骤控制在 5 个以内。这样更容易看清某一过程的总体结构，也可以在概括结果、目标时，简化行动、步骤。

区分行动的层次相对来说要容易一些，如果你希望读者在采取一项行动之前，只是在时间上先采取另一项行动，那么二者就属于同一个层次；如果你希望读者采取某项行动，而它会引出另一项行动，那么前一项行动就比后一项行动要低一个层次。我们来看下面的例子。

如果一家公司希望了解自己在电信系统方面存在的问题，可以采用以下方案：

1. 分析现有设备和使用情况。
2. 确定需要更多（更少）电信支持的主要业务。
3. 制定电信服务的目标。
4. 组织研究人员进行评估。
5. 审视与电信服务商的关系。
6. 确定主要的技术选项。
7. 控制内部通信成本。
8. 研究设备服务政策。
9. 检查现有的通信联系。
10. 确定组织的方式。

我们很容易认为不需要再对这个方案进行调整，因为如果一家公司需要建立能够提供良好支持的电信系统，就必须采取以上各项行动。但是，如果试着将不同层次的行动进行区分，你会得到一份条理更清楚的方案：

1. 制定电信服务的目标。(3)
   - 分析现有的设备和使用情况。(1)
   - 确定需要电信支持的主要业务。(2)
   - 检查现有的通信联系。(9)

2. 成立项目组，选择适当的设备。(4)
   - 确定主要的技术选项。(6)
   - 研究设备服务政策。(8)
   - 审视与电信服务商的关系。(5)

3. 建立公司管理框架。(10)
   - 任命电信中心经理。(？)
   - 建立成本控制系统。(7)

经过这样组织，你不仅能够迅速了解这套方案的内容，还能对是否有遗漏做出客观的判断。例如，我们怎样确定需要电信支持的主要业务？怎样建立公司管理框架？还有，也许公司应该有一位电信中心经理。

我们应区分行动的层次，但是不要过度使用分类的方法。实际上，过度分类的情况很容易发生，因为人们有为事物分类的倾向。一些人，尤其是咨询公司的人，很喜欢将一个项目划分为"任务""目标"和"利益"，如图7-6所示：

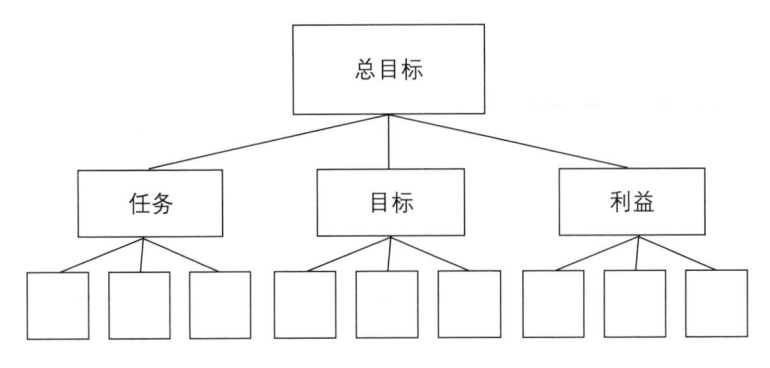

图 7-6　将项目划分为"任务""目标"和"利益"

这种分类方式实际上预设了一个前提,即"任务""目标"和"利益"的行动、步骤之间有清晰的界线。你要先完成"任务",然后实现"目标",最后获得"利益"。这样的顺序确实没错,但是其结构应该如图 7-7 所示:

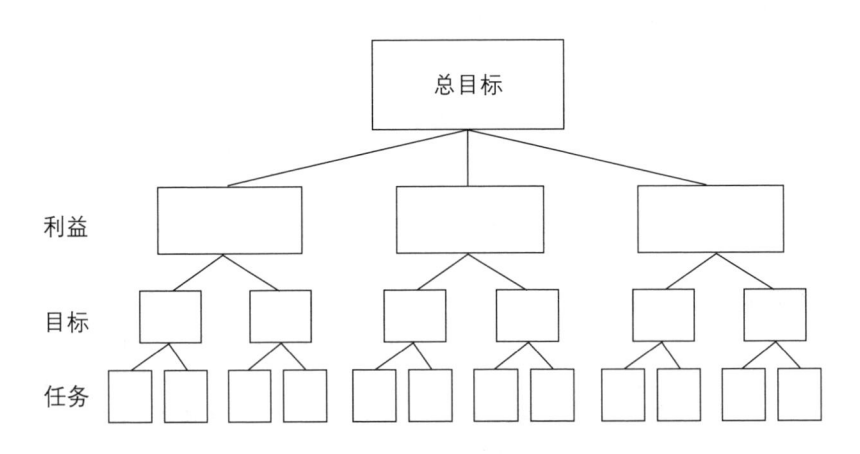

图 7-7　更清晰的结构图

可以看到,在图 7-7 中,我们现在将"利益""目标"和"任务"分别放在了金字塔结构纵向呈现的 3 个层次上,而不是放在同一个层次,因为只有完成了"任务"。才能实现"目标",实现了"目标",

161

才能获得"利益"。它们之间应该是因果关系。但是，这样划分对于理顺思路并不会有更多帮助。

标明不同的抽象层次的确可以让我们了解各个层次上的行动、步骤的类别。也就是说，即当我们看到这张结构图时，就能知道某项具体行动属于"任务""目标"，还是"利益"。

然后这样做实际上根本没有意义。我们知道，行动性思想是无法分类的，某些行动被归为一组，是因为它们能够共同产生某一特定结果。对行动、步骤等进行分类必定会造成重复，因为"任务""目标"和"利益"之间没有本质区分。组织各种行动、步骤等唯一合理的方法，就是根据其产生的结果来归类分组。

举个例子，某咨询公司受聘为一家企业培训员工的战略规划能力。咨询公司对行动建议进行分类，建议企业执行6项任务，根据这6项任务需要制定5个目标，实现这5个目标以后，可以获得三大利益。各项行动简化后如表7-5所示：

表7-5　简化后的行动步骤

任务	目标	利益（好处、作用）
1. 以现代战略管理方式进行培训 2. 传授相关知识和概念 3. 以咨询顾问的身份参与战略规划的讨论 4. 对现有规划机制提出改进意见 5. 找出战略信息缺口 6. 为员工在下一个规划周期应用所学知识做准备	7. 传授战略规划及管理知识 8. 根据现有规划体制调整规划方法 9. 将相关知识写入战略规划手册 10. 帮助营造一种氛围，使战略思考自然而然地在决策时发挥作用 11. 使企业具备制定提高长期竞争力战略的能力，传授战略规划及管理知识	12. 培训两个精通战略管理方法或擅长付诸实践的精英小组 13. 传授战略规划的知识比招聘战略规划经理更高效，成本更低 14. 在下一个规划周期中将所学知识应用于实践

有一个好方法可以帮助我们进一步理顺这一系列思想，即尽量去掉句子中的修饰成分，只留下最本质的内容，然后找出重复的部分。如果我们运用这种方法来分析以上各组思想，会得到什么呢？请看表7-6：

表7-6 修改后的行动步骤

任务	目标	利益（好处、作用）
1. 培训	7. 传授知识	12. 培养两个具备战略规划能力的小组
2. 传授知识	8. 根据现有规划机制调整规划方法	13. 迅速传播有关知识
3. 提供建议	9. 写入手册	14. 为下一个规划周期做准备
4. 提出改进意见	10. 营造战略思考的氛围	
5. 找出缺口	11. 使公司具备制定优秀战略的能力	
6. 为下一个规划周期做准备		

现在，内容有重复的项目和不同的抽象层次都比较容易看出来了，我们可以根据行动产生的结果，即利益（好处、作用），重新建立一个金字塔结构，如图7-8所示：

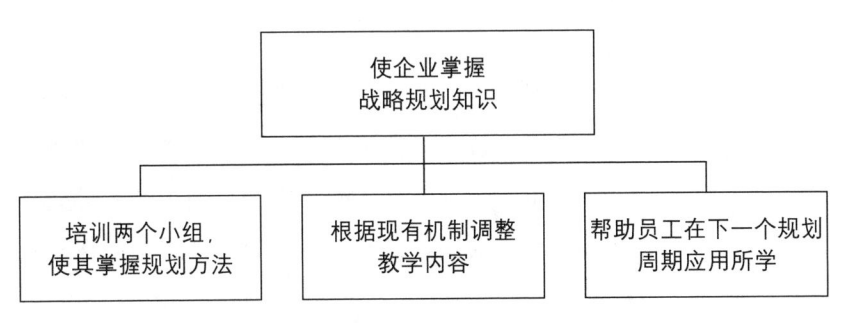

图7-8 根据行动产生的结果建立金字塔

然后，只要稍加思考，就可以得出下面的思路：

我们将迅速使贵公司掌握战略规划知识。(2、7、13)

1．对两个产品咨询小组进行有关战略规划方法和概念的培训。(1、12)

2．根据贵公司现有的规划机制调整教学内容。(4、5、8、9)

3．在下一个规划周期中，与贵公司的员工一起应用所学概念。(3、6、10、11、14)

至此，你已经根据行动的结果、目标，而非行动的类别，正确组织、理顺了行动步骤。

直接概括行动的结果

将某一系列行动的所有步骤都理顺后，你将遇到处理行动性思想最困难的一关——总结概括其结果（效果）。对于这一关，没有简便易行的好办法，只能说：

- 分组要遵循相互独立不重叠、完全穷尽无遗漏的原则。
- 概括性语句必须说明完成各行动、步骤后的直接结果，且措辞必须明确、具体。

你可以利用这两条规则审视衡量自己思考的每一步。在上一个例子中，如果该企业拥有训练有素的员工、合适的规划机制和战略规划知识手册，也就具备了制定正确战略的能力，但这并不等同于企业能制定出正确的战略。同样，上面的这两条规则也不能保证你肯定能完成正确的概括。

我只能介绍一些我修改过的例子，并告诉你我的想法。下面是个表述模糊的例子。

为了提高在伦敦市场上的股票销售量，我们应当：
- 将客户的收入潜力按地区排序。
- 确定希望在各地区达到的市场占有率。
- 相应调整销售力量的分配。

看到这一组行动后，我认为行动的目标描述得还不够明确，因为即便只多卖出一份股票，也可以算是提高了销售量。接着，我又产生了一个疑问：如果按照要求我对客户收入进行了排序，确定了市场占有率，也重新分配了销售力量，将会有什么结果呢？或者说，如果我不这样做，又会怎么样？我想可以像下面这样修改开头的概括性语句：

为了提高伦敦市场上的股票销售量，我们需要将资源集中在潜力大的客户身上。

（怎样做到这一点呢？）

这个概括性的句子显然比原来的更有意义，因为这个句子提出了一个观点，而原来的句子"缺乏思想"。修改之后的表述迫使读者提出"怎样做到"的疑问，因而读者会更容易理解作者随后提出的观点。作者自己也可以检查一下，执行列出的步骤是否能够达到预期的效果。

再举一个表述模糊的例子。

为了改善蓝领阶层的培训状况：
- 应向企业决策层表明，政府非常重视对劳动者的培训。
- 应设计一个培训课程的总体框架，由培训讲师准备。
- 应通过劳动者向上施压。

在这个例子中，每个句子都比较复杂，可以先找出每个句子的核心内容，再继续下一步。首先，找出每个句子的真正主题：

- 企业决策层。
- 培训者。
- 劳动者。

然后，问问自己：为什么我们只讨论这 3 个主题，而不包括其他的？这些主题之间有什么共同之处？答案是：这 3 个主题似乎都是培训系统中的参与主体。

接下来看看每个句子表述的内容，是要对参与主体做什么：

- 向其表明重要性。
- 为其设计总体框架。
- 利用其施加压力。

这 3 项行动有什么共同之处？答案是：它们都是某种推动因素。现在，我们可以比较肯定地将上面的例子概括如下：

为了改善蓝领阶层的培训状况，我们必须提供一些推动因素，促使培训系统中各参与主体支持培训。
（我们应当怎样做？）

这样概括就比原来的更有意义，既能引导读者按作者的思路去理解，也便于作者检查行动、步骤是否完整、全面。

最后，再举一个例子，是关于一家公司进行产品开发的问题。

产品开发面临的问题包括：

1．如何将公司和市场希望具备的功能融入产品开发过程？
2．如何针对不同项目安排和分配公司的资源？
3．如何缩短产品开发时间(a)，并兼顾营销人员的需求(b)？
4．如何组织和管理研发资源，以满足投产时间的要求？
5．如何使公司内外了解有关信息，加强产品上市宣传力度？
6．如何促进研发人员和管理人员在产品开发方面的合作？

按照我们之前的步骤，应先将各个句子尽量简化，以便于思考：

1．开发适当的产品。
2．合理分配资源。
3．高效完成。
4．及时完成。
5．有效营销。
6．研发/管理人员合作。

然后，将其划分为几组：

1．确定什么样的产品能满足市场需求。
   －包含所需的功能。(1)
   －满足营销人员的需要。(3b)
2．尽量在最短时间内完成开发。(3a)
   －合理分配资源。(2)
   －使研发时间符合投产要求。(4)
   －加强研发人员与管理人员的合作。(6)
3．以最有力的方式将产品推向市场。(5)

167

接下来就是概括主题思想。如果完成了以上3步，公司将得到什么结果？显然，我们将抢在其他企业之前推出市场所需的产品，并达到理想的销量。

在概括之前，我们还应当回过头来，想想一般人对于产品开发了解些什么。我们知道，最先推出某种产品的企业能够抢占市场先机，而且产品更新换代的速度会越来越快，因此，对企业来说，缩短产品开发周期是首要任务。了解了这些背景知识后，我们可以合理假定，作者想要表达的应该是：

产品开发面临的主要问题是我们能否比竞争对手更有效地应对市场需求。

（我们如何迅速有效地应对市场需求？）
1．我们能否发现市场需要的产品？
2．我们能否缩短产品上市前不必要的时间延误？
3．我们能否进行有效的营销，以最大限度地提高销量？

相信现在你已经知道，条理清晰地表达行动性思想绝不是一件容易的事，需要艰苦地思考。但是，如果不这样做，就会给读者造成极大的阅读困难。因此，你应当按照我们讨论过的步骤，努力完成这一艰难的过程：先用明确的词语、语句表述各项行动、步骤、流程等，然后区分出不同的抽象层次，再直接从各行动、步骤、流程等总结、概括出行动的结果。

从一系列结论中得出一个新的推论的过程与概括主题思想类似，但相对来说要轻松一些。此时，你不必努力想象一系列行动可能导致的结果，而是要尽力从一组相似的语句中发现其隐含的思想、概念、意义。

提示

总结行动产生的结果：

- 该组行动、步骤之间必须相互独立不重叠、完全穷尽无遗漏。
- 总结概括性语句必须说明各项行动、步骤导致的直接结果，且措辞必须明确、具体。
- 先用明确的语句表述各项行动、步骤、流程等，然后区分不同的抽象层次，再从各行动、步骤、流程等总结概括出行动的结果。

找出各结论之间的共性

我们在前面提到过，文章中表达的思想或者是行动性思想，或者是描述性思想，这些思想或者是要告诉读者做某事，或者是要告诉读者关于某事的情况。描述性思想通常可以用"原因""问题"或"结论"之类的单一名词表示。对此类思想进行分类的基础是这些思想具有的某种共性。

我们先回顾一下第 6 章"确定逻辑顺序"中介绍的关于分类的知识。"某公司存在 3 个组织问题"，这样的表述实际上是从该公司所有可能的组织问题中分出了一部分。

因此，将这 3 个组织问题作为一类，本身并没有太大的意义。这只是思维过程中的第一步，列出一些可能值得思考的思想。我们要做的第二步，是通过找出这些思想之间的共同点，证明这些思想确实属于同一类，因而有理由将其与其他思想区分开。第三步是说明这些思想之间的共同点所具有的普遍意义，即要提出一个新思想。至此，我们才完成了思维的过程。如图 7-9 所示：

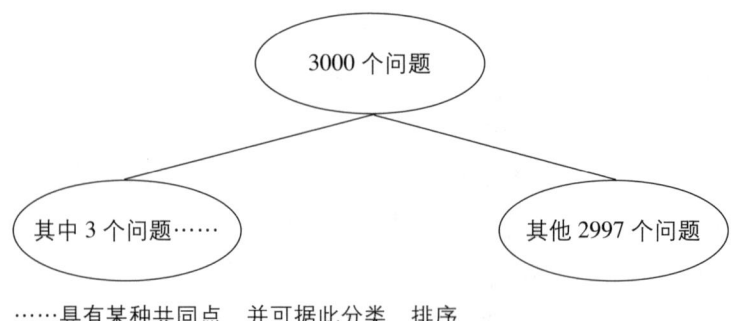

……具有某种共同点，并可据此分类、排序

图 7-9　根据某一共同点分类

许多商务文章的作者都止步于第一步，这也许是因为他们没有认识到第二步和第三步的重要性，但更有可能是因为从一系列思想中得出推论是一项艰难的工作。要完成推论，必须做到以下几点：

- 找出将这些思想联系在一起的结构上的共性。
- 寻找这些思想间更密切的联系。
- 完成归纳跃进，概括出主题思想。

找出结构上的共性

如果某些思想具有某种共同点，就可以将它们联系在一起。我们在第 5 章"演绎推理与归纳推理"中已经了解到，表达思想的语句必定是由主语和谓语构成的。因此，如果这些语句符合以下条件，就说明这一组思想具有某种共性：

- 针对同一类主语。
- 针对同一类谓语（动作或对象）。
- 具有同一类隐含的思想。

这里所说的"同一类"不是指完全相同，而是指属于同一范畴，或能够用同一个单一名词表示。

如果一组句子的主语完全相同，那我们就要找出谓语之间的共性；如果谓语的动作或对象完全相同，我们就要找出主语之间的共性；如果主语和谓语都不相同，我们就要找出句子隐含的思想之间的共性。

找出语句之间的共性，尤其是当语句措辞比较正规时，可能比你想象的要难得多，因为语句的措辞和表述方式可能妨碍你进行细致的思考。比如，我们都看过关于"5个因素""7个主题""4个要点""7个习惯"之类的文章，可能很少对这样的说法提出疑问。实际上，我们应当透过语句的措辞，修饰，看到思想的内在结构。

例如，下面这篇文章的结构是我们经常看到的。

> 新的计划与控制体系具有4个特点：
> 1．计划周期及其附带控制体系应以年为基础。
> 2．计划应通过综合系统制定。
> 3．计划应自上而下制定。
> 4．计划体系将区分现行做法与计划进行的改革。

乍看之下，这一组思想似乎可以接受。语句的措辞比较正规、凝练，很容易使人认为作者是在表达有意义的思想。但是，我们还是可以看出，最上面的概括性语句"缺乏思想"。

透过语言的外衣，探寻这些语句真正要表达的思想，我们首先看到的是，这些句子的主语几乎完全一样——都是计划或计划体系。那么，语句中的思想之间的联系必定是由谓语决定的，句子中的谓语分别为：

171

- 以年为基础。
- 综合制定。
- 自上而下制定。
- 区分现行与未来做法。

将语言的外衣剥去后可以看到，这一组思想实际上并不能支持同一个思想。你可以问问自己，具有这4个特点的计划体系有什么意义呢？虽然这4个思想分别成立，但这并不足以证明它们之间存在某种关联，而最上面那个"缺乏思想"的句子则阻碍了我们对其进行深入思考。

正如本章开篇说过的那样，深入思考的目的首先就是要得出推论。但是上面这个例子列出的计划与控制体系的几个特点，无法让我们得出概括性的结论，因而也无法指导我们得出关于此主题的新想法。经过大量修改后，作者终于明确表达了他的思想。

新的计划与控制体系的目标是通过以下方式，使公司的所有部门将工作重心放在提高利润上：
- 要求每个部门提供年度利润计划。
- 在每个管理层级上协调各部门的计划。
- 根据利润计划监督管理人员的工作。

要记住，如果你无法在一组被列为"问题""原因"或"结论"的思想中找出明确的逻辑关系，就像上面这个例子一样，那么这一组思想必定存在问题，你必须重新思考。

上面这个例子只涉及4个思想，因而比较容易找出问题，但大多数文章阐述的思想都不止4个。在这种情况下，除了要找出共性，还要找出它们之间更密切的联系。

寻找更密切的联系

下面是对一个信息系统提供的信息提出的5点意见，其共性体现在每个句子的谓语（动作）中：

1．有关核算、预算和调查的数据应当更新。
2．现在需要各类员工的常规人事变动数据。
3．应当收集招标中的竞争信息，以便监控不同市场的竞争激烈程度。
4．现有关于市场薪酬水平的信息不够充分。
5．需要有关部门和固定的项目资金的数据。

简化一下，提取各句的谓语：

有关信息：
1．应当更新。
2．现在需要（有关信息）。
3．应当收集（有关信息）。
4．不够充分。
5．需要（有关信息）。

可以看出，以上思想可以分为两组：

• 认为有关信息不存在。(2、3、5)
• 认为有关信息存在，但不充分。(1、4)

这两组思想实际上是对原有思想进行了一次分类。那么，为什么只有这两类问题，而不包括其他问题呢？这两组问题之间有什么共同点，使作者认为应当将其列在一起？也许是因为，这些问题都表明该系统提供的信息对规划目标没有帮助。因此，作者得出的概括性思想应为：

目前建立的信息系统所产生的信息，对规划目标没有帮助。（为什么？）
- 或者所需信息不存在。
- 或者所需信息存在，但不充分。

确定了概括性思想之后，你就可以应用逻辑顺序的概念，检查该信息系统是否还有什么问题被作者遗漏了。比如，在这个例子中作者也许可以再检查一下是否存在"所需信息存在，也很充分，但提交格式不恰当"之类的问题。

找到适当的概括性语句的主要价值，是可以帮助作者发现自己的真实思想。概括性语句还可以提前把作者的思路告诉读者，使读者做好准备，以便更快地理解作者的思想，更信任作者的思路。如果你在说明问题时没有遗漏，读者也不太可能质疑你的推论。总之，恰当的概括性语句能够让文章读起来更有趣。

下面这段文字就比较枯燥乏味。

如您所知，我们的信息系统评估结果显示：
1. 您要求信息系统项目经理提供有关截止日期的信息，以使战略性业务项目如期开展。
2. 有些项目经理缺乏经验。
3. 信息系统允许错过预定日期，而不是用创造性的方法满足预定日期的要求。
4. 现有系统的开发方法、工具和技术不统一。

5．项目经理们没有组建过如此大型、复杂的系统。

6．项目经理接受的脱产或在职项目管理培训较少，实践经验有限。

7．您的项目（如集团及个人项目）对预算、时间和计划的要求都很高——要按时间表完成工作可能有一定风险和困难。

8．现有的系统开发周期方法论不支持快速应用开发、联合应用开发及原型开发等客户端或服务器端的开发技术。

按照我们的检查流程，很容易找出最核心的内容：

1．需要了解截止日期。
2．项目经理经验不足。
3．有错过日期的风险。
4．工具的使用不统一。
5．未做过如此大型的项目。
6．经验有限。
7．担心误期。
8．没有适用的工具。

现在，无论是否了解这一主题，你都可以将以上思想组织得更清楚、更有意义。

我们对贵公司信息系统部门的评估显示，贵公司的项目经理们有可能无法按预定日期完成工作。(3、7)
• 他们在此类项目上的经验有限。(2、6)
• 他们未组建过如此大型、复杂的系统。(5)
• 他们缺乏对所需方法、工具和技术的应用能力。(4、8)

在上面这些例子中，找到能够总结低层级思想的概括性思想相对容易，但有时我们很难看出一些具有共性的句子所隐含的意义。这时，就需要进行所谓的归纳跃进，将隐含的意义明确呈现出来。想象一组思想之间关系的来源，是归纳跃进的"跳板"。

进行归纳跃进

以下是在一次说明会上，一名咨询顾问就是否应当进入汽车配件市场（火花塞、轮胎等），提交给客户的说明材料中的要点。

> 我们的结论：
> 1．市场巨大，且正以较快的速度增长。
> 2．配件市场有利可图。
> 3．市场的主要特征显示，进入市场有较大的障碍。
> 4．总体趋势可喜，但由于一些不确定性，部分细分市场的前景尚不明确。
> 5．总体上看，该市场有吸引力，但是高度分散。

这些思想实际上可以分为两组：

- 有利因素：市场巨大、正在增长、有吸引力、有利可图、形势可喜。（1、2、4、5）
- 不利因素：进入市场的障碍较大、存在不确定性、市场分散。（3、4、5）

我们可以立刻总结出有利条件。显然，如果市场巨大、正在增长且有利可图，那么肯定有吸引力。此外，形势可喜也说明该市场具有吸引力。我们可以将这一有吸引力的市场想象成一个圆圈。

不利因素概括起来就不太容易了。市场分散说明这个圆圈必须分成若干部分。但是不确定性使其中一些部分的前景不太明确,也就是说,有一些部分看上去必须与其他部分不同,如下图所示。最后,进入市场存在障碍,我们可以用圆圈左侧的一条线表示。

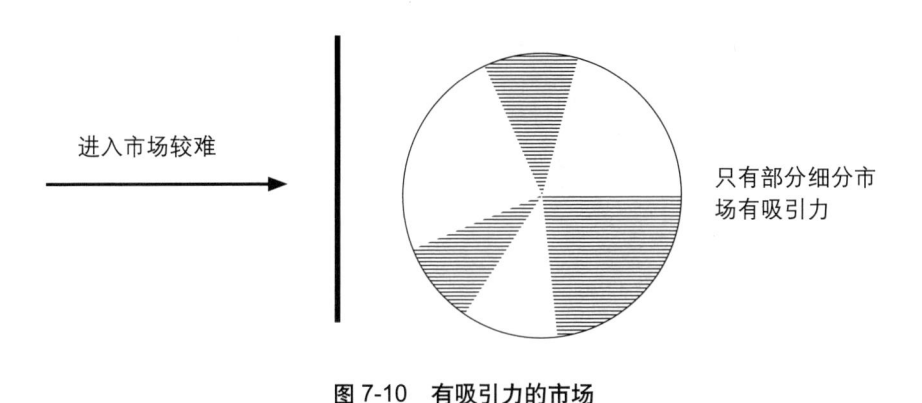

进入市场较难

只有部分细分市场有吸引力

图 7-10　有吸引力的市场

现在,我们来看看图中的两个句子是否存在归纳性的关联。通过以上这些想象,我们能够得出什么结论呢?

- 只有部分细分市场具有吸引力。
- 这些细分市场难以进入。

这两个句子之间是否存在归纳性的关系呢?"具有吸引力"和"难以进入"之间有没有共性?答案是没有。因此,如果这两个句子之间存在逻辑关系,就只能是演绎性关系:

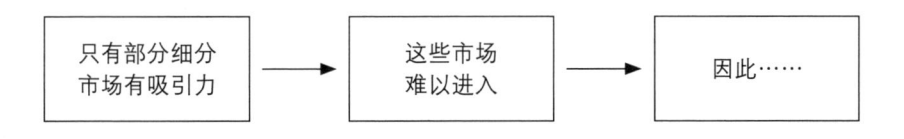

| 只有部分细分
市场有吸引力 | → | 这些市场
难以进入 | → | 因此…… |

因此什么？这次推理无法得出结论。因此就算了？因此花大本钱也要进入？还是因此要制订一套谨慎的战略？这个例子再次说明，人们在难以得出明确结论的时候，很容易写一句"缺乏思想"的句子应付了事（如本例），而不是努力完成思考。

有时你会遇到一些看上去像描述性，但实际上是行动性的思想。这时，你可以先假定它们具有某种共性，将其归为一组，然后，如果你能够想象出这些思想共同产生的结果，即可将其转变为行动性语句。例如下面这些句子。

在资源分配过程中有4个需要管理的变量：
- 行动的顺序和时机。
- 定义负责人的任务。
- 对信息需求（内容和形式）的定义。
- 定义决策过程。

为什么只有这4个变量，而没有其他变量？这4个变量之间有哪些共同点，使作者把它们列在一起？如果你试着用更明确的语言表达这些思想，找出其中的逻辑顺序，就会发现作者实际上在谈论4个步骤，他的本意应该是这样：

在资源分配过程中主要的管理任务就是使合适的人及时、充分地参与。（如何做到？）
- 说明项目计划行动的顺序和时机。（1）
- 确定需要做出决策的问题。（2）
- 决定参与工作的人选。（4）
- 确定所需信息。（3）

这并不是说描述性思想不能采用时间顺序来组织。下面是关于某家企业销售方案的一些说明，我们可以按时间顺序重新整理。

我们可以通过改善销售方案中的以下几个方面，向客户展现全新的形象：
1．进行更有效的机会成本分析，以保证充分利用资源。
2．协调各种方案，包括建立方案开发的单一流程，制订方案内容和形式的标准，以及建立一套可持续提高质量的系统。
3．尽量再利用方案信息。
4．在整个企业内部乃至整个行业内共享制订方案过程中的经验教训。
5．在准备方案时更符合成本效益。
6．进一步缩短反应时间。
7．制订方案的过程中要关注客户的需求，因为制订方案是为了销售（而不是传递技术信息）。

按照我们的检查流程（找出共同点、得出结论），可以将以上句子合并为3句，并按行为发生的顺序排列。

我们的销售方案还不够有效：
1．我们没有提供有说服力的信息。(1、4、7)
2．我们的销售方案看上去不够优秀。(2)
3．我们制订方案的过程过长。(3、5、6)

在你准备费尽心思概括出总结性思想之前，我想先说明一点，即在通篇文章中，没有必要每次都非常严格地遵循这样的方式。并不是因为这样做没有用，而是因为读者都倾向于将所获信息纳入已有知识体系，进而理解和预测。如果你确定推理过程是有效的，那么即使概括性语句稍欠精准，也没有太大影响。

如果能做到以下几点，我们的销售方案就能够向客户展现出全新的形象：
1．提供更有说服力的信息。
2．制订出优秀的方案。
3．迅速完成方案。

从本章的讨论中，你可以了解到，不能简单地把一系列思想堆放在一起，并假定读者能够看出其中的意义。每一组思想都隐含着一个总结性的思想，能够呈现该组思想之间关系的本质。你应当首先明确了解各组思想之间的关系，然后为读者指明这种关系。

每当对一系列思想进行分组时，都要问自己一个问题：为什么我只列出这些思想，而没有列出其他思想？答案应当是：

- 只有这些思想具备某种共性，并通过这种共性相互关联。
  - 在这种情况下，概括性思想应当是该组思想的共性所隐含的意义。
- 这些思想都是为实现某一结果而必须同时采取的行动。
  - 在这种情况下，概括性思想应当揭示采取以上行动后的直接结果。

如果按照这种方法，强迫自己认真思考和检查每一组思想，那么你向读者表达的思想将会非常清晰、明确、具体，而且还有可能发现一些在此之前没有想到的有意义的思想。

第 3 篇

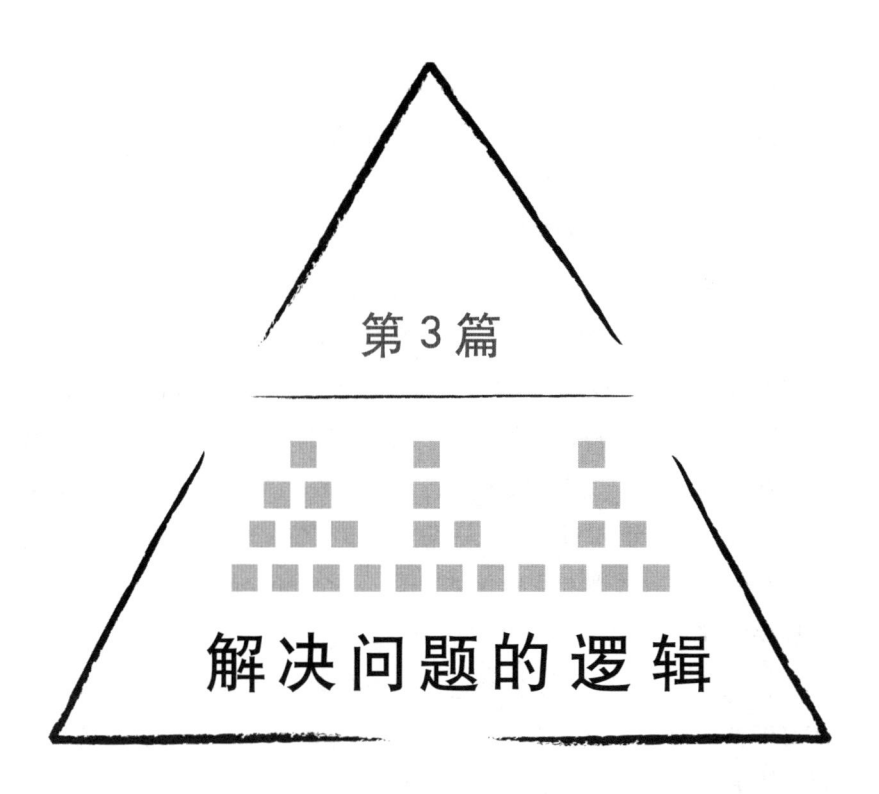

解决问题的逻辑

经过一段时间的训练，当你坐下来写一篇短文时，会不自觉地套用"背景—冲突—疑问"的序言写作模式。通过问答法，以及第6章和第7章介绍的分组和概括原则，可以使自己的思想更有条理。

然而对于比较长的文章，比如研究报告和PPT演示文稿（通常用来给出解决问题的方案），或者项目计划书和咨询建议（通常用来说明如何解决问题），写作过程可能就不会那么顺利了。也许会花很长时间收集资料，也许会涉及好几位作者，也许不得不延长几天（甚至几星期）。你会发现自己被淹没在大量需要分类和考虑的事实、数据、信息和想法中，却无法决定哪些是你希望与人交流的。

对于需要写这类文章的各类人士——管理咨询师、战略分析师、市场研究人员等，这部分内容很实用。虽然内容繁复（正是这一主题的特点），但介绍的方法经过了实践检验，全球的咨询师和分析师每天都在用。如果你在工作和学习中需要先界定和分析问题，再将解决方案写成文章与人交流，你会发现本篇内容非常值得一读。

这类文章通常需要回答以下3个最常见的问题之一，至于回答哪一个，取决于读者事先已经了解的情况：

- 我们应该做什么？（如果不知道解决方案。）
- 我们应该做吗？（如果已经给出了解决方案。）
- 我们应该怎么做？你会怎么做？（如果已经知道且接受解决方案。）

这时，序言的作用就是界定问题，金字塔结构则用来说明通过分析问题和寻找解决方案得出的步骤或理由（有时是演绎推理的结果）。这之后还需要经过长时间的思考，才能得出可供交流的思想。以下是一个理想的流程示意：

界定问题 ⟶ 构建分析框架 ⟶ 分析/找到解决方案 ⟶ 构建金字塔与他人交流

提高咨询报告写作效率的秘诀是：

1. 界定问题。
2. 有条理地搜集和分析数据，转换为金字塔形式。

如果可以组织好方法进入流程的前两个阶段，就能很容易地进入第三、第四阶段。前两个阶段实际上是在预先搭建金字塔结构。

但是，界定问题和构建分析框架是非常复杂的工作，问题的起因经常模棱两可、令人困惑，甚至有表述错误。问题的方方面面都存在大量支持性论据，为了确认问题，你不得不一一求证。而且会有许多种可能的"解决方案"冒出来。

幸运的是，许多现成的分析框架可以最大限度地减少你的困扰，提高你的工作效率。

第8章将推荐界定问题的框架，为分析问题做好准备，在写序言时，还可以用作确定"背景—冲突—疑问"结构的模板。

第9章将介绍其他实用的分析框架，帮助你全面思考和实际分析问题，还可以用来检验解决方案的有效性。

第 8 章 界定问题

判断问题是否存在,通常要看经过努力得到的结果(现状),与希望得到的结果(目标)之间是否存在差距。由特定背景导致的特定结果称为非期望结果(R1,Undesired Result,即现状)。

"问题"是指你不喜欢某一结果(比如销售额下降),想得到其他结果(比如销售额增长),也就是期望结果(R2, Desired Result,即目标)。解决方案则是指如何将现状 R1 转化为目标 R2,如图 8-1 所示:

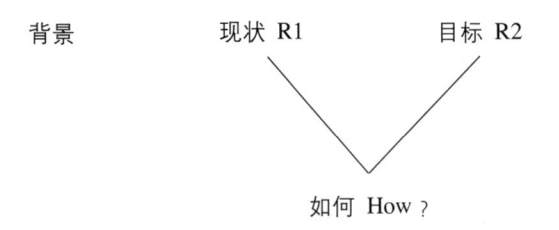

```
背景        现状 R1        目标 R2
                \         /
                 \       /
                  \     /
                   \   /
                    \ /
                  如何 How？
```

图 8-1　界定问题的连续分析法

以上界定问题的方法称为连续分析(统计学上称为序列分析),这是一种有效地解决问题的技巧,可以帮助你为按逻辑顺序排列的一系列问题寻找答案:

1. 是否有／是否可能有问题（或机会）？
2. 问题出在哪里？
3. 为什么会出现问题（产生问题的根源、原因）？
4. 我们能做什么？
5. 我们应该做什么？

回答问题 1 和问题 2 是为了界定问题，问题 3 是寻找产生问题的原因，问题 4 和问题 5 是寻找解决问题（或抓住机遇）的最佳方案，如表 8-1 所示。

在介绍你的分析结果时，问题 1 和问题 2 的答案就是文章的序言，问题 3～5 的答案就是金字塔结构中的思想、观点、论点。

表 8-1　5 个问题的归类

问题	归类
1. 有没有／是否可能有问题（或机会）？ 2. 问题出在哪里？	界定问题
3. 为什么会出现问题？	结构化分析
4. 我们能做什么？ 5. 我们应该做什么？	寻找解决方案

界定问题的框架

如前所述，问题是指已有的（现状）与想要的（目标）之间存在的差距，这种差距不是凭空产生的，而是由特定背景（situation）和一系列特定条件决定的。这些条件可能很简单，也可能涉及复杂的因果关系。无论是哪种情况，了解其发展历史，是确定差距的性质和把握其重要性的基本过程。

展开说明框架中的各要素

下面举一个简单的例子,来为大家解释一下界定问题框架的构成要素。假如你有一家公司,30年来一直用同一种方法销售有巨大需求量的工业不动产,效果非常好。销售人员会列出潜在客户的名单,写好针对潜在客户的推销信,然后按照名单邮寄给他们,接着就会顺利收到订单。

公司一直做得很出色,销售额以大约每年10%的速度持续增长,但到了今年第四季度,种种迹象表明销售额将减少10%,而不是增加10%。面对这突如其来的问题,公司希望尽快采取有效措施,使销售额恢复正常。

假设问题是从特定的背景中产生的,如图8-2所示。背景由切入点或序幕构成,包括现有的结构和流程(即常规的销售方法)。目前的流程可以导向或者可能导向期望结果(目标,R2),即保持10%的增长率。但是背景中发生了某些事件或采取了某一行动(即预测销售额),有可能导致非期望结果(现状,R1),即销售增长低于预期。

背景

切入点/序幕(Starting Point/Opening Scene)

列出潜在客户的名单 → 写推销信 → 邮寄

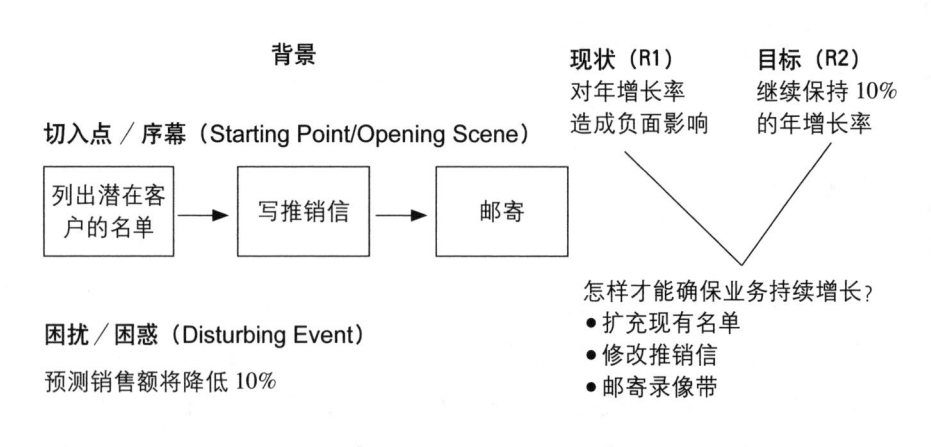

现状(R1)
对年增长率造成负面影响

目标(R2)
继续保持10%的年增长率

怎样才能确保业务持续增长?
- 扩充现有名单
- 修改推销信
- 邮寄录像带

困扰/困惑(Disturbing Event)
预测销售额将降低10%

图8-2 问题源于现有背景

邮寄推销信后产生的结果与期望的结果之间存在差距，这种差距就是问题。为了解决问题，必须找出产生差距的原因以及缩小差距的措施。原因通常可以从背景中预期采取的行动中找到。因此，界定问题的框架需要先回答以下 3 个问题：

- 发生了什么事情？（背景：切入点／序幕＋困扰／困惑）
- 我们不愿看到什么？（非期望结果，现状，R1）
- 我们想要什么？（期望结果，目标，R2）

回答出上述问题，就界定了需要解决的问题。由此入手，你可以确定读者的问题是什么，并寻找相应的解决方案。解决方案通常从改变现有结构和流程入手，即分析切入点／序幕。在上述案例中，销售额降低的原因可能包括：

- 潜在客户名单已经失效，和／或
- 推销信没有说服力，和／或
- 邮寄效率低。

现在可以对问题进行结构化分析了，为此需要建立诊断框架和逻辑树，对各个方面进行分类，以寻找销售额下降的原因。解决方案将来源于这些框架，可能包括更新名单，和／或修改推销信，和／或改变邮寄方式。（第 9 章"结构化分析问题"将解释如何建立分析问题的诊断框架。）

把"界定的问题"写成序言

如果你准备把解决方案写成文字，应用界定问题框架的最大好处就是，可以很容易地把界定的问题转换成序言。只需遵循从左到右再向下的原则即可，把读者了解的最终事实作为序言的冲突部分，并在此基础上提出问题。请看图 8-3：

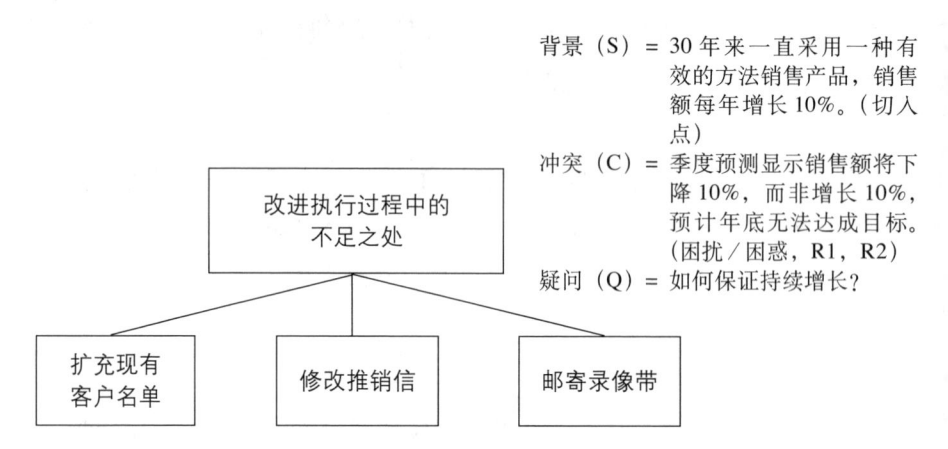

```
                    ┌─────────────────┐
                    │  改进执行过程中的 │
                    │  不足之处        │
                    └─────────────────┘
                    ／      │      ＼
        ┌────────┐  ┌────────┐  ┌────────┐
        │扩充现有│  │修改推销│  │邮寄录像│
        │客户名单│  │信      │  │带      │
        └────────┘  └────────┘  └────────┘
```

背景（S）= 30 年来一直采用一种有效的方法销售产品，销售额每年增长 10%。（切入点）
冲突（C）= 季度预测显示销售额将下降 10%，而非增长 10%，预计年底无法达成目标。（困扰／困惑，R1，R2）
疑问（Q）= 如何保证持续增长？

图 8-3　把界定的问题转换成序言

当然，这是一个高度简化的例子。问题是如何将现状（R1）转化为目标（R2），如图 8-4 所示：

```
┌─────────────────────────┐
│ 背景    R1      R2      │
│          ＼   ／         │
│            ?            │
└─────────────────────────┘
```

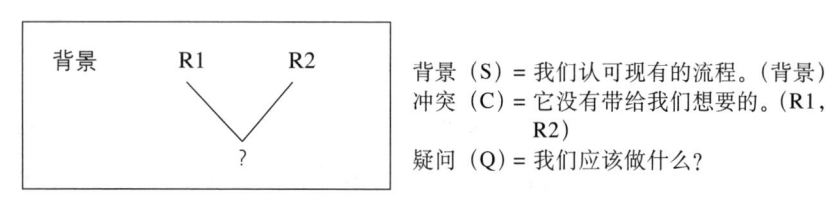

背景（S）= 我们认可现有的流程。（背景）
冲突（C）= 它没有带给我们想要的。（R1，R2）
疑问（Q）= 我们应该做什么？

图 8-4　如何将 R1 转化为 R2

大多数实际问题都要复杂得多。例如，一家企业可能已经发现了自身的问题所在，并且有了相应的解决方案。在这样的情况下，问题要么是"该方案是否能够化解目前的困扰"，要么是"如何实施该方案"。解决方案本身可能就成了引发问题的"冲突"，如图 8-5 所示：

188

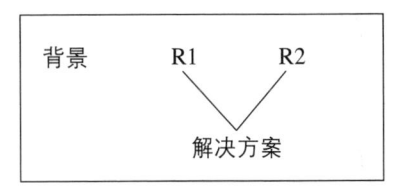

```
背景    R1    R2
          \  /
        解决方案
```

背景（S）= 我们存在问题。（背景，R1，R2）
冲突（C）= 我们提出了解决方案。（解决方案）
疑问（Q）= 该方案是否有效？或"如何实施该方案。"

图 8-5　解决方案本身成了引发问题的"冲突"

或者一家企业存在问题，也有了解决方案，但解决方案不可行或没效果。这时的问题又变成了"我们应该做什么"，如图 8-6 所示：

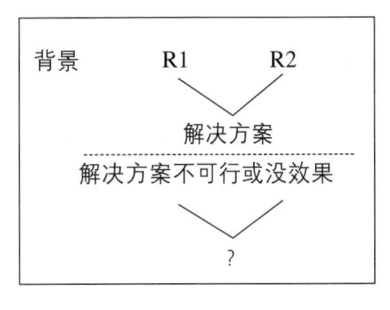

```
背景    R1    R2
          \  /
        解决方案
   ------------------
   解决方案不可行或没效果
              \
               ?
```

背景（S）= 我们存在问题并提出了解决方案。（现状，R1，R2，解决方案）
冲突（C）= 解决方案不可行。
疑问（Q）= 我们应该做什么？

图 8-6　解决方案不可行或没效果

我们要面对的还可能是一个有 3 个层级（层级一、二、三）的问题，其中第二个层级的解决方案行不通。下面举例说明：

层级一　假设你是一家大型包装食品生产商，这时超市尚处于新兴阶段。尽管已经做了大量的新产品实验，但你还是希望，产品在全面上市之前，能在超市的货架上进行为期一周左右的试销。你向超市说明了想法，但他们不同意，害怕你的产品会打乱超市的现有秩序。当你同意支付一定的试销费用时，他们又接受了你的请求。

层级二　一段时间后，超市已经发展成为连锁超市，试销费用也上涨到每周 2 万美元。这样的数额让人难以接受，于是你组织研究小组讨论这个问题，但除了拒绝付款外，没有想出其他办法。

层级三 超市同样拒绝了为你的产品进行为期一周的试销售。我们面临的问题结构如图 8-7 所示：

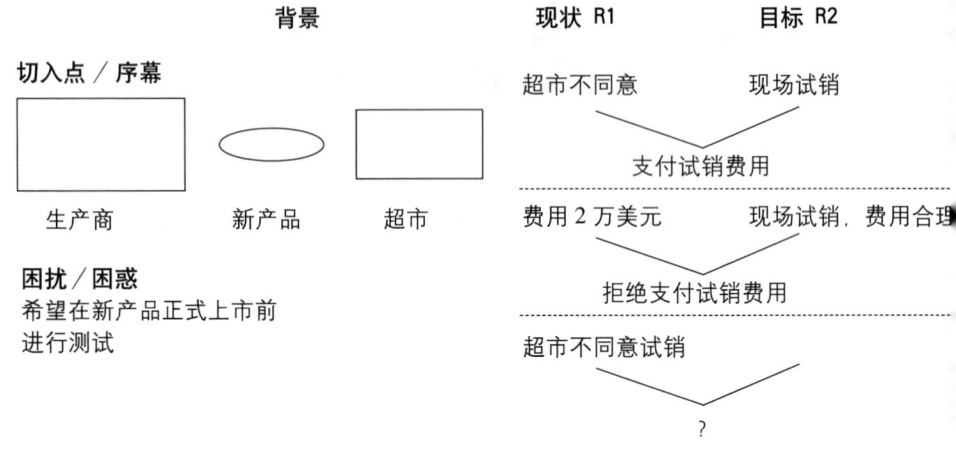

```
                 背景                  现状 R1        目标 R2
切入点／序幕                          超市不同意      现场试销
                                              支付试销费用
 生产商      新产品       超市         费用2万美元    现场试销，费用合理
困扰／困惑                                    拒绝支付试销费用
希望在新产品正式上市前                 超市不同意试销
进行测试
                                                    ?
```

图 8-7　问题可以扩展为 3 个层级

虽然故事很复杂，但只要将其展开并逐条分析，就可以很容易地在序言中用几句话描述清楚（比如在向行业协会的会员演讲时）。技巧仍然是从左到右再向下，把读者了解的最终事实作为冲突。

> 背景（S）＝ 为让超市同意将我司的新产品放在其货架上进行为期一周的试销，我司在过去几年里一直向超市支付试销费用。这项费用每年都在增长，目前是 2 万美元，作为一周的货架使用费来说过高。我们决定拒绝支付该费用。（背景，层级一 R1，层级一 R2，层级一解决方案；层级二 R1，层级二 R2，层级二解决方案）
>
> 冲突（C）＝ 遗憾的是，超市也拒绝让我们试销新产品。（层级三 R1）
>
> 疑问（Q）＝ 我们应该如何应对这一问题？

运用界定问题的框架是解决问题的第一步，也是建立思维的金字塔结构、与其他人交流解决方案的第一步。该框架还是你审阅文章时分析和修改解决方案的辅助手段、有价值的工具。在界定问题时，你可以遵循以下步骤：

- 将问题展开，如图8-7所示；
- 确定你的解决方案处于哪一阶段（已经提出了，还是已经被接受了）。
- 提出适当的疑问。
- 检查序言是否说明了界定的问题。
- 检查金字塔是否回答了疑问。

我会引导大家完成整个过程，在本章结束时，我还会举一个现实生活中的例子。第9章将讲述如何把界定问题扩展到对问题进行结构化分析，以及得出可能的解决方案。

展开问题的各要素

前面已经提到，需要确定4个要素后才能界定问题，并由此寻找解决方案。这4个要素分别是：

- 切入点／序幕。
- 困扰／困惑。
- 现状（R1，非期望结果）。
- 目标（R2，期望结果）。

这4个要素共同描述了问题是如何展开的，整个过程充满了戏剧性，你可以把这些要素当作戏剧术语来理解。

切入点／序幕

请你设想一下，自己正静静地坐在一个黑暗的剧场里。大幕缓缓拉开，舞台布景呈现的是某一特定时刻、特定地点，这就是问题的切入点或序幕。某一事件的发生使剧情得以展开，这就是困扰／困惑。

同样的流程也适用于界定问题。只不过在大幕开启之后，在时空的某个特定点，你看到的是自己或客户所在的企业或行业遇到了问题。序幕是由你可以很容易想到的结构或流程组成的，如表8-2所示。

表8-2 典型的序幕结构和流程

典型的序幕结构	典型的序幕流程
• 组织机构图 • 计算机配置 • 工厂／办公室地点 • 各地区的市场	• 销售或营销活动 • 信息系统 • 管理流程 • 物流系统 • 生产流程

假设读你文章的人是《财富》或《商业周刊》的读者，或者你准备告诉朋友发生了什么事情，你会先介绍要讨论的大概内容，以便对方能明白你在说什么。比如你说，"有一家公司从3个仓库向全国配送家庭用品……"，读者自然而然地就形成了3个仓库配送商品的图像，如图8-8所示：

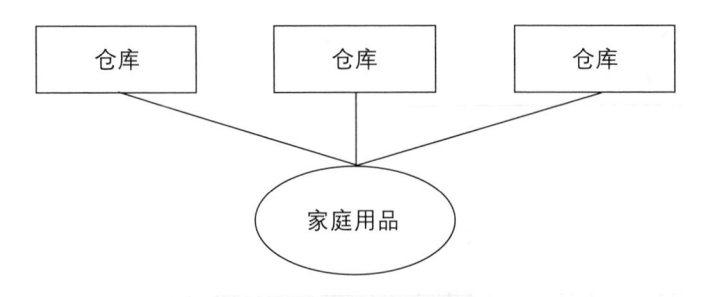

图 8-8 读者对"从 3 个仓库配送商品"的印象

你也可以说,"我们公司由许多独立经营的业务部门组成,每项业务都与图像处理的新技术有关"。读者可能由此得出如图 8-9 的图像。

在序幕阶段,设想可以尽量简单,描述可以尽量简短,等到写序言时再展开。

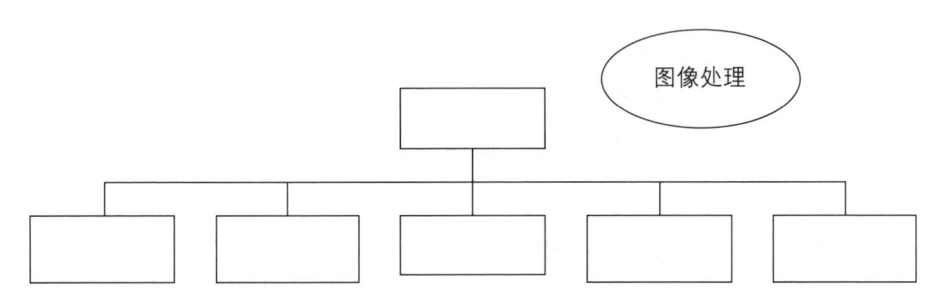

图 8-9 读者对"公司多部门"和"图像处理"的印象

困扰/困惑

某些事件的发生影响了结构或流程的正常运行。困扰/困惑是指现在发生、即将发生或未来会发生的事件,它对序幕中介绍的相对稳定的背景构成了威胁,并因此引发了非期望结果(现状,R1)。在前面的例子中,新技术的出现就是困扰/困惑。

困扰/困惑产生的原因有:

外部原因 结构或流程所在环境以外的地方发生变化，如出现新的竞争对手、改用新技术、政府或消费政策发生变化等。

内部原因 公司内部的变化，如增加业务流程、采用新的计算机系统、进军新市场、调整产品线等。

近期认识到的其他原因 自己认识到或有证据表明肯定或可能发生的变化，如产品／流程的效能落后、运营水平低于平均水平、市场研究显示消费者态度可能发生改变等。

有时候，尤其是写咨询项目建议书时，由于信息不充分，你无法确定是什么使你认识到问题的存在，但你能够找到客户（即你的读者）对现有结构或流程不满意的地方。这时候，你大可不必费力描述困扰／困惑，直接跳到现状（R1）即可。

现状，非期望结果（R1）

R1是指读者需要设法解决或有可能面临的问题，或者是有可能抓住的机会。这通常是由困扰／困惑（有外部原因、内部原因，以及近期认识到的其他原因）引起的。在咨询行业，非期望结果是客户前来咨询的主要动因，虽然在某些情况下，客户可能并不清楚导致R1的真正原因。困扰／困惑也许会带来目前尚未发现或出现的机会，但它更有可能：

- 对公司结构或流程产生负面影响。
- 扰乱某一特定方面的工作。
- 引发（或应该会引发）对业务、产品、流程的重新思考。
- 挑战（或应该会挑战）有关客户、市场、竞争、核心竞争力、流程或技术的基本假设。

困扰／困惑带来的非期望结果（R1）可能不止一个，可以在示意图中用尽可能简短的文字加以说明。比如，该公司无法向市场提供服务，或市场份额正在下降；有可能导致销量下降，利润减少或财务状况恶化；预计无法抓住市场机会，等等。

目标，期望结果（R2）

读者希望现有的结构或流程能产生期望结果，而不是非期望结果。（如果 R1 是机会，则希望利用它。）只有尽可能具体地描述 R2，才能判断你是否能取得期望结果。如果对期望结果没有全面准确的描述，就很难在思考过程中选择解决方案。

准确描述 R2 可以用具体的数字，也可以用具体的结果，比如：

- 实现全年增长目标。
- 将产品上市时间缩短 1/3。
- 让超市收取合理的试销费用。
- 调整系统以保证正常运行。
- 有足够的生产能力满足预估需求。

有时你可能无法具体描述 R2 的最终结果，这时只需在 R2 部分写下如果问题得到解决你希望达到的状态即可。接下来，解决问题的第一步就是确定具体的 R2。

展开问题的各个部分，目的是搭建一个简要但清晰的框架，以帮助你找出 R1 与 R2 的差距，并围绕这些差距写序言。

在第 9 章你会发现，对序言、困扰／困惑、R1 和 R2 的界定，可能会在解决问题的过程中发生变化。比如，开始收集资料后你发现自己对外部变化有了更明确的认识，因此需要重新提炼、描述 R1 和 R2。但是，不管框架的各部分如何变化，各要素之间的相互关系始终占主导地位。

发掘读者的疑问

问题的基本内容展开后,下一步就是寻找读者的疑问。读者在你阐述问题的不同阶段会有不同的疑问。他只是想知道如何将 R1 转化为 R2,还是已经决定了要怎么做?具体情况不一样,疑问也不一样。

一些作者犯的严重错误,就是在写文章时,不能确定读者是否已经采取了行动去解决问题。其实,了解读者何时采取了行动,以及这些行动如何影响文章要回答的疑问,将大大简化序言的写作和之后的推理过程。

以界定问题的框架为指导,我们可以看到,读者要面对的主要是以下 7 种状况,具体要面对何种状况,取决于他们在寻找解决方案的过程中已经进行到了哪一步。

最常见的状况

1. 不知道如何将 R1 转化为 R2。
2. 知道如何将 R1 转化为 R2,但不确定是否正确。
3. 知道将 R1 转化为 R2 的正确方案,但不知道如何实施。

最常见状况的变形

4. 知道将 R1 转化为 R2 的方案,并且已经实施,但在实施过程中发现方案行不通。
5. 制订了好几个解决方案,但不知道选哪一个。

可能但不常见的状况

6. 知道 R1,但不能具体描述 R2,所以无法找到解决方案。
7. 知道 R2,但不清楚现在是否处于 R1(这是典型的标杆比对),无法确定是否存在问题。

请参看图 8-10,该图呈现在这 7 种状况中,用以界定问题的各要素如何构成序言。

1. 背景　　　R1　　　　R2　　　　背景（S）= 背景。
　　　　　　　＼　　／　　　　　　冲突（C）= R1，R2。
　　　　　　　　＼／　　　　　　　疑问（Q）= 如何将 R1 转化为 R2？
　　　　　　　　？

2. 背景　　　R1　　　　R2　　　　背景（S）= 背景，R1，R2。
3.　　　　　　＼　　／　　　　　　冲突（C）= 解决方案。
　　　　　　　　＼／　　　　　　　疑问（Q）= 解决方案是否正确？
　　　　　　　解决方案　　　　　　　　　　　或如何实施该方案？

4. 背景　　　R1　　　　R2　　　　背景（S）= 背景，R1，R2，解决方案。
　　　　　　　＼　　／　　　　　　冲突（C）= 解决方案行不通。
　　　　　　　　＼／　　　　　　　疑问（Q）= 我们应该做什么？
　　　　　　　解决方案

　　　解决方案行不通
　　　　　　　　＼／
　　　　　　　　？

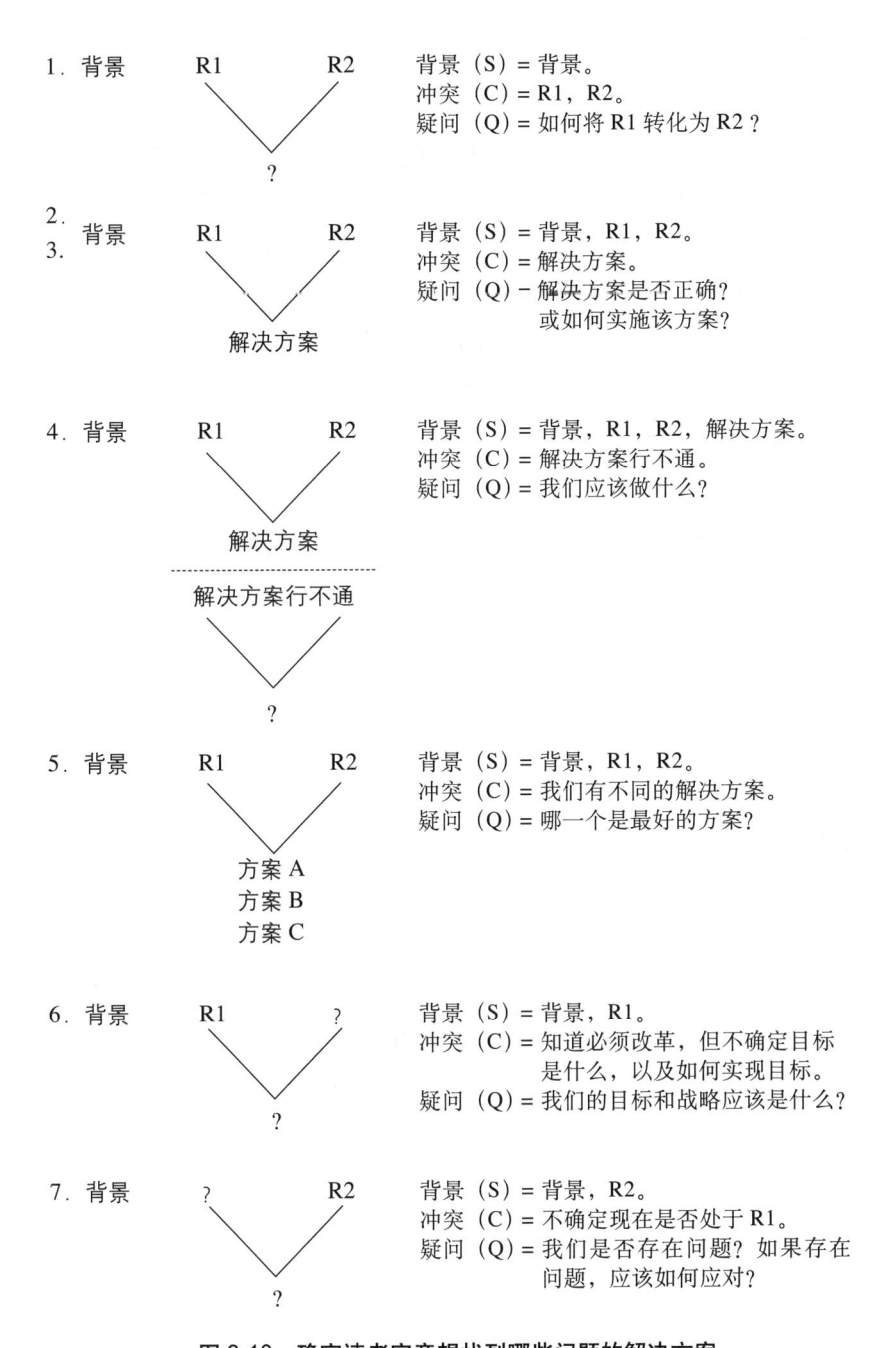

5. 背景　　　R1　　　　R2　　　　背景（S）= 背景，R1，R2。
　　　　　　　＼　　／　　　　　　冲突（C）= 我们有不同的解决方案。
　　　　　　　　＼／　　　　　　　疑问（Q）= 哪一个是最好的方案？
　　　　　　　方案 A
　　　　　　　方案 B
　　　　　　　方案 C

6. 背景　　　R1　　　　？　　　　背景（S）= 背景，R1。
　　　　　　　＼　　／　　　　　　冲突（C）= 知道必须改革，但不确定目标
　　　　　　　　＼／　　　　　　　　　　　　是什么，以及如何实现目标。
　　　　　　　　？　　　　　　　　疑问（Q）= 我们的目标和战略应该是什么？

7. 背景　　　？　　　　R2　　　　背景（S）= 背景，R2。
　　　　　　　＼　　／　　　　　　冲突（C）= 不确定现在是否处于 R1。
　　　　　　　　＼／　　　　　　　疑问（Q）= 我们是否存在问题？如果存在
　　　　　　　　？　　　　　　　　　　　　　问题，应该如何应对？

图 8-10　确定读者究竟想找到哪些问题的解决方案

197

开始写序言

界定问题的框架大多会按照逻辑顺序列出问题的各构成要素，这样可以很容易地把这些要素用在序言中。只要遵循从左到右再向下的原则即可，读者最后看到的通常是冲突部分。

下面将举例说明在图 8-10 所示的 7 种情况下，应该如何写序言和构建金字塔结构，请参看图 8-11 到图 8-17。为了突出结构脉络，所举的例子比较抽象，不过你可以在附录 2"序言结构范例"中，读到每种序言的全文。

我们应该做什么（1）

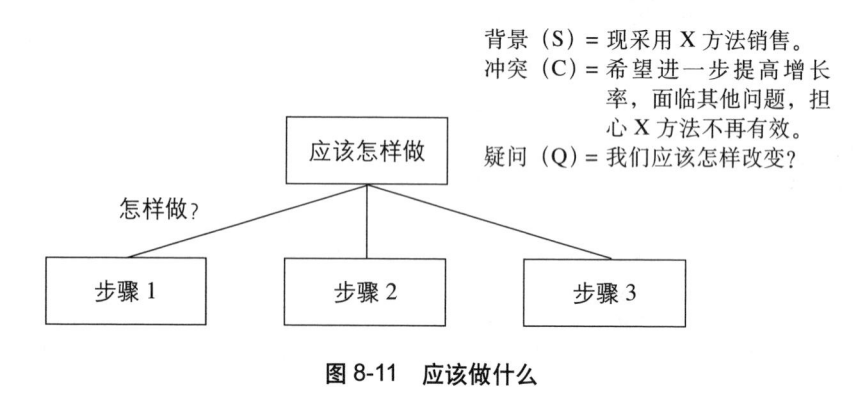

背景（S）= 现采用 X 方法销售。
冲突（C）= 希望进一步提高增长率，面临其他问题，担心 X 方法不再有效。
疑问（Q）= 我们应该怎样改变？

图 8-11　应该做什么

这种结构是所有类型的分析和写作中最简单的一种。背景描述的是正在发生的事情，冲突是指读者处在 R1，希望实现 R2。这种结构也可以用来描述如何调整和升级正在使用的系统，比如：

背景（S）= 系统目前的工作情况。
冲突（C）= 它没有做它该做的工作。
疑问（Q）= 如何让它做它该做的工作？

这个例子中的关键词是"改变",即如何改变目前的状态,它与你准备告诉某人如何做某事时采用的逻辑结构稍有不同,后一种情况下的关键词是"步骤",比如:

背景(S)= 这是我们准备开展的活动。
冲突(C)= 我们没有能力开展活动。
疑问(Q)= 我们如何有能力开展这项活动?

我们是否应该做自己想做的事(2)

背景(S)= 我们遇到了问题,因为本行业正在实验一种新方法。
冲突(C)= 如果是这样,我们必须有所改变。
疑问(Q)= 我们是否应该做改变?

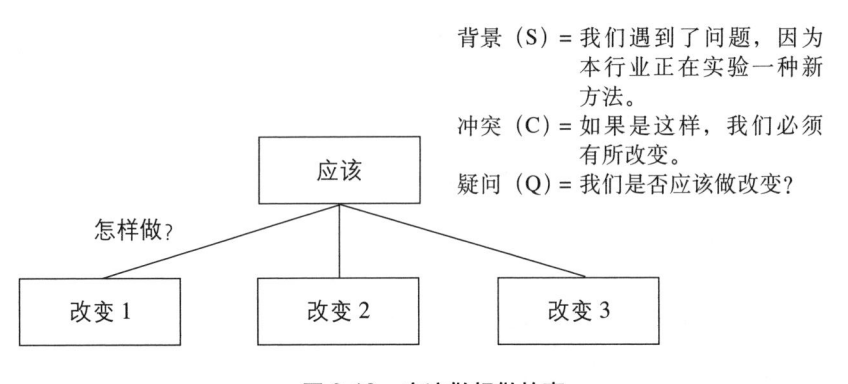

图 8-12　应该做想做的事

这种结构还有一些有意思的变形:

背景(S)= 我们存在问题。
冲突(C)= 我们计划采取行动。
疑问(Q)= 该行动是否正确?

背景(S)= 我们计划采取 X 行动。
冲突(C)= 除非出现 Y 情况,否则我们不想采取 X 行动。
疑问(Q)= Y 情况会出现吗?

我们应该如何做自己想做的事（3）

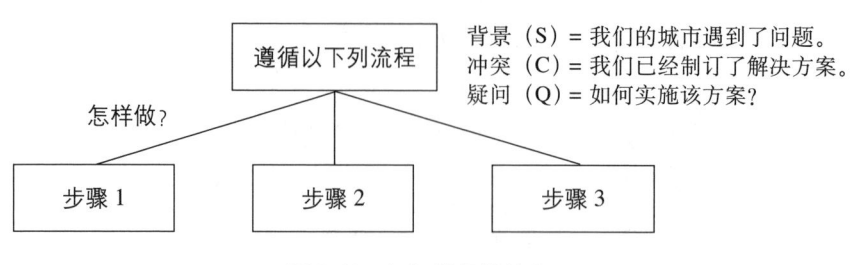

背景（S）= 我们的城市遇到了问题。
冲突（C）= 我们已经制订了解决方案。
疑问（Q）= 如何实施该方案？

图 8-13　如何做想做的事

这一结构也适用于向某人解释如何完成某事：

背景（S）= 我们曾经存在问题。
冲突（C）= 通过 X 行动我们解决了问题。
疑问（Q）= 你是如何进行 X 行动的？

背景（S）= 我们有／过去有一个目标。
冲突（C）= 我们正在构建一套系统或流程来实现该目标。
疑问（Q）= 该系统或流程是如何运行的？

解决方案行不通，我们应该做什么（4）

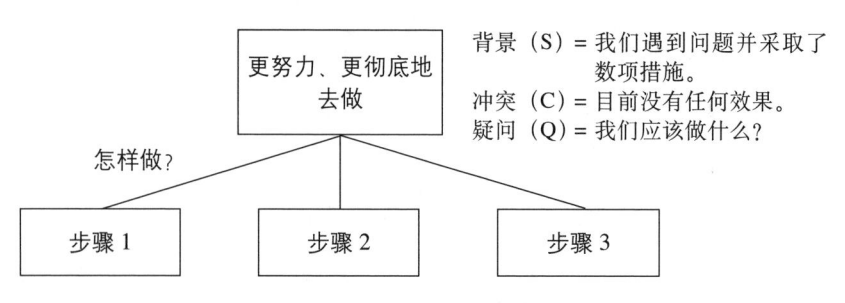

背景（S）= 我们遇到问题并采取了数项措施。
冲突（C）= 目前没有任何效果。
疑问（Q）= 我们应该做什么？

图 8-14　解决方案行不通该怎么办

这一结构是第一种结构的延伸，问题都是我们应该做什么。唯一的区别在于针对该问题已经采取过两次或三次措施，需要追溯此前去的历史才能发现真正的问题。

我们应该选择哪种方案（5）

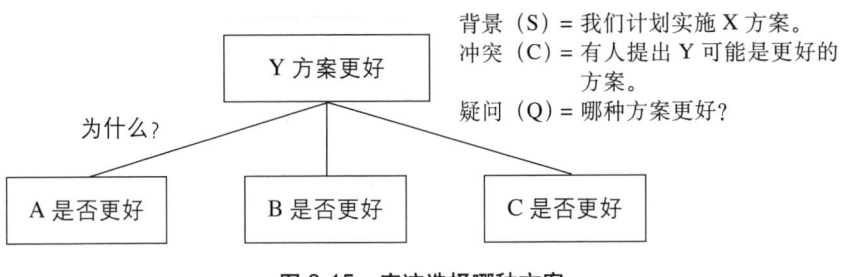

```
                    Y方案更好
    为什么？
    ┌──────────────┼──────────────┐
  A是否更好      B是否更好      C是否更好
```

背景（S）= 我们计划实施X方案。
冲突（C）= 有人提出Y可能是更好的方案。
疑问（Q）= 哪种方案更好？

图8-15　应该选择哪种方案

备选方案一般放入冲突之后。通常不用将备选方案罗列出来，除非读者事先已经知道，否则读者会误把它们当作选择某种解决方案的原因，尤其要避免把备选方案罗列出来之后再否定。例如，"我们有3种方法可以解决该问题"，关键句要点为：

A方法不好 ⟶ B方法不好 ⟶ 因此决定采用
是因为……　　是因为……　　　C方法

采用C方法的原因其实并不是A和B不好，而是C方法行之有效。（附录2对备选方案的产生和讨论有更详细的介绍。）

我们应该采用哪些战略（6）

有时候，进行管理咨询的客户正面临某个问题或机会，觉得应该采取行动，但由于不熟悉情况或者知识有限，不知道应该怎么确定目标以及制订实现目标的措施。例如，客户可能处在一个技术和

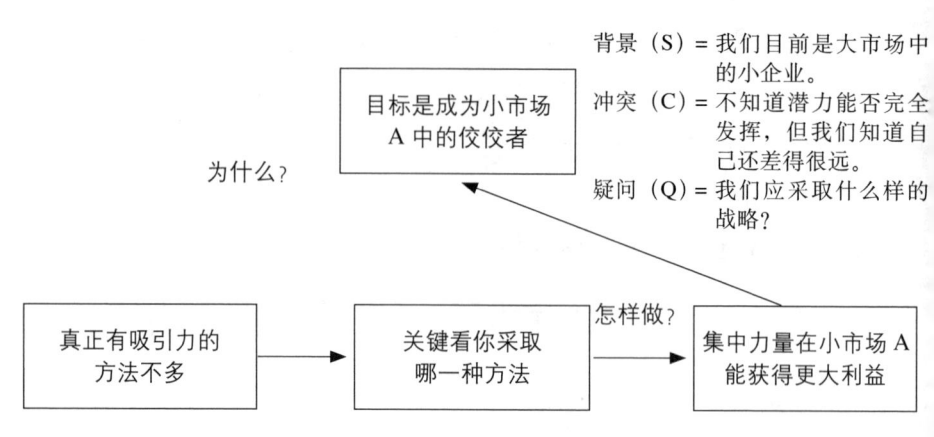

```
                                              背景（S）= 我们目前是大市场中
                    ┌──────────────┐                    的小企业。
                    │ 目标是成为小市场│         冲突（C）= 不知道潜力能否完全
                    │   A 中的佼佼者 │                    发挥，但我们知道自
       为什么？      └──────▲───────┘                    己还差得很远。
                            │              疑问（Q）= 我们应采取什么样的
                            │                          战略？
                            │怎样做？
┌──────────┐    ┌──────────┐    ┌──────────────┐
│真正有吸引力的│───▶│关键看你采取│    │集中力量在小市场 A│
│  方法不多   │   │哪一种方法  │    │能获得更大利益   │
└──────────┘    └──────────┘    └──────────────┘
```

图 8-16 应该采用哪些战略

市场变化很快的行业，客户认为目前多变的局面正是他从不景气的领域脱身进入成长性领域的机会，但他并不知道进入后会怎样。

在这种情况下，客户会请咨询顾问对其所在行业进行分析，确定哪些是成功的关键因素，自己在哪些方面有优势，以及参与竞争的成功率和盈利能力，并制订最明智的战略。

因此，战略是文章的主要思想，关键句要点应描述制订战略的步骤，或者如上图所示，采用演绎法解释战略，最上面的方框是结论，下面的 3 个方框是步骤。

我们存在问题吗（7）

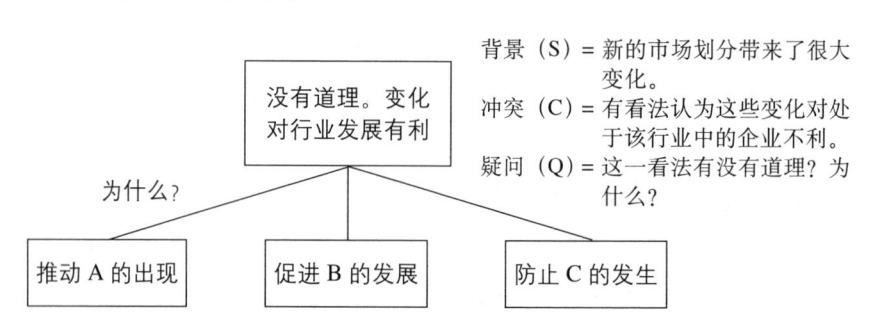

```
                    ┌──────────────┐      背景（S）= 新的市场划分带来了很大
                    │没有道理。变化  │                变化。
                    │对行业发展有利  │      冲突（C）= 有看法认为这些变化对处
                    └──────────────┘                于该行业中的企业不利。
           为什么？          │              疑问（Q）= 这一看法有没有道理？为
              ┌─────────────┼─────────────┐          什么？
              ▼             ▼             ▼
        ┌──────────┐  ┌──────────┐  ┌──────────┐
        │推动 A 的出现│  │促进 B 的发展│  │防止 C 的发生│
        └──────────┘  └──────────┘  └──────────┘
```

图 8-17 是否存在问题

文章关注的是处于变化中的行业。当客户希望与同行业的竞争对手或其他行业采取过相同措施的企业进行比对时，最适合采用这样的结构。

实战案例

如何将界定问题的各构成要素如何转换成序言？为了让你对此有感性的认识，下面举一个家庭用品零售商的例子，展示了从界定问题开始一直到构建金字塔结构的整个过程。

某公司有3个配送中心，分别位于伍斯特、伊凡斯维尔和拉斯维加斯，另外还从DMSI公司租借了场地做配送中心。3个配送中心的仓库理应可以供应490家商店，但事实上，4个配送中心供应现有的438家商店有时候都很紧张。如果供货量年增长率为4%～5%，加上到明年年底前计划增加的198家新店，预计两年后公司的仓储能力将明显不足。

为保证仓储能力，公司可以采取几种不同的方案，包括：扩建现有仓库，再新建1～2个仓库，改进商品处理流程，继续依赖第三方。不同方案对投资回报率的影响不同。公司希望选择一种策略，既能保证投资和运营成本最低，又不必改变现有的处理速度和全品种战略。

序言的结构是图8-10中第五种情形的变形。

　　背景（S）＝我们存在问题。
　　冲突（C）＝我们有不同的解决方案。
　　疑问（Q）＝选择哪个方案？

问题整个展开后如图 8-18 所示：

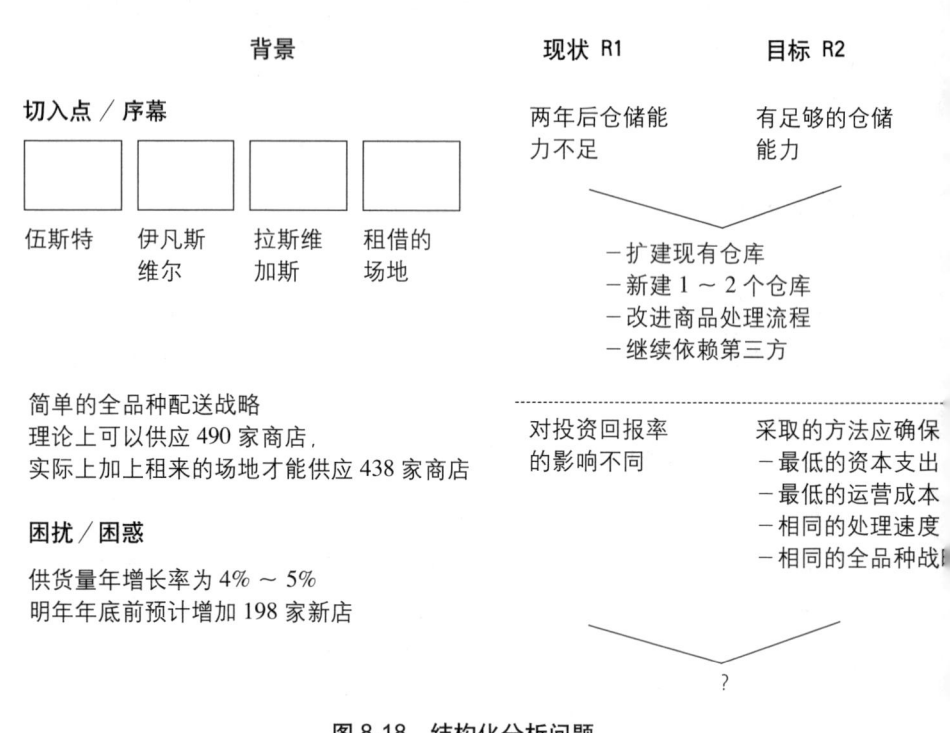

```
                         背景                    现状 R1              目标 R2

切入点／序幕                                  两年后仓储能      有足够的仓储
                                              力不足            能力
┌────┐ ┌────┐ ┌────┐ ┌────┐
│    │ │    │ │    │ │    │
└────┘ └────┘ └────┘ └────┘
 伍斯特  伊凡斯  拉斯维  租借的               －扩建现有仓库
         维尔    加斯    场地                 －新建 1～2 个仓库
                                              －改进商品处理流程
                                              －继续依赖第三方

简单的全品种配送战略
理论上可以供应 490 家商店，              对投资回报率      采取的方法应确保
实际上加上租来的场地才能供应 438 家商店。 的影响不同        －最低的资本支出
                                                           －最低的运营成本
困扰／困惑                                                 －相同的处理速度
供货量年增长率为 4%～5%                                    －相同的全品种战略
明年年底前预计增加 198 家新店

                                                      ?
```

图 8-18　结构化分析问题

序言和此后构建的金字塔结构如图 8-19 所示。

对初读者而言，接受和理解界定问题框架的概念会有一些困难，但无论是口头还是书面分析问题，它都特别有用，可以指导你写文章序言、提出解决问题的方案。

当然，从界定问题到找到解决方案，还要经过对问题的实际分析——分析问题产生的原因，并评估解决问题的各种可行的方案。界定问题框架的价值，就在于它能让你在寻找有效解决方案时，提高找到问题原因和进行结构化分析的效率。通过学习第 9 章，你会清楚地发现这一点。

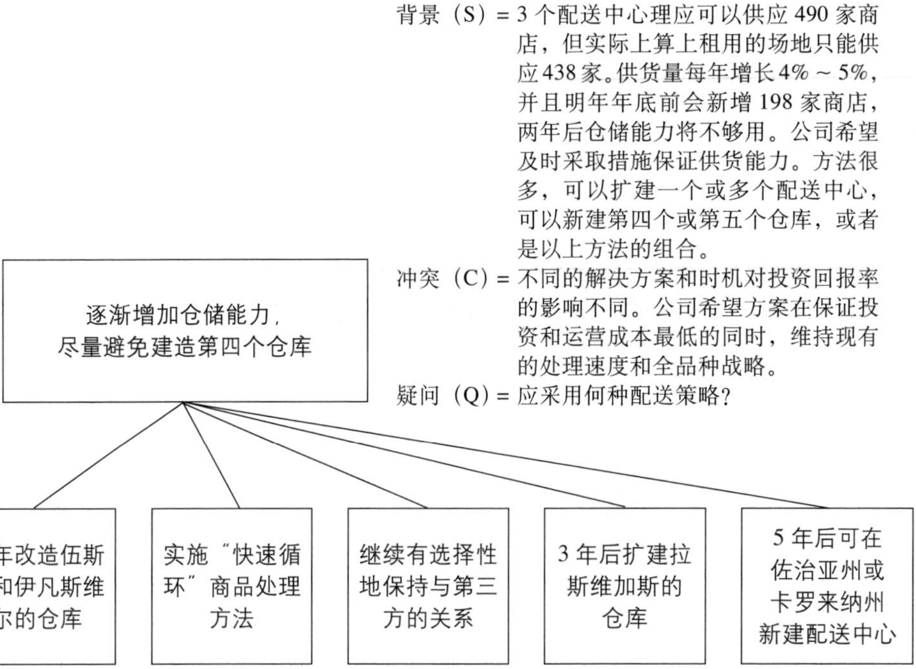

背景（S）= 3个配送中心理应可以供应490家商店，但实际上算上租用的场地只能供应438家。供货量每年增长4%～5%，并且明年年底前会新增198家商店，两年后仓储能力将不够用。公司希望及时采取措施保证供货能力。方法很多，可以扩建一个或多个配送中心，可以新建第四个或第五个仓库，或者是以上方法的组合。

冲突（C）= 不同的解决方案和时机对投资回报率的影响不同。公司希望方案在保证投资和运营成本最低的同时，维持现有的处理速度和全品种战略。

疑问（Q）= 应采用何种配送策略？

```
            逐渐增加仓储能力，
            尽量避免建造第四个仓库
    ┌──────────┬──────────┬──────────┬──────────┬──────────┐
 今年改造伍斯   实施"快速   继续有选择性  3年后扩建拉   5年后可在
 特和伊凡斯维   循环"商品处  地保持与第三  斯维加斯的   佐治亚州或
 尔的仓库      理方法      方的关系      仓库        卡罗来纳州
                                                  新建配送中心
```

图 8-19　从问题到金字塔

第 9 章 结构化分析问题

分析问题的标准流程是：

收集信息 ⟶ 描述发现 ⟶ 得出结论 ⟶ 提出方案

为了有效地得出结论、制订行动方案，分析人员必须有意识、有条理地收集事实，得出符合逻辑的发现。但情况大多不是这样。一般人很可能试图收集某一领域一切可以找到的资料，等到所有事实和资料齐备后才开始分析。

这样做可以当然，但肯定要付出额外的辛苦。比较高效的方法是建立诊断框架和逻辑树，用来分析和引导思维，这样做不仅能提高解决问题的效率，还简化了构建成金字塔结构、呈现分析结果的工作。

由于人们都习惯于先收集资料，所以下面我会先追溯这种方法如此普通的原因，然后解释我的新方法。

从信息资料入手

从信息资料入手的方法由来已久，可以追溯到咨询业发展的早期阶段。当时咨询还是一个新兴职业，咨询公司尚未积累起关于各个企业和行业的知识。因此，业内形成了这样一种普遍做法——无论客户存在什么问题，都从分析全公司或全行业入手。

1．发现在该行业取得成功的关键因素，研究市场特点、"价格—成本—投资"特点、技术需求、产业结构和盈利能力。
2．根据销售与市场地位、技术地位、经济结构、财务和成本决算，评估客户的优势和劣势。
3．将客户的表现与成功的关键因素进行对比。
4．提出抓住机遇和解决问题的具体建议。

结果，资料堆积如山，却很难从中得出有意义的结论。一家大型咨询公司曾经估计过，高达60%的资料收集和分析工作都是无用功。咨询顾问们堆砌了不计其数的"有意思"的事实和表格，但真正和客户的问题有关的却寥寥无几。很多情况下，由于信息不完整，很少或根本没有数据来支持主要的建议，咨询顾问们直到最后一刻还在寻找更多的数据，这个过程真是劳民伤财的一个过程。

即使有了完整的数据，要组织好自己的观点，并在最终报告里清楚地表达出来，也还需要大量的努力。最原始的方法是把事实按运营、营销、增长预测和主要问题等进行分组，但我们已经在第7章"概括各组思想"了解到，要从这样的分类中得出清晰的结论是非常困难的。

为了让读者觉得更有条理性，很多咨询公司按照收集资料的时间顺序提供信息，用发现、结论或建议之类的字眼作为章节标题，但这些就像随意写下的标题一样，并没有多少实质性的帮助，只不过是作者用来强迫自己思考的手段而已。总之，咨询顾问花费了大量时间，写出的却是冗长乏味的文章，不能很好地展现他们工作的真正价值。

费用增加，结果却不如意，咨询公司开始正视这一问题，最终发现了行之有效的方法，即在收集资料之前对问题进行结构化分析，这一方法现在已被很多优秀的咨询公司采用。在某种程度上，这就是在重复传统的科学方法：

- 提出各种假设。
- 设计一项或几项重要的实验，根据结果排除一个或多个假设。
- 通过实验得出明确结论。
- 采取相应的补救措施。

换句话说，就是强迫自己思考产生问题的各种可能原因（这种技巧叫作外展推理，详见附录1），之后的重点就是收集资料，以证明这些原因成立或不成立。只有假设自己已经找到产生问题的原因，才能更好地提出创造性地解决问题的方案。

你可能会问，又不能凭空捏造，应该如何找出产生问题的可能原因呢？当然不能凭空捏造，你必须认真研究问题所在领域的结构，即界定问题框架中的序幕或切入点。为了深入了解，你还需要采用合适的诊断框架。

有很多诊断框架可以用来分析问题，也有许多非诊断性的逻辑树可以帮你提出建议。人们常常忽视这两种辅助工作的区别，将它们一并放在"分析技巧"或"问题分析"的标题下。但你必须注意它们的区别，这会让你在正确的地方使用正确的方法。

设计诊断框架

借助诊断框架设想客户产生问题的领域的状况，你会发现分析过程应该关注的要素或活动。举个简单的例子，比如，你头痛但不知道原因，所以无法医治。你首先应该设想一下造成头痛的可能原因，如图 9-1 所示。

采用"相互独立，完全穷尽"的分类方法，可以得出头痛的原因要么是身体上的，要么是精神上的。身体原因要么来自外部，要么来自内部。如果是外部原因，可能是撞伤、过敏或是对天气的反应，等等。

逐项展开后，就可以按排除的难易程度对所有可能的原因进行筛选了。如果头痛是天气原因造成，就没有必要检查是否得了脑瘤。

我们已经在第 6 章"应用逻辑顺序"了解到，结构化分析方法只有 3 种：呈现有形的结构、寻找因果关系和归类分组。为了找出产生问题的原因，可以用其中的一种或几种方法建立诊断框架。

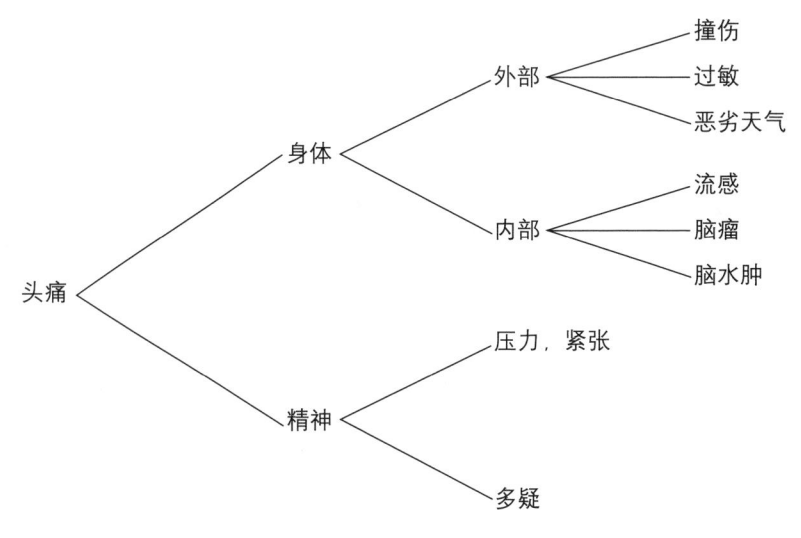

图 9-1 用诊断框架分析问题

呈现有形的结构

任何一家企业或一个行业的具体领域都有清晰的结构，包括由不同单元组成的系统，以承担特定功能。画出现状或理想状况的系统示意图，能帮你确定是否有问题，并找到和分析问题产生的原因。

如图 9-2 所示，零售商可以借用一些销售和营销要素影响消费者的购买行为。你需要判断市场份额下降（现状，R1）的原因，是消费者对产品不够了解，还是零售商不能说服消费者购买，等等。

调研初期的另一种重要分析，是了解行业内的业务流程和主要趋势，以此为基础确定容易出问题的领域。首先，要进行行业细分，如图 9-3 所示，确定每个细分市场的容量和竞争者，同时也可以发现哪里有增值潜力，成本如何控制，哪里是盈利点，哪些利润容易受影响，以及资产的使用状况等。然后你需要寻找平衡点，根据收集到的数据确定哪些业务比较脆弱。

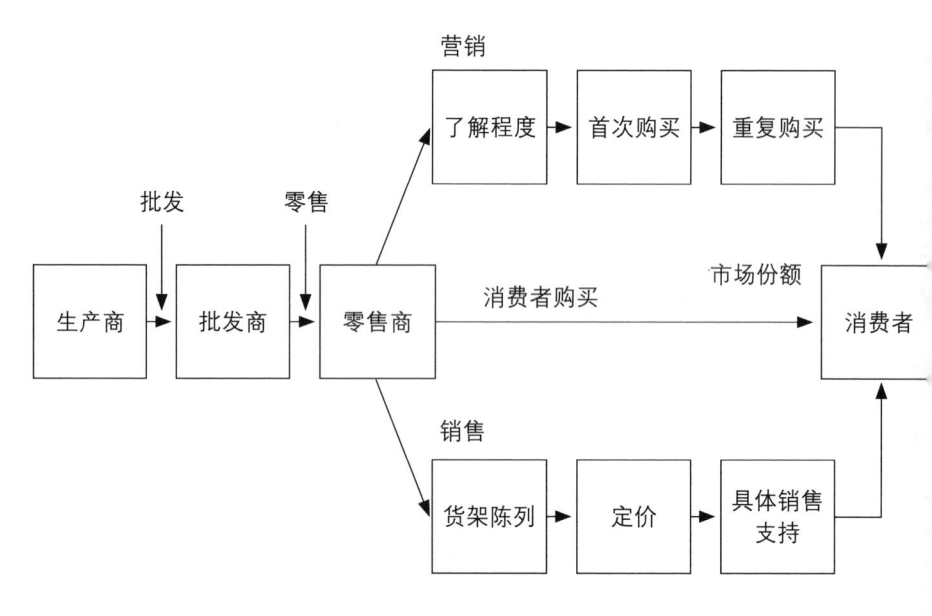

图 9-2　零售商经营结构示意图

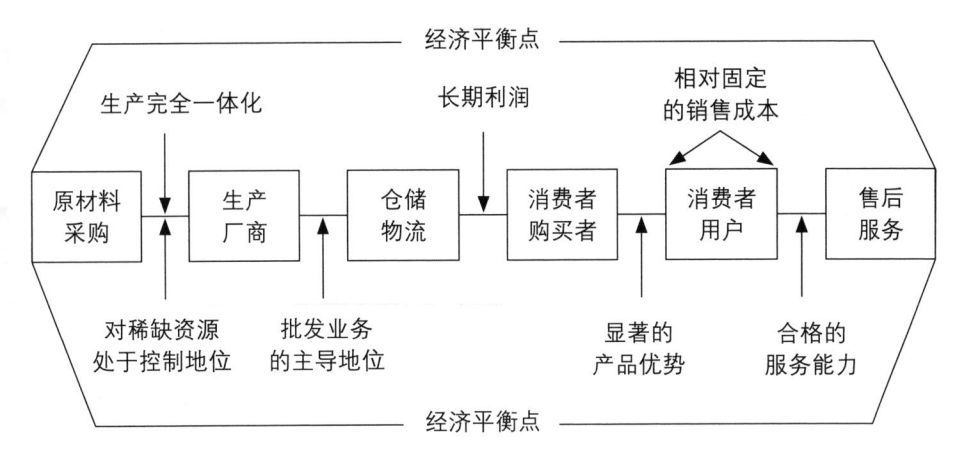

图 9-3　行业结构示意图

寻找因果关系

诊断问题的第二种方法是寻找具有因果关系的要素、行为或任务，经过分析得出最终诊断结果。

1．财务结构

为了找出投资回报率低的原因，可以画出企业的财务结构示意图，如图 9-4 所示。

将各项数据填入表中，很快就能判断出，问题的产生是由于销售收入比去年少，还是由于成本太高，或是二者兼有。随后，对每个要素进行细分，找出它们主要受哪些因素影响，并进一步确定每个影响因素的构成（比如在"销售收入"这一项中，产量由质量、设计和产品适用范围决定）。完成了结构图，接下来就要确定问题是出在产量上，还是价格上，并分析各种资料、数据，以便回答每一个问题。

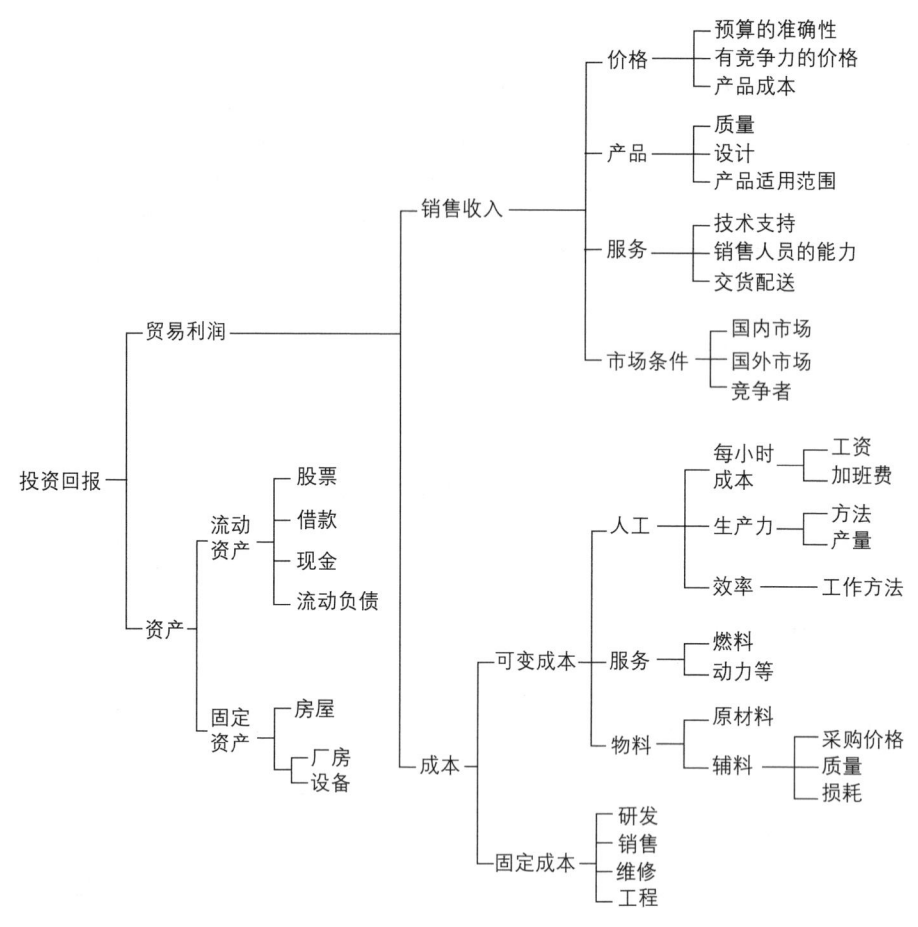

图 9-4 企业财务结构示意图

2. 任务结构

在展示企业必须完成的重要任务时,采用树状图能呈现得更深入、更清晰,如图 9-5 所示。从每股收益(EPS)入手,按企业的财务结构构建树状图,把每个要素都作为一项独立的管理任务。然后,加入损益表和资产负债表,同样把每个项目都作为一项任务。这种方法的优势在于,发现问题后可以立即确定应该采取何种行动。

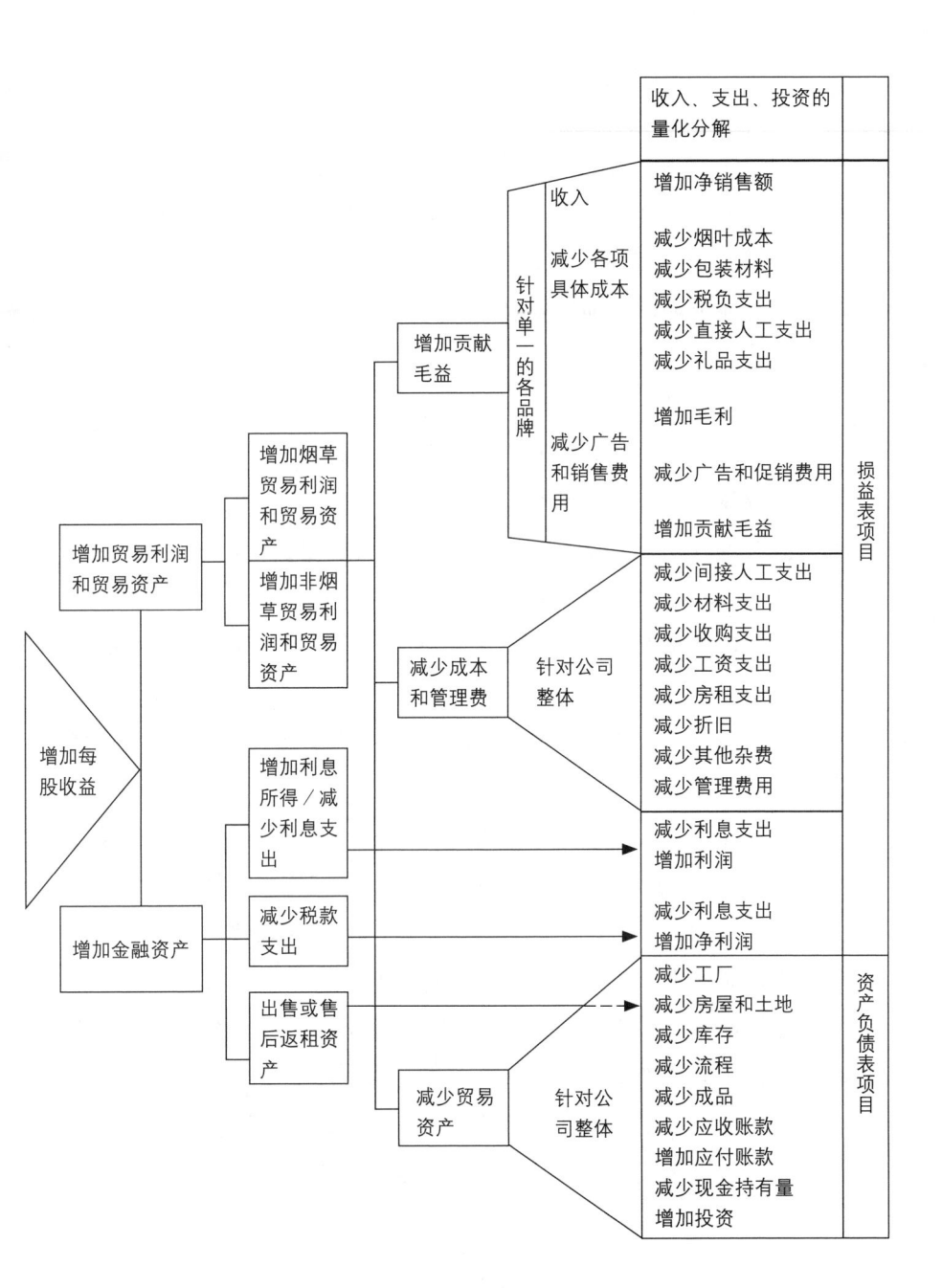

图 9-5　企业任务结构示意图

例如，一家烟草公司的贡献毛益（贡献毛益＝收入－可变成本）等于收入减去明细成本（烟叶、包装材料、税金、直接人工成本）、广告和销售费用。将这些项目变成任务（增加净销售额、减少烟叶成本等）后，就知道哪些是公司的关键任务，并能通过分析树状图中的有关数据（趋势、敏感性、行业比较和竞争），决定应该优先完成哪些任务，以增加每股收益。

3. 行动结构

有时，我们还可以用树状图分析哪些行动会导致非期望结果，比如，导致高成本或超长安装时间的行动，如图9-6所示。分析过程中的关键在于设想所有可能造成该结果的原因，并按合理的层次将这些原因联系起来。

例如，电话交换设备的安装工作一部分在承包商的工厂完成，一部分由工人在现场完成。现场由安装工人、安装设施、需要安装的设备、设备测试人员以及客户组成。客户每隔一段时间会对安装程序进行一次审查。

从图9-6可以看出，树状图的起点是一个非期望结果——X方案要比Y方案的安装时间长。接下来是根据"相互独立,完全穷尽"原则假设得出的原因：在X方案中，每班的工人人数更少，每人每班的工作时间更长，每周的工作时间更少。

进一步分解以上3点：什么原因可能使每人每班的工作时间更长？要么工人工作效率低，要么工作本身耗时，要么出现意外的延误。针对每种可能性，继续寻找原因。最后你会得到一张完整的图表，收集并分析了事实。你的经验将告诉你从何处着手。

对引发问题的可能原因进行分类

诊断问题的第三种方法是把所有可能的原因按相似性分类，这

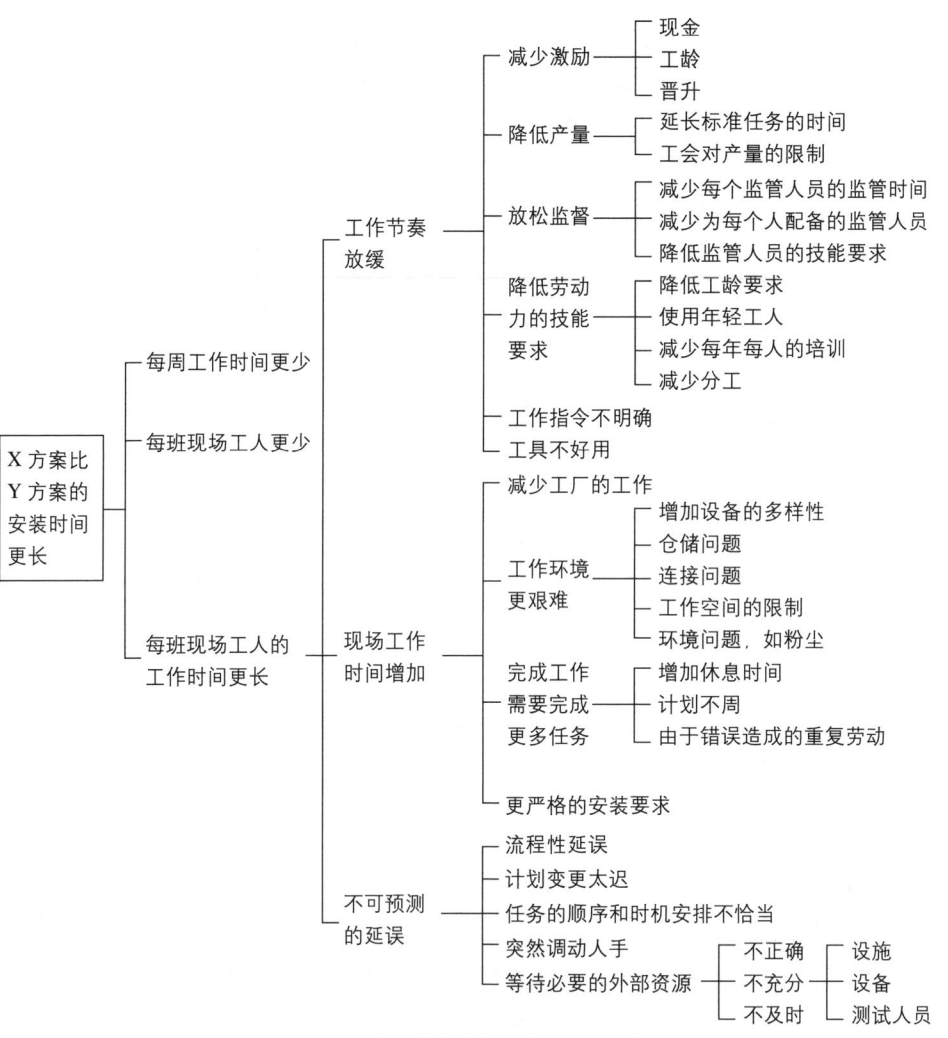

图 9-6 产生非期望结果的行动示意图

样做有一个前提，即预先分类有助于综合分析各种事实。如图 9-7 所示，销售收入下降的原因有半固定因素，也有可变因素。假设两种因素都存在，这时就需要确定应收集哪些信息，以证明：1. 该商品的市场衰退导致销量下降；2. 现有商店无法覆盖整个市场；3. 商店规模影响销量等。

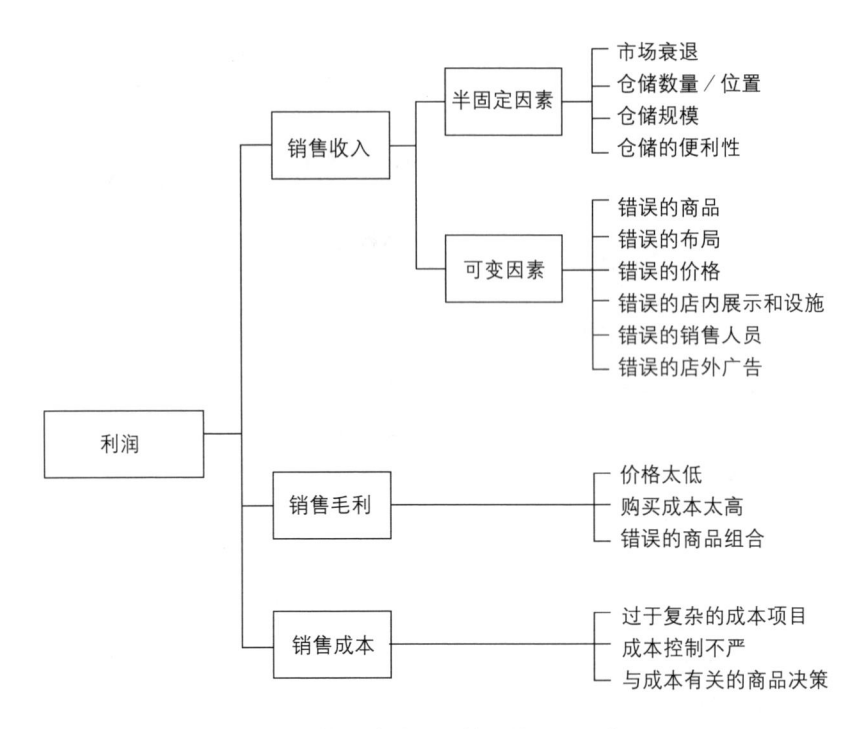

```
                                            ┌─ 市场衰退
                             ┌─ 半固定因素 ──┼─ 仓储数量/位置
                             │              ├─ 仓储规模
                ┌─ 销售收入 ──┤              └─ 仓储的便利性
                │            │              ┌─ 错误的商品
                │            │              ├─ 错误的布局
                │            └─ 可变因素 ────┼─ 错误的价格
                │                           ├─ 错误的店内展示和设施
                │                           ├─ 错误的销售人员
   利润 ────────┤                           └─ 错误的店外广告
                │                           ┌─ 价格太低
                ├─ 销售毛利 ─────────────────┼─ 购买成本太高
                │                           └─ 错误的商品组合
                │                           ┌─ 过于复杂的成本项目
                └─ 销售成本 ─────────────────┼─ 成本控制不严
                                            └─ 与成本有关的商品决策
```

图 9-7　产生问题的可能原因示意图

这一方法的诀窍在于，每一个层次都要按照"相互独立，完全穷尽"的原则分类，并以此为线索进一步找出可能的原因。然后，通过回答"是"与"否"，确认或排除其中一些原因。

除了按相似性分类，还有另一种分类方法，即选择结构。这类树状图与用来寻找导致非期望结果的原因的行动结构相关，但每次只能进行简单的是非选择，二选一，一直进行到能准确了解可能的原因为止。

如图 9-8 所示，销售支持效率低的原因可能是零售商的支持效率低，也可能是公司总部的支持效率低。如果确定是零售商支持效率低，那么就要分析是选对了被支持的商店，还是选错了被支持的商店。如果选错了商店，问题就找到了；如果选对了商店，那么就

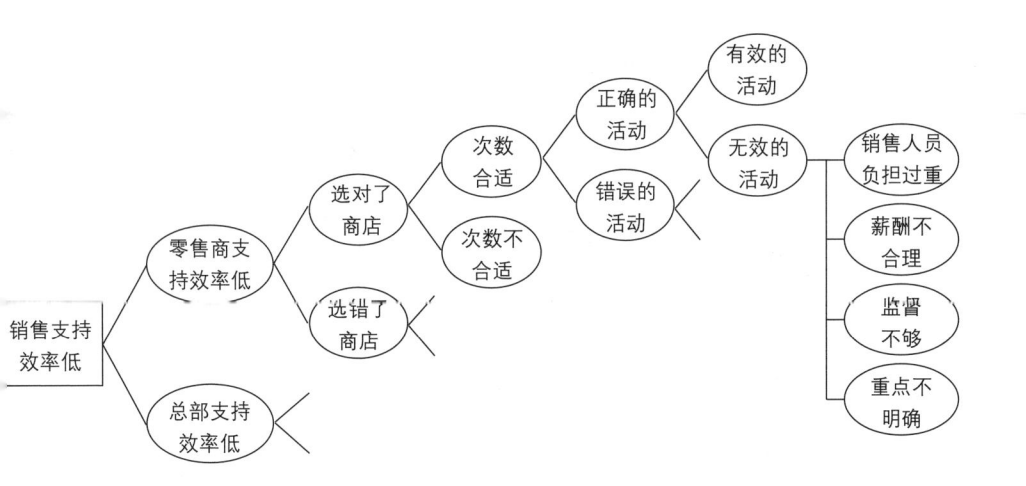

图 9-8　在各阶段做是非（二选一）选择的示意图

要分析上门服务的次数是否合适。如果上门服务的次数合适，那么就要分析开展的活动是正确的还是错误的……

选择示意图的秘诀，在于把与销售有关的流程形象地呈现在各个分叉点上。首先选择商店，然后上门服务，最后开展活动，要么正确，要么不正确。对结果进行分析后，就能找到解决问题的办法。

图 9-9 是一份营销流程结构示意图，呈现了一种更复杂的选择结构。这一结构的优势在于它的完整性，并且各要素都按照分析的先后顺序排列。

例如，经过分析，你发现你的营销计划不够周全，表现为包装不当、广告没有针对性、推销活动一团糟，以及购买者不常使用该产品。在这些不足之处中，排在前面的必须优先得到改进。因此，在把推销部门安排好之前，没有必要去劝说人们更多地使用产品。同样，如果广告针对的人群有误，就没有必要花钱去推销。

一旦建立了诊断框架，就可以运用这一神奇的解释性工具与客户交流，从事实和概念上向他们说明公司的现状。

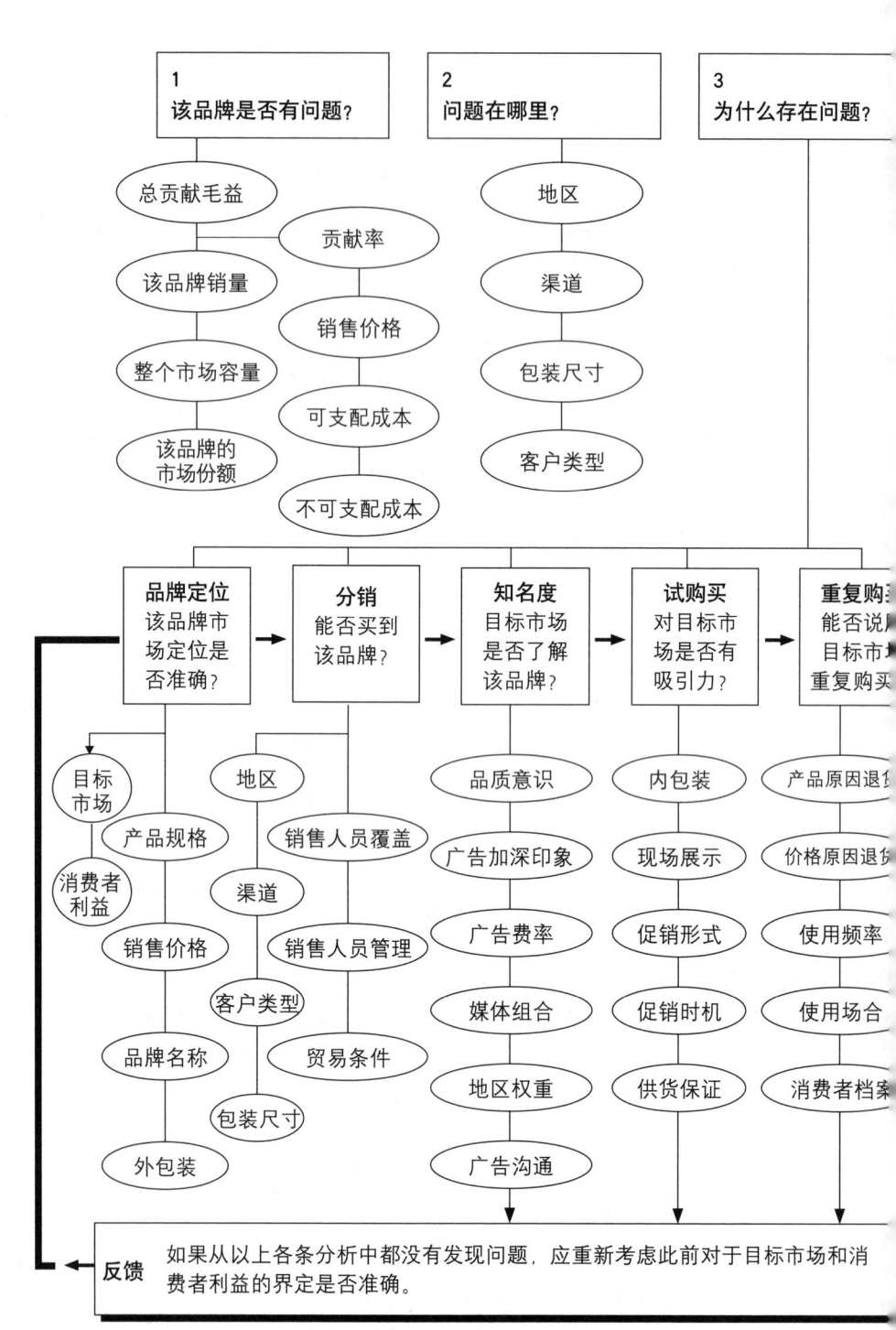

图 9-9 决策的总流程示意图

- 该结构／系统导致R1。它的现状如何？（即公司目前的状况。）
- 该结构／系统导致R1。从逻辑上分析,它过去是什么样？（即你过去一直在做的。）
- 理想的结构／系统导向预期的R2。它应该是什么样？（即为了实现目标你需要做的。）

在第一种和第二种情况下,可以通过与理想状态的比较,论证变革的必要性。如果是第三种情况,可以通过与理想状态的比较,指出现实的不足之处。

关于诊断框架,需要特别提醒大家,是与否的问题十分重要,它们起着"判决性实验"的作用,这些问题的答案除了可以让你清楚地确认或排除对问题起作用的因素,还能提前告诉你何时可以结束调研。

诊断框架与逻辑树、项目评估检查技术图（PERT图）是有区别的,前者用来提出问题,而后两者用来阐述采取某种行动的必要性,如图9-10所示,不要混淆。

使用诊断框架

在解释诊断框架时,经常会有人问我:"我怎么知道应该在什么时候建立哪一种框架？我怎么知道应该深入研究框架的全部还是一部分？"答案取决于你对所要分析的目标领域了解多少。好的解决方案不是凭空抽象得来的,它首先要求你对所在领域——制造、营销、信息系统等有全面的了解。大量深入的关于目标领域的知识必不可少。

逻辑树

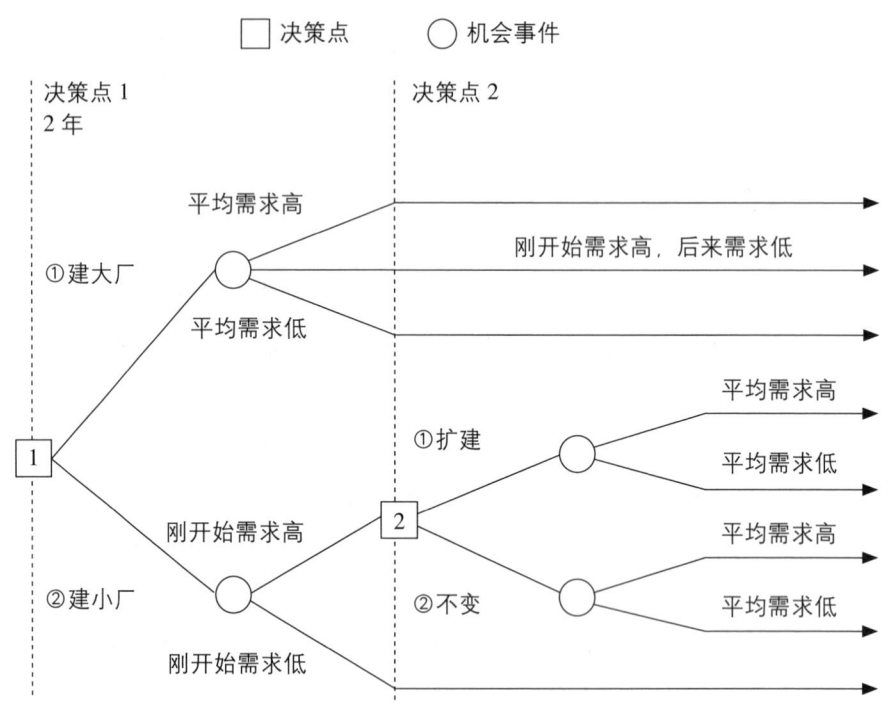

☐ 决策点　　○ 机会事件

决策点1
2年

① 建大厂
- 平均需求高
- 平均需求低

② 建小厂
- 刚开始需求高
- 刚开始需求低

决策点2

① 扩建
- 平均需求高
- 平均需求低

② 不变
- 平均需求高
- 平均需求低

建大厂平均需求高分支：
- （延续）
- 刚开始需求高，后来需求低

摘自：约翰·麦戈，《哈佛商业评论》，"用于决策的逻辑树"。

项目评估检查技术图（PERT图）

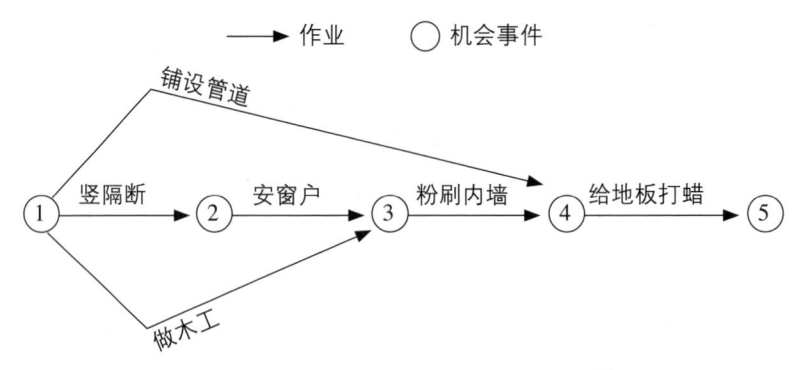

→ 作业　　○ 机会事件

① →（铺设管道）→ ④
① →竖隔断→ ② →安窗户→ ③ →粉刷内墙→ ④ →给地板打蜡→ ⑤
① →做木工→ ③

图 9-10　决策树和 PERT 图仅说明行动的必要性

我曾经说过，解决问题的诊断框架通常隐含在界定问题的切入点／序幕中。例如，图 9-11 显示的是咨询顾问为解决巴罗斯公司信息系统部（ISD）的问题，采用的界定问题的方法以及具体步骤。

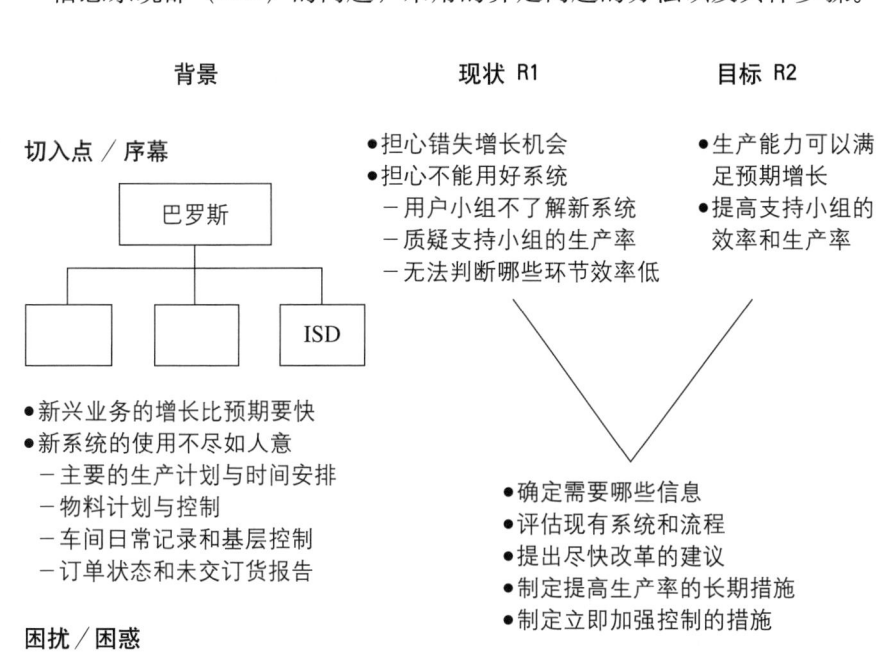

背景

切入点／序幕

```
        巴罗斯
    ┌─────┼─────┐
   □     □    ISD
```

- 新兴业务的增长比预期要快
- 新系统的使用不尽如人意
  - 主要的生产计划与时间安排
  - 物料计划与控制
  - 车间日常记录和基层控制
  - 订单状态和未交订货报告

困扰／困惑

缺少必要零部件，不能及时交货

现状 R1

- 担心错失增长机会
- 担心不能用好系统
  - 用户小组不了解新系统
  - 质疑支持小组的生产率
  - 无法判断哪些环节效率低

- 确定需要哪些信息
- 评估现有系统和流程
- 提出尽快改革的建议
- 制定提高生产率的长期措施
- 制定立即加强控制的措施

目标 R2

- 生产能力可以满足预期增长
- 提高支持小组的效率和生产率

图 9-11 问题：信息系统部（ISD）不能应对增长机会

客户面临的问题

信息系统部是一个新设立的部门，它给巴罗斯公司带来的问题是：业务增长速度高于预期，这是其他企业几乎从未提出过的。尽管采用了新的生产计划和控制系统，还是有很多订单得不到满足，公司面临错失增长机会的危险。

公司怀疑信息系统部的用户小组并不了解新系统，而且知道支持小组远没有达到最大生产能力。因此，公司希望咨询顾问能够解答如何最有效地发挥生产能力，同时提高支持小组的生产率。

现在的问题是工厂基层效率低、生产率低，其原因必然存在于工厂基层的作业和流程中，所以要建立的第一个诊断框架应该是对这些作业和流程的总体描绘。咨询顾问当然希望收集有关资料，但是要有目的、有针对性地收集，而不是采用以往面面俱到的方式。他会在项目建议书中列出他所要收集和分析的资料：

- 增长预测。
- 部门管理目标。
- 商业信息和管理需求。
- 现有系统和流程。
- 效率低的领域，生产率低的原因。
- 控制差的原因。
- 确保库存准确的措施，账簿与库存不相符的记录。
- 现有资源，如何利用。

如果咨询顾问沿用过去标准的资料收集方法，就所有这些方面去采访巴罗斯公司的员工，他可能会得到大量需要整理、综合和分析的资料，不仅不能完全理解和吸收，而且很难客观地说出哪些有用、哪些无用。

如果咨询顾问一开始只收集那些建立诊断框架必需的资料，以揭示目前经营活动的构成和相互关系，他就可以提出自己的见解，并对产生问题的原因提出一些很好的猜想（假设）。接下来，他只需收集那些能证明或推翻他猜想的资料和信息即可。

分析的方法

图 9-12 是咨询顾问绘制的系统流程图的一部分，是有效收集信息资料的基础。

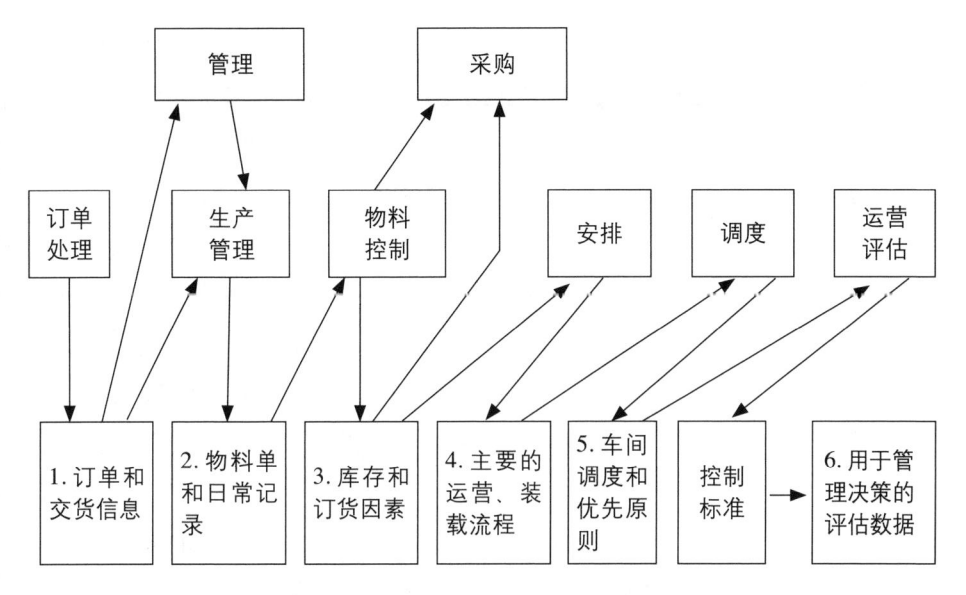

图 9-12　在了解企业的基础上收集信息

以图 9-12 作为参照点，咨询顾问可以根据公司的组织生产流程设想公司哪些地方存在不足；如果存在不足，希望从中发现什么，并形成相应的问题，以指导资料的收集。例如：

1. 订货和交货时间：承诺的交货时间是否具有竞争力？是否能按承诺的时间交货？
2. 采购：采购原材料、配件和辅料有无延误或成本过高的情况？
3. 库存：是否因库存短缺影响销售？是否因为在外部存放而增加成本？
4. 现有生产能力：生产能力能否满足预测的需求？
5. 系统成本：局部的管理控制有没有造成整个系统失衡，并增加其他部分的成本？
6. 管理报告：订单状态和效率报告能否起到必要的控制作用？

现在，咨询顾问可以开始计划收集资料了。他会先问一问自己："为了回答上述问题，我必须寻找什么？"当然，他很希望得到上面罗列的所要收集和分析的资料（除了"现有系统和流程""现有资源如何使用"，它们是绘制图9-11的基础）。但他应该先弄明白他收集的资料与分析的相关性，以及是否需要进一步收集以前没有想到的资料。

从管理的角度看，在开始工作前，咨询顾问可以先确定每份资料的来源、分派收集任务、制定时间表并估计收集资料所需的费用。这样有助于快速高效地找到问题的原因，提出适合的，甚至是创造性地解决问题的建议。

当然，如前所述，只有那些对所在领域有很深造诣的人，才能提出创造性的解决方案。渊博的知识有助于获得真知灼见，发现只有超出逻辑推理范畴才能发现的备选方案。而对于缺乏敏锐洞察力的人而言，可以借助逻辑树找到解决问题的可能方案。

建立逻辑树

运用逻辑树可以得出解决问题的各种方案。回想一下，我们在前文提到序列分析法包括以下步骤：

1. 是否有问题？
2. 问题在哪里？
3. 为什么存在？
4. 我们能做什么？
5. 我们应该做什么？

在步骤2和步骤3，可以使用具体的流程图和因果结构，展示公司的经营要素、作业或任务如何相互联系构成一个系统，建立"背景"模型。在步骤4和步骤5，运用逻辑树得出可能的解决方案，以及实施这些方案对公司可能产生的影响。

文章写完之后，我们也可以用逻辑树进行检查，找出各组思想中的缺漏之处。

寻找解决方案

使用逻辑树可以从逻辑上找出解决问题的可能方案。例如，第213页的图9-5呈现了任务结构示意图，其中的一项措施就是削减直接人工支出。

为了确定客户应如何削减直接人工成本、合理决策，咨询顾问运用了逻辑树来分析问题，根据"相互独立，完全穷尽"的原则，对各种可能性做了系统的逻辑细分。图9-13展示的就是逻辑树的一部分：

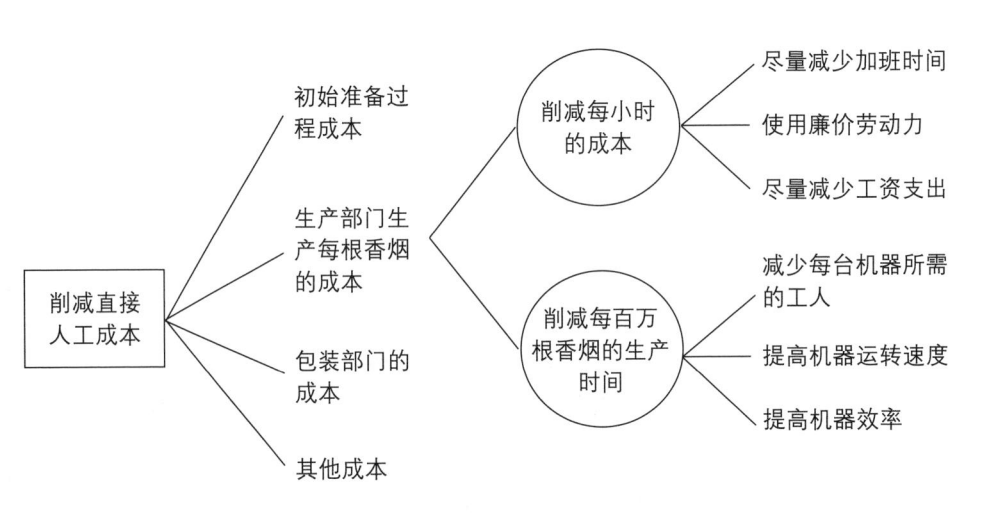

图9-13 削减成本的方法示意图

下面是对图9-13的解释。

- 把直接人工成本细分为：
  - 初始准备过程成本。
  - 生产部门生产每根香烟的成本。
  - 包装部门的成本。
  - 其他成本。
- 把生产每根香烟的成本细分为单位小时成本和生产每百万根香烟的小时数，因为：

$$\frac{成本}{小时} \times \frac{小时}{香烟} = \frac{成本}{香烟}$$

- 削减每小时成本的方法有：
  - 尽量减少加班时间。
  - 使用廉价劳动力。
  - 尽量减少工资支出。
- 削减每百万根香烟生产时间的方法有：
  - 减少每台机器所需的工人。
  - 提高机器运转速度。
  - 提高机器效率。
- 继续进行到下一层次。

将逻辑上的各种可能性展开后，咨询顾问即可计算相关收益、评估每种行动方案的风险，以确定最终行动方案。

同样，还可以运用逻辑树对战略性机会进行展开分析。图9-14探讨了在某个欧洲小国扩展业务的战略性机会，以及应采取的相应措施。分析时还是应尽可能遵循"完全穷尽"原则。

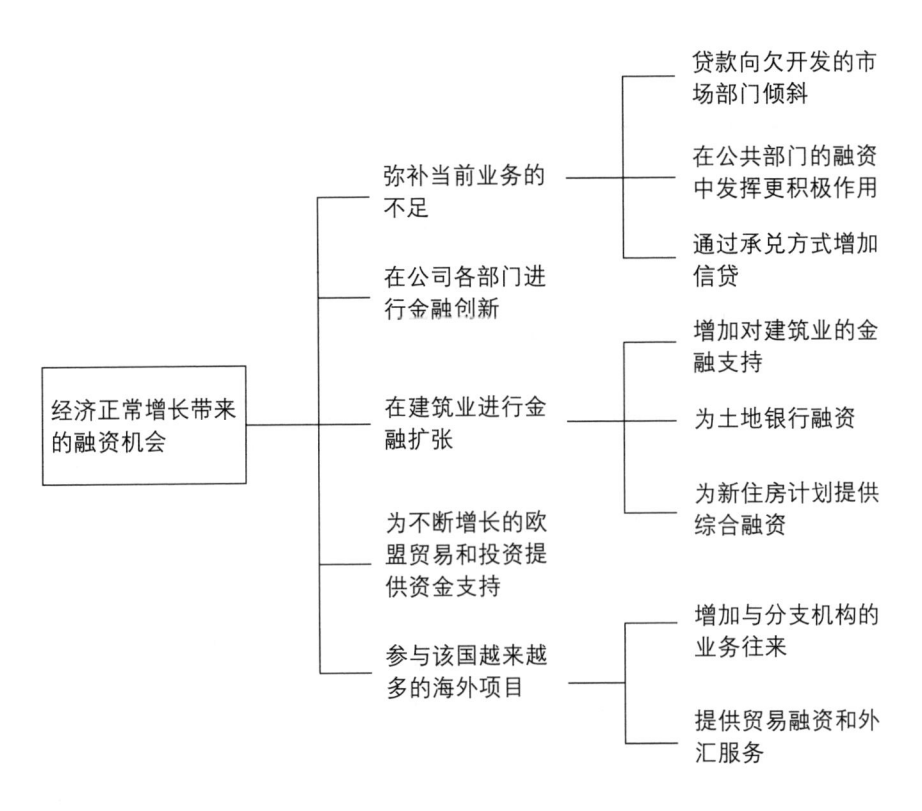

```
                                        ┌─ 贷款向欠开发的市
                                        │  场部门倾斜
                       ┌─ 弥补当前业务的 ─┼─ 在公共部门的融资
                       │   不足           │  中发挥更积极作用
                       │                  └─ 通过承兑方式增加
                       │                     信贷
                       │
                       ├─ 在公司各部门进
                       │  行金融创新
                       │                  ┌─ 增加对建筑业的金
                       │                  │  融支持
   经济正常增长带来 ────┼─ 在建筑业进行金 ─┼─ 为土地银行融资
   的融资机会            │   融扩张        │
                       │                  └─ 为新住房计划提供
                       │                     综合融资
                       │
                       ├─ 为不断增长的欧
                       │  盟贸易和投资提
                       │  供资金支持
                       │                  ┌─ 增加与分支机构的
                       │                  │  业务往来
                       └─ 参与该国越来越 ─┤
                          多的海外项目    └─ 提供贸易融资和外
                                             汇服务
```

图 9-14 战略性机会示意图

寻找各组思想的缺陷

用逻辑树展示各组思想之间的相互关系，可以检查已经写完的文章的逻辑。下面的例子摘自为得克萨斯州一家公司写的项目建议书，如表 9-1 所示。

这家公司的业务是向全美国的建筑工地分销管材和接头。公司将从供应商处购买的产品存放在中心仓库，通过中心仓库向全美各地的十几家小仓库供货。公司不久前被并购，新"东家"认为，中心仓库价值 2700 万美元的库存成本太高。另外，由于中心仓库的一些产品经常缺货，各地仓库也会直接向供应商订货，这进一步增加了总的库存成本。

表 9-1 项目建议书

关键问题

经过讨论，我总结了几个重点问题，对这些问题的回答将影响公司的改革重点和方向，甚至未来的经营战略。这些只是初步的问题，还可能出现其他问题。

1. **现有库存管理系统是否适用于业务的所有组成部分？**
   我们知道公司使用的是"IMPACT"型计算机系统。对于需要处理成千上万个相对稳定的货品的非制造性仓储业务，这种系统非常有用。但是，如果用来同时管理中心和地方两级的库存数量和订单，可能不是特别有效。

2. **在现行系统、流程和组织结构下，为达到为客户提供服务的目标，必要的库存投资是多少？**
   向当前市场提供现有产品所需要的投资额，必须根据现行流程来确定。它是决定改革方向的基础。这种改革是通过在使用现有系统和技术的同时加强控制或强化规则实现的。

3. **设立中心仓库能否有效降低库存成本？**
   管道业务部有两个中心仓库，用来储存管材、接头和阀门。这些仓库是在公司业务规模小、营运资本极为有限的时候建立的。当初建立中心仓库的目的是减少库存，降低成本，提供更好的服务，尤其是针对大型建设项目。管理层对这项举措在质疑。

4. **目前的过期库存和滞销库存是什么水平？**
   该环节如果存在问题，往往会导致库存过多。分析重点应该集中在如何处理现有过剩库存。只有找到问题的根源，才能提出合理建议，防止同样的情况再次发生。

5. **改变库存策略、组织结构和系统，能有多大的改善？**
   这是一个关键问题，如果改革能缓解运营资金的紧张状况，管理层有意改革现行流程。

摆在我们面前的又是一段冗长平庸的关于商业信息的文字。它晦涩难懂是因为作者对需要表达的内容缺乏清晰的认识，是由解决问题的方法混乱造成的。

我们需要问问自己,表 9-1 中提出的问题是不是"关键问题"?它们和我们对问题的界定有什么关系?严格地说,在措辞上,关键问题是需要回答是或否的问题(即是非问题)。通过是或否的回答,我们的分析就能导向具体的最终结果,从而证明或否定我们对问题起因的理解。

类似"必要的库存投资是多少"这样的问题不是是非问题。正确的表述应该是"现有库存水平是否过高"或者"我们是否需要现在这么多的库存"。如果理解了第 8 章所讲的解决问题的流程,就会明白后两种正确的表述是为了判定问题是否已经得到解决。

现在的问题是管理层认为,价值 2700 万美元的库存成本太高了(现状,R1),应该是其他数字(目标,R2)。接下来要做的就是确定合理的数字是多少,这样才能判断目前的库存成本是不是过高。这一步是在界定问题,如图 9-15 所示:

背景　　　　　　　现状(R1)　　　　目标(R2)

切入点／序幕　　　　　　库存占压太多　　库存应保持合
　　　　　　　　　　　　资金　　　　　　理的资金占压

　　　　　　2700
　　　　　　万美元

　　　　　　　　　　　　　　　　?

困扰／困惑
新"东家"认为 2700 万美元的库存成本过高

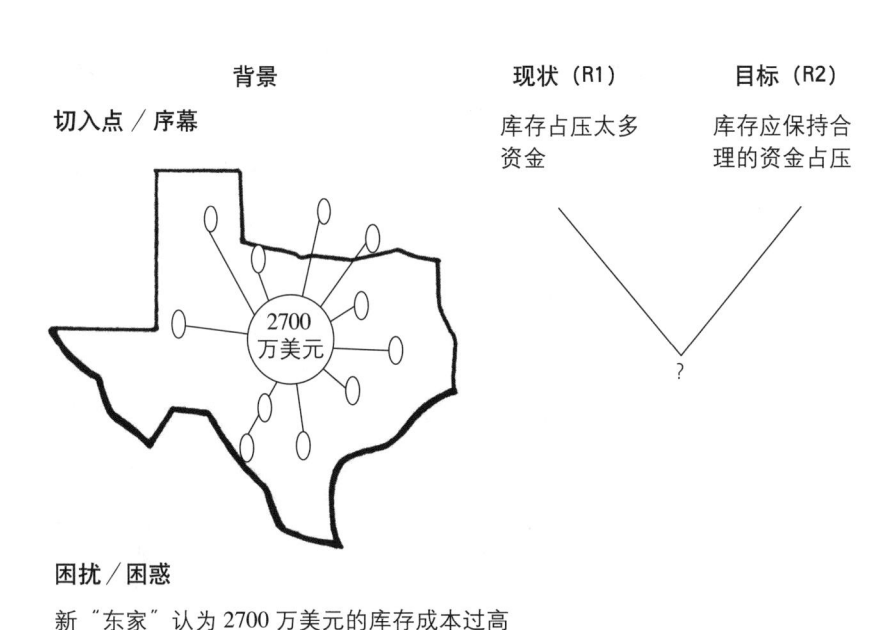

图 9-15　问题:管理层认为库存成本过高

229

假设目前的库存成本确实过高,我们可以用树状图找出库存成本过高的原因。哪些做法会增加库存?可能发生的情况如图 9-16 所示:

```
                    ┌── 订货太多
    库存成本过高 ──┤
                    └── 存储太久
```

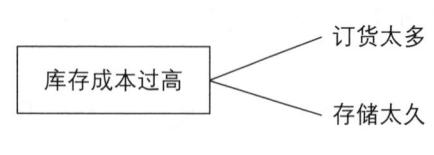

图 9-16　库存成本过高的原因

现在我们可以根据表 9-1 "关键问题"中的第二和第四个问题设计恰当的是非问题:

- 中心管理系统是否准确下达了订单?
- 过期库存和滞销库存水平是否过高?

综上所述,首先,我们要讨论的不是"是非问题"本身,而是咨询顾问为客户解决问题时的分析过程。其次,目前存在的问题是中心系统的库存占用了太多运营资金。因此,正确的表述方法应该如图9-17 所示:

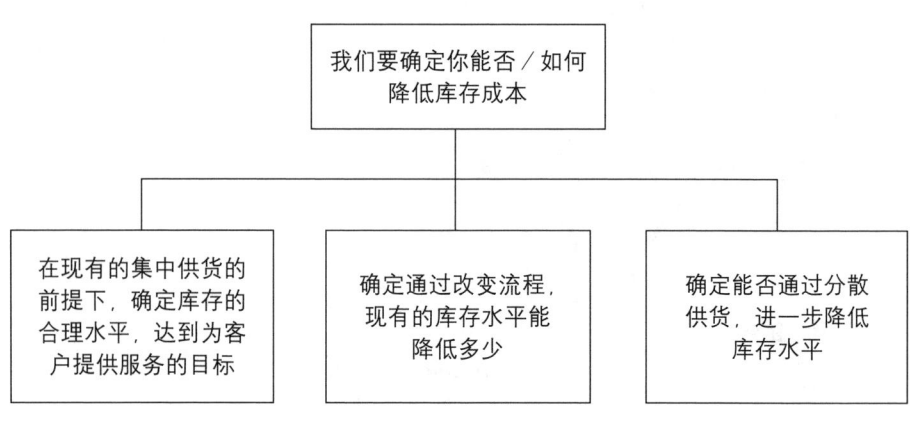

```
        ┌─────────────────────┐
        │ 我们要确定你能否/如何  │
        │    降低库存成本       │
        └─────────────────────┘
           │         │         │
  ┌────────┴──┐ ┌────┴────┐ ┌──┴────────┐
  │在现有的集中│ │确定通过改│ │确定能否通过│
  │供货的前提下│ │变流程,现 │ │分散供货,进│
  │,确定库存的│ │有的库存水│ │一步降低库存│
  │合理水平,达│ │平能降低多│ │水平        │
  │到为客户提供│ │少        │ │            │
  │服务的目标  │ │          │ │            │
  └───────────┘ └─────────┘ └───────────┘
```

图 9-17　正确的表述方法

总之，我认为写文章，尤其是写咨询项目建议书时，没有必要专门辟出一部分来写"是非问题"，它们应该融入解决问题的分析过程中。问题、过程和研究的最终结果实际上是一回事。

我发现，根据"是非问题"进行思考往往收效甚微。下面再举一个例子，进一步证明使用逻辑树揭示各组思想之间相互关系的价值。表 9-2 罗列了一系列比前文更复杂的"是非问题"，提出这些问题是为了帮一家工厂寻找减少能源消耗的可行方法。

减少能源消耗的方法如图 9-18 所示，最右边的数字是表 9-2 中关键问题的编号，对应着左边的项目。

表 9-2　更复杂的"是非问题"

关键问题

1. 通过在每个分厂改进操作方法和实施简单的低成本工程项目，我们能降低多少能耗？
2. 假如通过改进操作流程能大量降低能耗，那么与竞争对手相比，我们的成本优势或劣势有多大？是否可持续？
3. 一个不很充裕的资金支出计划，对降低能源成本可以带来多大的领先优势？
4. 为显著提高我们的竞争优势，理想的能源发展计划是什么？
5. 为了在短期和长期都能控制成本、保证供应，最佳的燃料组合和采购安排是什么？
6. 我们的资金计划评价和批准流程能否使最佳能源计划得到迅速制定和实施，使所有分厂获得最大收益？
7. 为了最有效地对政府融资、税收和监管行动施加影响，需要采取什么计划？
8. 为了有效地管理必要的能源相关业务——如组织、职责分配、技能、资源等，需要什么样的人力资源？
9. 能源按产品或分厂分派使用，这样做会在何种程度上引发不良竞争呢？
10. 公司的能源战略和相应的经营计划是什么？

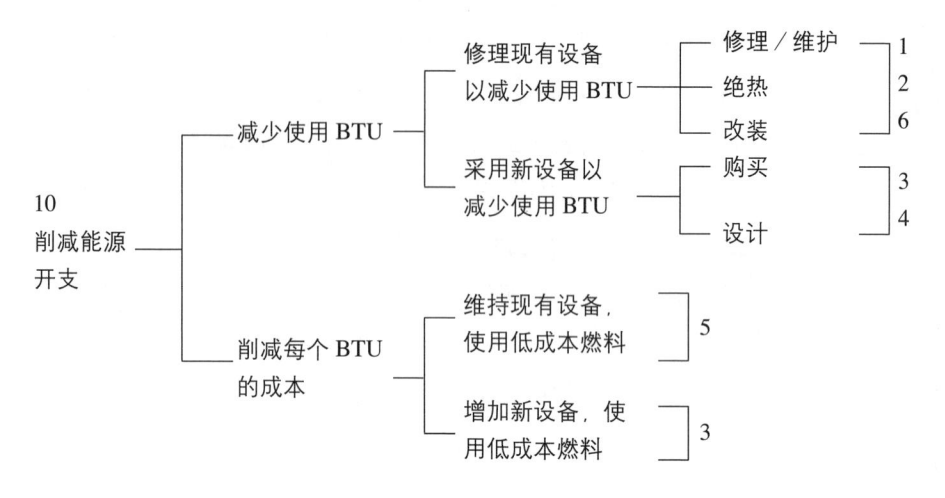

```
                                          ┌ 修理／维护 ┐ 1
                        ┌ 修理现有设备 ┬ 绝热       ┤ 2
                        │ 以减少使用 BTU ┴ 改装       ┘ 6
         ┌ 减少使用 BTU ┤
         │              │ 采用新设备以   ┌ 购买 ┐ 3
10       │              └ 减少使用 BTU  ┴ 设计 ┘ 4
削减能源 ┤
开支     │              ┌ 维持现有设备，┐ 5
         │              │ 使用低成本燃料 ┘
         └ 削减每个 BTU ┤
           的成本       │ 增加新设备，使 ┐ 3
                        └ 用低成本燃料   ┘
```

图 9-18　削减能源开支示意图

你会发现问题 7、8、9 与主题无关。问题 1、2、6 与修理现有设备以减少使用 BTU 有关，问题 3 和 4 与采用新设备、减少使用 BTU 有关，问题 5 与维持现有设备、使用低成本燃料有关，问题 3 与增加新设备、使用低成本燃料有关。问题 10 则与总体缩减能源开支有关。

记住，各组思想都来自大脑的分析活动。在试图解决某个问题的时候，你的分组思路可能来源于指导你进行分析的某种思维结构。把你的思路和这样的思维结构相对照，可以帮助你证明它们在逻辑上是否有效。

是非问题分析

建立诊断框架的过程有时候被称为"是非问题分析"（issue analysis），但是"是非问题分析"这个说法常常在广义上涵盖了几乎所有的逻辑树，不够精确，让许多人对应当使用诊断框架还是其他的逻辑树感到困惑。在此，我将为大家答疑解惑。

首先来解释一下"issue"这个词。严格地说，它是指措辞上需要用"是"或"否"回答的问题。最早起源于法律名词"at issue"，意思是双方就某一论点进行辩论时，其中一方将获胜。因此，"我们应该如何改组"这句话不是一个"issue"，因为其中不含任何争辩成分，而"我们应不应该进行机构改组"则是一个"issue"，它有经过深思熟虑后进行决策的含义。

我们知道，是非问题对于解决我们遇到的问题（problem）至关重要，因为它们能给出直截了当的回答。能不能设计出鲜明的是非问题决定了解决问题的努力能否取得成效。所以，至少为了避免语言上的混乱，如果只是罗列出客户担心的问题，我建议使用"concerns"一词，而把"issues"一词留在提出是非问题时使用。

是非问题分析的历史发展

"是非问题分析"一词最早是在麦肯锡公司的研究报告中提出的。是非问题分析是咨询顾问发明的一种在复杂情况下进行决策分析的方法，采用了当时美国国防部使用的一些进行系统分析的复杂原则，目的是帮助管理者们在遇到下列情况时，理清自己的选择，并树立对自己的决策之合理性的自信。

- 需要做出紧急决策（如市政府应为中等收入家庭提供多少住房补贴）。
- 有亮点的可选方案不止一个。
- 有很多变数，需要考虑的因素也很多。
- 衡量结果的标准各不相同，还经常冲突。
- 行动的最终结果可能对其他方面的决策产生显著影响。

例如，对于纽约市来说，向中等收入家庭提供住房的方案有很多（如集中在一个地方，或分散在若干地方），但采取其中任何一种方案都可能与其他政策领域（如废物处理、空气污染）的既定目标相冲突。对于如何平衡这些目标，是非问题分析可以用来协助决策。

在这个例子中，是非问题分析过程中的关键步骤就是按逻辑顺序画出该政策领域的图解，标明每个阶段的主要决策变量（Mayor Decision Variable，MVD），包括影响每项活动的环境、经济、管理和社会因素。然后，针对这些主要决策变量如何影响目标的实现提出假设，并根据对目标实现有重要影响的主要决策变量，做出最终决策，如图 9-19 所示：

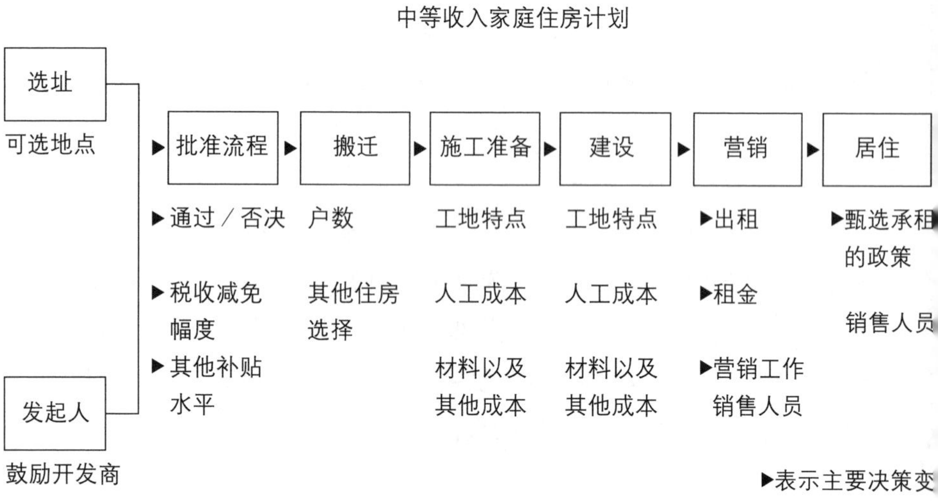

中等收入家庭住房计划

选址	批准流程	搬迁	施工准备	建设	营销	居住
可选地点	▶通过/否决	户数	工地特点	工地特点	▶出租	▶甄选承租的政策
	▶税收减免幅度	其他住房选择	人工成本	人工成本	▶租金	销售人员
发起人	▶其他补贴水平		材料以及其他成本	材料以及其他成本	▶营销工作销售人员	
鼓励开发商						

▶表示主要决策变

图 9-19　实际系统决策图

仅以主要决策变量中的甄选承租人的政策为例，它将直接影响住房申请的数量，并最终影响市政府考虑建设的住房数量。因此，甄选承租人的政策是一项关系到中等收入家庭住房问题的关键决策，必须按图 9-20 所示的标准模式进行可行性评估。

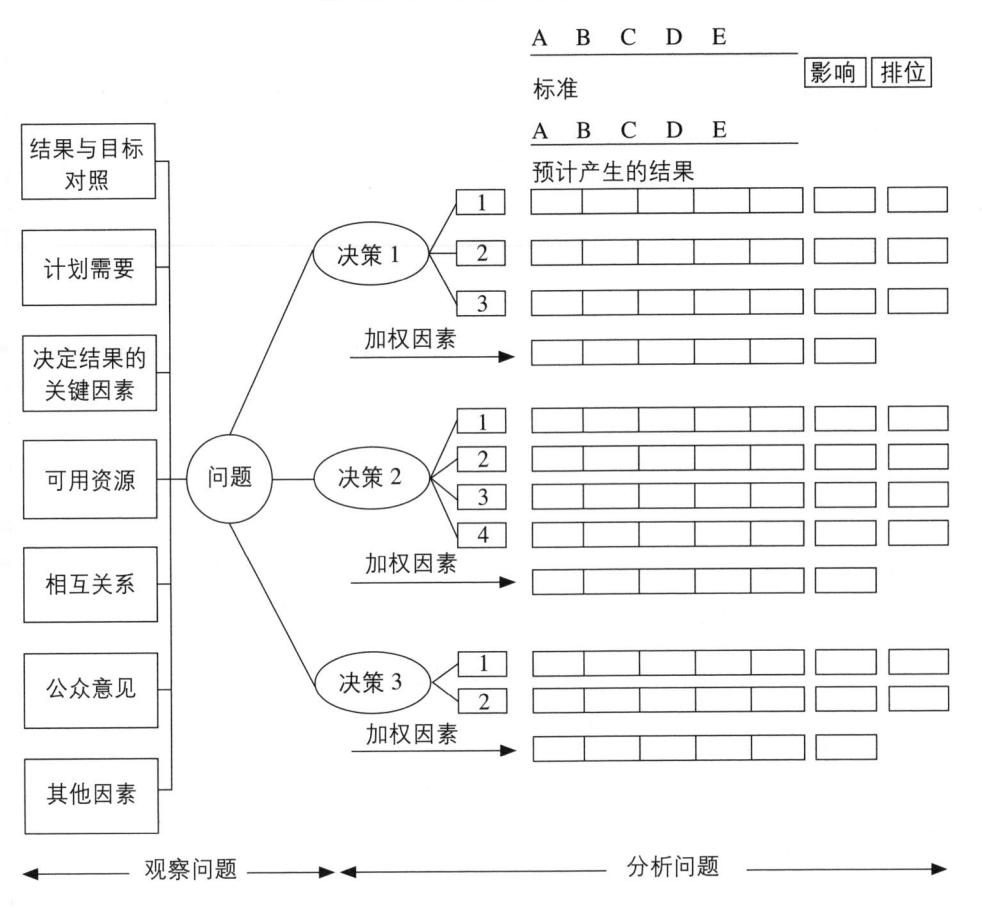

图 9-20　对关键决策进行可行性评估

这是一种好方法，但过于复杂，一般人很难掌握，最终被弃用。不过，图解和进行假设的方法已经深入人心，几乎所有的分析框架都标榜自己是"是非问题分析"，是"解决问题必不可少的工具"，对于"迅速有效、高度一致的团队工作至关重要"。随着越来越多的咨询顾问从一个公司跳槽到另一个公司，他们对如何分析问题有各自不同的解释，这是导致目前混乱局面的原因之一。

对于是非问题分析的误解

也许一些咨询公司在解决问题时找到了有效使用是非问题分析的方法,不过我对此缺乏了解,但我知道一些人采用的方法有些混乱。下面,通过对一家英国零售银行面临的问题进行结构化分析,我将说明这一点,请参看图9-21。

背景

切入点／序幕

| 英国零售银行 | 欧洲零售银行结构 |

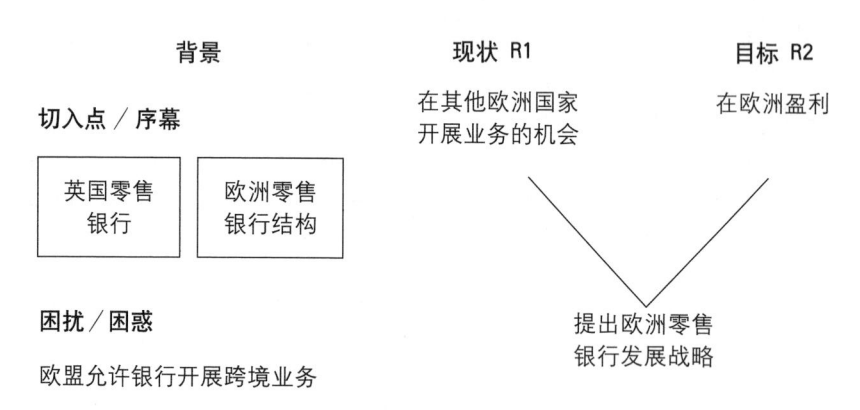

现状 R1
在其他欧洲国家开展业务的机会

目标 R2
在欧洲盈利

困扰／困惑
欧盟允许银行开展跨境业务

提出欧洲零售银行发展战略

图 9-21　问题:面临新的竞争

下面是某咨询公司要求其员工在进行是非问题分析时需要遵循的主要步骤:

1．从客户的问题入手(即我们在欧洲的战略是什么)。
2．提出主要是非问题和次要是非问题(所提问题必须用是或否回答)。
3．提出假设(即是非问题的可能答案)。
4．确定要回答这些问题所需要的资料。
5．分派任务等。
6．得出结论,提出建议。
7．检查结论和建议的有效性。

以上方法和我们前面肯定过的是非问题分析很类似,但其中有几处误解,年轻的咨询顾问若照搬这一方法很可能会遇到问题,尤其是在他们职业生涯的早期。

首先是上述第一步,"是非问题"不应来自"客户的问题",而应该来自导致 R1 的背景(在这个例子中,是客户的业务性质与欧洲零售银行结构的相容性)。而客户的问题通常是对 R2 的反应,在这个例子中即是如此。

其次,从"客户的问题"到"主要是非问题和次要是非问题"有一个思维跳跃,我不知道主要是非问题和次要是非问题来自何处,也不知道如何判断我列出的是非问题是否完全穷尽。

另外,是非问题和假设之间也存在混乱。没有必要特意把假设列为第三步,因为不论该假设是不是问题的答案,对分析过程来说都没有区别。如果说有区别,那就是是非问题来自假设,因为你已经假设问题存在于你建立的分析框架中。但是,这种区别也没有任何意义。用主要是非问题和次要是非问题的方法思考相对容易一些,因为它们都产生或隐含于同一逻辑树中。

最后,一些咨询公司把用来形成可供客户选择的解决方案和描绘行动可能结果的逻辑树也称为是非问题分析。我们知道,利用逻辑树来形成备选方案是很常用的方法,但是把它称为是非问题分析很可能会引起不必要的混乱,因为是非问题分析所用的逻辑树和诊断框架用的逻辑树完全不同。

经过大量分析和思考,你会发现,第三篇探讨的所有方法,包括界定问题、建立诊断框架和逻辑树,都有双重功能。一方面,这些方法使解决问题的系统性工作变得更加容易,让你能专注于客户的真正问题,找出产生问题的所有原因,以及相应的解决办法。另一方面,它们大大减少了在最终报告里组织和交流思想的工作量。

它们采用的逻辑结构是构成结论和建议的基础,可以轻而易举地转换成金字塔的形式。

许多咨询报告花费了大量人力,条理却不清晰,多半是因为在写作的过程中,没有及早考虑如何使条理更清晰。

第 4 篇

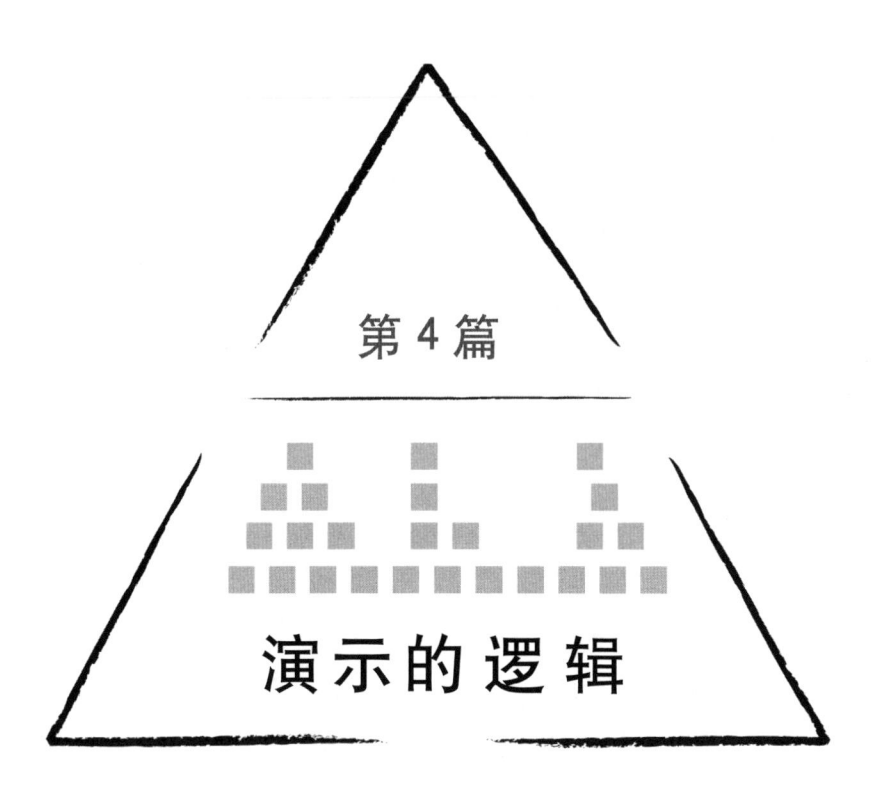

演示的逻辑

当你找到金字塔结构中的逻辑关系、准备与他人交流时，无论是选择用书面形式，还是用幻灯片在屏幕上演示，你肯定都希望组织好自己的思想，以便受众能对构成金字塔不同层级的思想一目了然。

过去，所有的商业文件都要以备忘录或报告的书面形式提交，随着印刷和图表制作技术的发展，"视觉演示"已经越来越普遍。现在，你可以用电脑制作全动感真彩图像的幻灯片，并且使用投影仪演示。

采取何种演示形式，取决于内容的长短和受众人数。

- 如果信息简短，而且只针对一个或几个人，可以采取书面备忘录或报告的形式，直接发给对方，让其自行阅读。
- 如果信息简短但针对很多人，你也许会采用"要点备忘录"或"视觉资料文件"的形式，以便大家可以坐在一起讨论。
- 如果信息较长且针对很多人，你可能会采用幻灯片的形式，用投影仪或电脑放映。

在纸面上或屏幕上展示你的思想时，无论采取何种形式，在视觉上都要确保能加强组成金字塔的思想之间的逻辑性和关联性。读者或观众总是先看到逻辑关系的存在，然后才能理解它。因此，你要用读者的眼睛看到的来强化他们的头脑接收到的。

有许多技巧可以让逻辑关系更加一目了然，如何选择取决于读者只是从纸面上读取你的思想，还是通过屏幕看演示的同时听你讲解。不管是哪种情况，技巧的运用都要遵循一定的规则。本篇将介绍一些重要规则，无论是采用书面的形式，还是现场演示，它们都能确保你的思想一目了然。结尾部分还有一些提示，以确保你的书面或口头陈述能把意思尽可能清楚地传达给受众。

第 10 章 在书面上呈现金字塔

在实际工作中，组织好的思想多以书面形式呈现给读者。文章无论长短，都应该能让读者从字面上迅速理解和吸收其中的主要思想（观点、论点、建议等）。理想的文章应该让读者在 30 秒内理解作者的整体思维构架，包括序言、中心思想和关键句要点。此外，读者还应当能了解整体构架下各组思想观点之间的关系。

写篇幅较长的文章时，在页面上呈现金字塔层级的方法很多，最常见的有：

- 多级标题法。
- 下划线法。
- 数字编号法。
- 行首缩进法。
- 项目符号法。

在前 3 种方法中，哪一种最好尚无定论，我个人倾向于使用多级标题法，下面将着重讨论这一方法，但同时也会兼顾介绍其他几种方法的优点。

无论采用哪种格式，目的都是便于读者理解文章的主要观点，以及各种类型的支持性观点，尤其是当文章篇幅很长的时候。文章的格式必须符合其论述层次，如图 10-1 所示。要从一组观点转换到另一组观点时，一定要有过渡性的语句，以免让读者感觉太突兀。

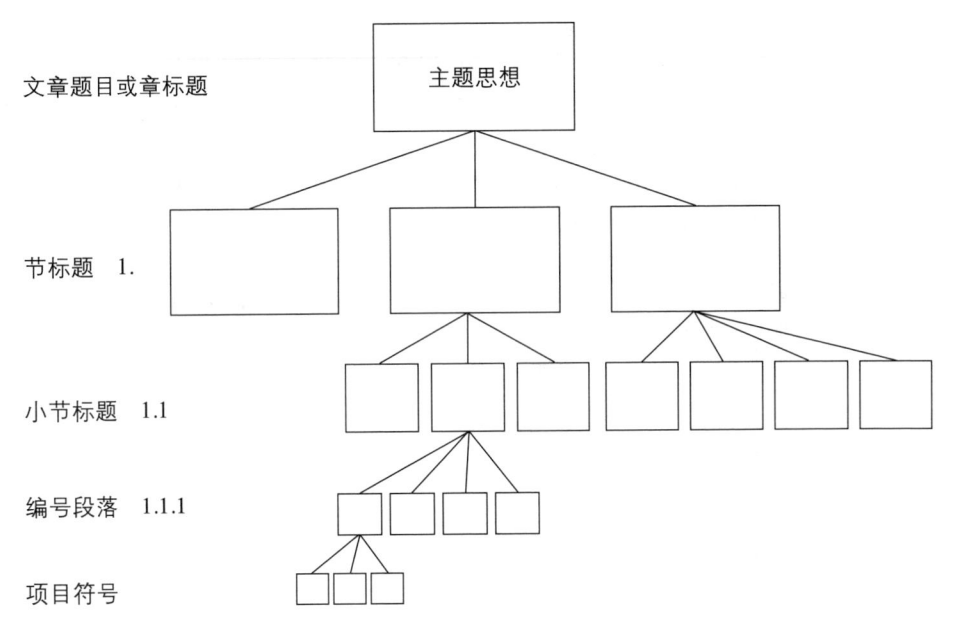

图 10-1　标题应呈现金字塔中思想的层次

突出显示文章的结构

如果文章很短，比如支持每个关键句要点的段落少于两段，读者就很容易明白文中的要点及其相互之间的关系。给这些关键句要点加上下划线，会更容易吸引读者，如表 10-1 所示。

如果文章篇幅较长，支持每个关键句要点的段落多于两个，可以如表 10-2 所示，通过"标题"介绍和阐述论点。

表 10-1　突出要点，吸引注意

收件人：　　　　　日期：
发件人：　　　　　主题：超级决战有奖竞猜

　　关于有奖竞猜规则和针对电视观众的规则，我们已经收到拟出的草案。请你审阅并告知能否接受并列入计划。我有 3 点疑虑：
　　1．观众如何了解规则？按我的理解，观众通过收看电视广告参加竞猜，这意味着他们无法直接了解正式规则。如果不使用彩票，就只能通过在白纸条上手写结果并注明"全明星"字样进行投票。由于规则只在报纸上刊登，因此观众得购买报纸，还可能产生彩票的问题。
　　2．是否有必要竞猜？规则草案中说奖项随机抽取，但并没有提及只有猜对的观众才参加抽奖。如果是这样，还有必要竞猜吗？
　　3．广告是否明白无误？我向广告代理商提出，有奖竞猜的结果应该明白无误地告诉观众。沿用上季度广告中采用的高速呈现技术可能会造成一些麻烦。
　　期待您的答复。多谢。

表 10-2　列出关键句要点

收件人：　　　　　日期：
发件人：　　　　　主题：8 月 25 日现场销售会

　　在 8 月 25 日举行的现场销售会上，我们计划讲授如何为超市连锁店设计具有潜在盈利能力的饮料销售区，并将设计提交给连锁店管理层。为了进行演练，我们需要了解大致情况，请每个区域选择一家存在问题的连锁店，提供具体的相关资料，要求是：
- 在 7 月 11 日前选出一家符合要求的连锁店；
- 在 8 月 10 日前收集所需资料；
- 在 8 月 15 日前整理并提交资料。

如何选择连锁店
　　为满足演练要求，筛选出的连锁店应该是……

多级标题法

运用多级标题法时有几个基本规则：不同层次的思想（观点、论点、论据、建议）要用不同的格式加以区分；层次越低的思想在版式上行首缩进越多；同一层次的思想应采用同一种格式，如表10-3所示。

因此，主要思想可以采用左端顶格对齐的节标题格式；二级思想可以采用行首缩进的小节标题格式；三级思想可以采用编号段落的格式，依此类推。当然，标题的格式不一定要墨守成规，但无论采取何种格式，每一种标题都应该代表一个思想层次。

使用标题时应注意以下几点。

1．每一层级的标题不可能只有一个。

标题呈现的是金字塔结构中不同层级的思想，每一层级不可能只有一项内容。因此，文章里不可能只有一个章标题、一个节标题、一个小节标题、一个编号段落或一个项目符号段落。说得更清楚一些，就是不要像报纸、杂志那样，仅仅为了使版面好看而用一个标题把上下文分开。标题的目的是吸引读者的注意，一个标题代表的是一组思想中的一个，一组中的所有思想共同解释或支持上一层次的思想。

2．相同的思想（观点、论点、建议等）应使用相同的句型。

每一组思想都属于同一类，为了强调这种一致性，一组中的所有标题应尽量采用同样的语序，做到对仗。在一个章节中，如果第一节标题中的第一个词是动词，那么该组其他各节标题的第一个词也要尽量用动词；如果第一小节标题中的第一个词是名词，那么其他各小节标题的第一个词也尽量用名词。

下面就举两个例子来说明一下。

表 10-3　标题对应思想的层次

1．这是章标题

　　每章的标题应该编号，居中排列，并总结提炼每章的主要思想。紧接标题（或题目）的段落应清楚表达主要思想，并提供读者需要的一切信息，以保证在提出论点以及论证方法之前，你和读者"处于同样的位置"。其他章的标题也应采用同样的格式。
　　主要思想的不同方面可以用段落标记或用其他明显的标记加以区分，如：
- 第一主要思想。
- 第二主要思想。

这是节标题

　　每节的标题要呈现每节的思想，第一节标题和其他各节标题应采用同样的格式。每节可以进一步划分为若干小节或编号段落（如果论点不长的话）。接下来应介绍每一节的主要思想（它们对于上一层次思想而言，又是次要思想），不同思想可以用段落标记加以区分：
- 第一次要思想。
- 第二次要思想。

这是小节标题

　　同样，小节标题应呈现这一小节的主要思想，所有小节标题应采用同样的格式，可以用段落标记区分小节内的不同思想。
　　1．这是编号段落。
　　可以在首句或第一个词组下划线，以强调所有编号观点具有相似性。说明一个观点可能需要不止一个段落，但最好不要超过 3 个。
- 这是项目符号（点符号）段落，用以区分编号段落的不同思想。
- 项目符号（线符号）段落，很少细分到这么多层级。

＊ ＊ ＊

　　除了以上划分思想的方法外，还可以使用星号"＊"和段落标记"●"。3个星号居中排成一行，说明下面是一节的总结。当包括的项目少于 5 个（如上文所示）或某一段落里含有需要特别强调的要点时，使用段落标记符号，如：
- **这些段落应使用粗体字，并尽量简短**

246

任命一位全职总经理：
- 协调各项活动。
- 实施各项改革。

建立明确的职权范围：
- 根据需要将酒店重新分组。
- 将海外业务交给专人负责。
- 从管理系统中撤销所有理事会。

从上面的例子中可以看到，第一组中各小节标题的第一个词是动词,并不意味第二组中各小节标题的第一个词也必须是动词。记住，在各组思想之间有一堵看不见的墙。因此，要强调的是同一组中各小节思想之间表达的一致性，而非不同组的各小节之间的一致性。

3．标题用词应表达思想精髓。

标题的作用是提示，而不是统领下文，因此应该尽量简明扼要。例如，在上面的例子中，第一节的标题如果写成"任命一位全职总经理，实行明晰的中央集权"，就太累赘了。

4．标题与正文应分开考虑。

标题更多的是为抓眼球而写，而不是为引起大脑注意而写。很少有人仔细阅读标题，所以不能将标题当作正文的一部分传递信息。比如，不要这样写：

任命一位全职总经理
这一行动将进一步明确日常的职责……

相反，紧接标题的第一句话应该表明你在转向一个新的话题。

整篇文章要做到即使没有标题，读起来也很顺畅。不过，这一原则不适用于编号段落，编号段落的标题是正文的必要组成部分。

5．每组标题应提前介绍。

这样做是为了说明该组标题将解释或讨论的主要论点，以及将要提出的观点。如果略去这段介绍，读者可能就会一头雾水，只有读到该节末尾才能明白你想要证明的论点，而这时他可能已经记不起文章的开头部分了。因此，千万不要紧接着文章题目写每一章的标题，也不要紧接着每一章的标题写每一节的标题，在大标题下应有一段话，集中介绍这一部分的主要内容。

6．不要滥用标题。

这是所有规则中最重要的。只有当加标题有助于说清楚你想传达的信息，有助于读者领会思想的细节时，才可以使用。

标题如果提炼得恰当，还可以作为报告的目录、摘要，这也是对读者有帮助的工具，能使读者与作者的思维保持一致。从前文第2点需要注意的内容，可以了解标题对于沟通的价值。当然，只有把真实的思想放在金字塔结构的框架中，这一方法才会奏效。如果目录中的标题如图10-2所示，那就失去了与读者沟通的价值。

目录	
序言	1
背景	2
发现	3
结论	15
建议	23

图10-2　没有价值的目录

通常情况下，切忌在报告中使用诸如"序言"和"背景"之类的标题。在图10-2的例子中，序言和背景有重复，这些部分都包含介绍性的信息；另外，这样的目录也没有必要。标题是用来表示思想的不同层次的，而在此处，直到"发现"这一关键句层次，才算"思想"的开始。

下划线法

第二种表示思想层次的常用方法，是用下划线标出关键句层次下的所有支持性论点，如表10-4所示。更低层次的支持性论点也全部用下划线标出，但在字体和行首缩进上有所区别[①]。这样排版非常难看。

现在，很多人用粗体字表示主要思想，而低层次的支持性思想则用下划线标示，这样做能使版面更清晰：

---

1. 紧靠左侧页边，给支持性论点编号，大写，加下划线。
   (1) 行首向右缩进至下一层次，编号带括号，加下划线。
      1.如果文章很长，编号可以不带括号，行首缩进至下一层次，加下划线。

无论采用哪种格式，采用下划线法都是为了阅读方便和提高阅读速度。对于读者来说，只需浏览一遍中心思想、加了下划线的句子，就能轻松理解整篇文章的主题。但是，对于作者来说，通过下划线法突出文章结构有一定的难度，因为在运用过程中要遵循许多严格的原则。

---

①英文一般用大小写区别，中文可以用字体、字号、斜体或加粗区别。——译者注

表 10-4　行首缩进和下划线也可以表现层次

题目总结提炼中心思想

关于背景，写一个自然段左右。××××××××××××××
××××××××××××××××××××××××××

关于冲突和疑问，写一个自然段左右。有时候疑问是隐含的。×××
××××××××××××××××××××××××

说明要点。如果文章长度超过 7 个自然段，用关键句要点说明思想。
- 第一关键句要点。
- 第二关键句要点。
- 第三关键句要点。

<u>写出对应第一关键句要点的标题</u>
写一段简短的介绍，引出并重申第一关键句要点。如果一节的长度超过 7 个自然段，在下面说明支持性论点，并缩进排列，然后：
<u>1．给支持性论点加编号，加下划线。</u>
　　<u>(1) 行首向右缩进至下一层次，编号带括号；加下划线。</u>
　　　<u>1．如果文章很长，编号不带括号；行首缩进至下一层次；加下划线。</u>
　　　　● 行首缩进至下一层次，左侧加圆点。
　　　　－ 行首缩进至下一层次，左侧加短线。

1．必须严格使用疑问－回答结构。

下一层次的各个论点必须而且只需回答上一层次论点提出的问题。这种格式不允许用优美的语言或详细描述，因为这会破坏逻辑的清晰性。如果有必要，可以在每一节的引言或结束段落里详细介绍背景。

2．必须注意论点的措辞，说明论点的句子越短越好。

如果读者必须费力看完 30 个单词后才能抓住论点，就很难准确理解文章的逻辑关系了。所以，当你的论点超过 12 个单词，或者包含不止一个主语和谓语时，就应该简化措辞。

3．必须把论点限制在演绎推理和归纳推理的框架内。

很多人无视这一要求，只是简单地罗列观点，忽略演绎和归纳的细节。在演绎推理的链条中，不应该有 4 个以上的论点；在归纳推理的链条中，则不应该超过 5 个。如果发现自己的论点超过以上数字，那么你很可能没有对它们进行分组。这时，你应该重新考虑归类和分组。

数字编号法

许多企业以及大多数政府机构都喜欢用数字序号而不喜欢用标题来突出文章的细分部分，有的甚至会给每个段落都写上编号。这种方法的优点在于方便查找，任何一个话题或建议都能被快速准确地查找到。

但是，频繁使用索引编号，很容易分散读者对文章整体或整节内容的关注和把握。另一个明显的缺点是，如果修改文章时删去了一个或几个段落，就需要为所有后续段落重新编号，文字的处理也很麻烦。

数字编号法方便定位查找特定内容，但最好和多级标题法配合使用。多级标题的优点是可以帮助读者迅速找到思想的要点。如果读者在若干天后需要重读文章，多级标题更有助于读者回忆起文章内容。

此外，在定位时，你会发现"第 4 章第 1 节，有关生产利润……"的说法，比只说"第 4 章第 1 节……"更清楚。看到前一种说法，读者在查找具体章节时已经对内容有了大概的了解，而后一种说法，读者必须找到该章节后才能开始思考文章大意。

表 10-5 中的文字摘自安东尼·杰伊《有效的演示》一书第 5 章的开头部分，在此用来呈现使用标题／编号法对文章进行编排之后的版面：

表10-5 编号应配合思想的层次

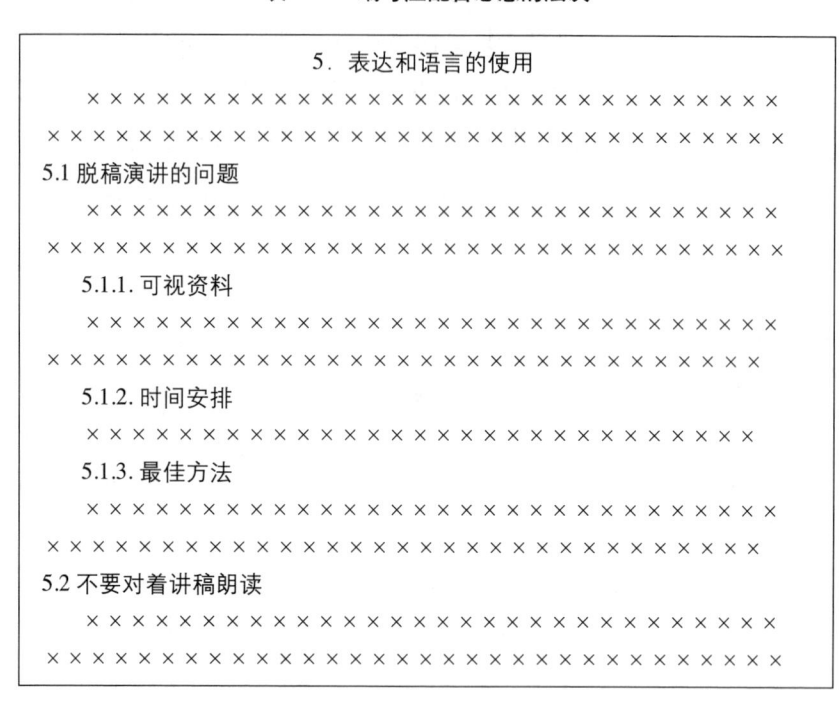

```
                5．表达和语言的使用
         ××××××××××××××××××××
   ××××××
5.1 脱稿演讲的问题
         ××××××××××××××××××××
   ××××××
   5.1.1. 可视资料
         ××××××××××××××××××××
   ××××××
   5.1.2. 时间安排
         ××××××××××××××××××××
   5.1.3. 最佳方法
         ××××××××××××××××××××
   ××××××
5.2 不要对着讲稿朗读
         ××××××××××××××××××××
   ××××××
```

应该使用什么样的编号体系呢？下面是两种常见的形式：

1. 没有任何其他动物能像狗一样为主人不惜牺牲生命
　　1.1 其他动物在危险来临时会跑开
　　　　1.1.1 狗会留下来
　　　　　　1.1.1.1 即使留下来意味着死亡

I. 没有任何其他动物能像狗一样为主人不惜牺牲生命
　　1. 其他动物在危险来临时会跑开
　　　　a. 狗会留下来
　　　　　　i. 即使留下来意味着死亡

任何一种编号体系都应该能清晰地呈现文章中思想的实际层次。序言、总结性概括、连接性评论或次要论点的引言所在的段落不必编号。

行首缩进法

有的文章篇幅很短，不适合用多级标题法或数字编号法来呈现思想的层次，但你仍然需要整理各组思想，用某种方式突出文章中的观点。

如果能将支持或解释中心思想、主要观点的论点进行归类分组，将更容易使读者理解和把握文章的主旨。请看一下下面两份不同版本的备忘录。

> 我已经把和弗兰克·格里菲思及工程师们的"创造性思维"会议安排在了9月的第二周，把和艾尔·比姆及其下属的会议安排在了9月的第三周。
>
> 我认为，只需要用一些幻灯片对序言进行补充即可，序言后附有供参考的概念。另外，我们还需要几页幻灯片，用具有正向强化作用的语言举几个例子，作为演示结束时的总结。这些例子应该打印出来作为资料发放。
>
> 能够展示已有创新成果的幻灯片，例如你所做的关于乐器的幻灯片，对于9月份第二周与弗兰克的会议非常重要，对于第三周与艾尔·比姆的会议也是必不可少的。
>
> 我们购买了影片《人类为什么要创造》，作为该计划的一部分。"创新环境特点汇总表"一节也需要幻灯片。

这份备忘录虽然条理清晰，但相比之下，下面的这份更能突出论点，吸引读者的眼球：

我已经把和弗兰克·格里菲思及工程师们的"创造性思维"会议安排在了9月份的第二周，把和艾尔·比姆及其下属的会议安排在了9月的第三周。为了这两次会议，需要准备关于以下内容的幻灯片：

1. 序言中提出的主要论点。附有供参考的概念。

2. 用具有正向强化作用的语言列举一些实例。这些幻灯片将作为演示结束时的总结。这些例子也应该打印出来作为资料发放。

3. 我们已有的创新成果，例如你所做的关于乐器的幻灯片。这些幻灯片对于我们与弗兰克的会议非常重要，对于与艾尔·比姆的会议也是必不可少的。

4. 为创新创造环境需要采取的措施。

一般情况下，当你采用行首缩进法划分思想（观点、建议、论点）时，需要记住一条重要规则——要用相同的句型表达观点。这样做不仅能简化用词，使你的思想易于理解，还能帮助你检查是否说清楚了自己想说的内容。比如，从上面的备忘录不难看出，作者在第4点中没有交代清楚他具体需要什么样的幻灯片。

无论备忘录的篇幅是长还是短，通过格式区分不同组别的思想观点都可以帮助读者理解。但是，用英文写作时，与多级标题一样，每篇备忘录只能有一个层级的观点用行首缩进法，否则视觉效果会受到影响。

项目符号法

项目符号法是行首缩进法的变形。咨询公司常使用这种方法写项目进度小结。项目进度小结的读者一般是咨询公司客户的高级主管，他们会围坐在桌子旁，一页一页地仔细研究。

与多级标题一样，层次越低的思想观点，行首缩进行越多，如表 10-6 所示：

表 10-6　项目符号法

项目进度小结的格式

1. 写项目进度小结时，在主要内容不变的前提下，以不同的方式提出你的思想观点。
   a. 这么做是因为客户阅读文章时你在场。
      − 而且你希望就提出的思想观点进行讨论。
        ● 你能得到他对你的发现的直接反馈。
        ● 并能按照希望的方向继续工作。
   b. 因此，你以有助于客户阅读的方式把你的观点写在纸上。
      − 你希望他能迅速理解中心论点。
      − 你希望他能轻松找到观点之间的关系。
      − 你希望他能清楚地区分次要论点。

2. 为了取得良好的视觉效果，你必须遵守某些规则。
   a. 每一层次的陈述简短直接。
      − 省略文雅的注释。
      − 省略连接句。
   b. 每一层次只有一个陈述句。
   c. 如果可能，同一层次的思想观点采用相同的句子结构。
   d. 确保每一层次的思想观点直接与上一层次相联系。
      − 要么解释它。
      − 要么支持它。

3. 除非你有意遵守规则，否则不必使用这种格式。

所有以上介绍的方法都可以用来在视觉上辅助读者，让读者能看清楚自己正在苦苦思索的逻辑关系，并帮助他更快地理解文章内容。必须承认，这些方法只能帮读者节省很少的时间，但是如果他每天都有大量文件需要处理，累积起来的时间是很可观的。

上下文之间要有过渡

写完序言后，就进入了文章的正文部分。这时需要写一段简短的文字，介绍每一个关键句要点。在一些篇幅较长的文章中，也应该在每一组主要思想观点开始或结束的地方稍作铺垫，让读者知道已经论述的和下一步计划论述的内容，同时保证论点与论点之间的连接顺畅、不生硬。不要像下面这样写：

> 本章探讨了优先考虑某些事项的必要性，下一章将探讨如何决定优先考虑的事项。

不要把两个章节在做什么连接在一起，而应该把它们表达的内容，即主要思想观点连接在一起。这就好像同时看两个方向——回头看已说过的内容，向前看将要说的内容。在每一章或每一节的开始，可以采用讲故事或承上启下的方法做铺垫。如果章节比较长，也可以在结尾处做个总结，然后继续往下进行。

讲故事

把读者带入关键句要点的一种好方法是按照"背景—冲突—疑问"的模式来讲故事，自然而然地引出作为故事答案的关键句要点。这是我们在第 4 章已经探讨过的方法，如图 10-3 所示。

为引导听众捕捉到每一个新论点，演讲者可能会选用下文这样的标题和故事。

标杆比对

首先介绍标杆比对。比如，你在管理一家银行，已经实行了非常有效的全面质量管理，假设你的贷款申请时间已经从 2

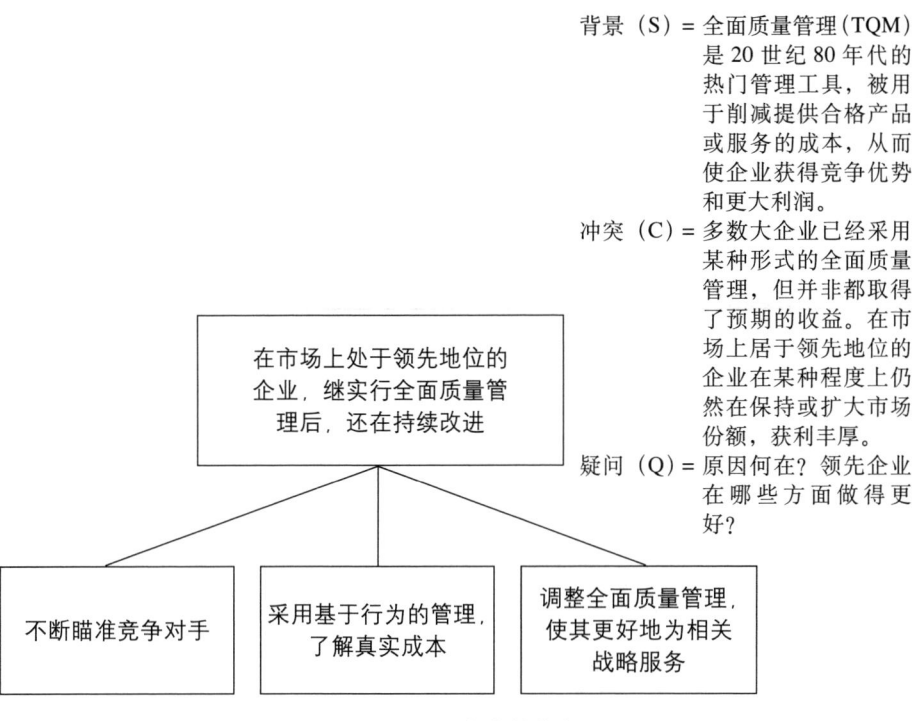

背景（S）= 全面质量管理（TQM）是20世纪80年代的热门管理工具，被用于削减提供合格产品或服务的成本，从而使企业获得竞争优势和更大利润。

冲突（C）= 多数大企业已经采用某种形式的全面质量管理，但并非都取得了预期的收益。在市场上居于领先地位的企业在某种程度上仍然在保持或扩大市场份额，获利丰厚。

疑问（Q）= 原因何在？领先企业在哪些方面做得更好？

```
              在市场上处于领先地位的
              企业，继实行全面质量管
              理后，还在持续改进
                      │
        ┌─────────────┼─────────────┐
  不断瞄准竞争对手   采用基于行为的管理，   调整全面质量管理，
                    了解真实成本        使其更好地为相关
                                      战略服务
```

图 10-3　用关键句要点作为故事的答案

天减少到2小时。你可能认为这么大的降幅足以确保竞争优势。遗憾的是，不与竞争对手做比较，就无法知道事实是否如此。因此，正式的标杆比对是必不可少的。

行为管理

你已经通过了正式的标杆比对评估，结果表明你的企业是全行业最好的，其他所有人都在比照你衡量他们自己。现在，你当然有权为你的公司感到骄傲。事实上你也可以这么做，条件是你从提供产品和服务中得到的实际收入足以弥补提供它们的实际成本。要决定什么是你最擅长又最值得做的，唯一的方法就是按行动而不是按作用分析这些成本。在这里，行为管理就会发挥作用。

全面质量管理

好吧，你已经做了标杆比对，也采纳了行为管理，甚至可能取得了竞争优势。现在能松口气吗？你对目前公司的经营方式有信心吗？如果你还在使用我们一开始说的旧有全面质量管理流程，那自然无法给出肯定回答。因为现在的问题是，你能保持竞争优势吗？答案很可能是"不能"，除非全面质量管理流程符合现在使用的方法。你需要做出哪些改变？

可以看出，在以上各种情况下，我们都遵循了文章序言的"背景—冲突—疑问"模式，但在范围上缩小了，以照顾到一个新故事开始时读者所处的位置。不管介绍性故事位于文章的哪一部分，它都应该只包括读者已经知道的或他与你都认为是真实的信息。

承上启下

承上启下的方法很简单，从金字塔结构的前一部分中挑选一个词、一个短语或一个主要思想，把它用在下一部分的起始句中即可。对于段落之间过渡的方法，你应该也不陌生。例如：

目前缺少一位主管，专职负责管理集团事务。对于高级业务和职能主管缺乏必要的领导和协调导致……（问题列表）

这些由于缺乏专职领导产生的问题与交叉重叠的职责分工混在一起……

在开始写新的一节、一小节或一组支持性论点时，你可以采取完全相同的方法。假设你刚写完一节内容，讲的是丽兹－赖恩连锁酒店集团没有充分利用其对许多酒店、饭店和餐饮业务的共同所有权。现在你准备开始写下一节，概述集团存在哪些结构性不足，妨碍了它采取应该采取的行动。文章的金字塔结构如图10-4所示：

```
┌─────────────┐    ┌─────────────┐    ┌─────────────┐
│丽兹-赖恩连锁│    │但是松散的组 │    │因此，应该将 │
│酒店集团的所 │───▶│织结构妨碍了 │───▶│最高主管机构 │
│有权形式使它 │    │它充分利用这 │    │改组成为控制 │
│能够确保各间 │    │一共同所有权 │    │集团所有业务 │
│酒店和饭店都 │    │             │    │的权力机构   │
│能成功经营   │    │             │    │             │
└─────────────┘    └─────────────┘    └─────────────┘
```

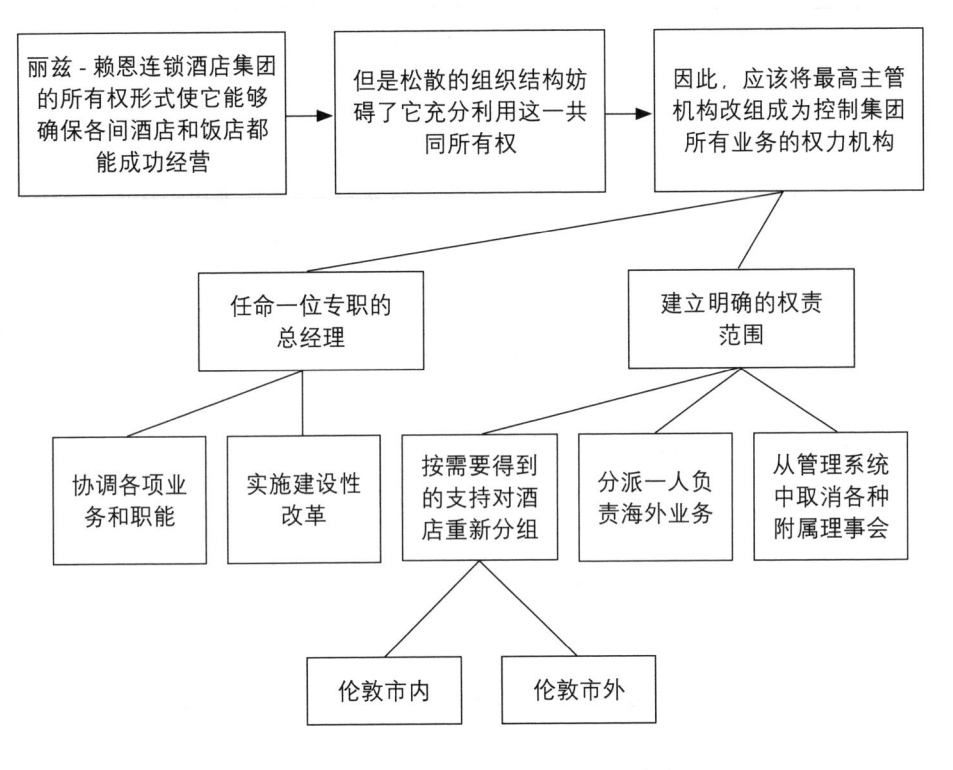

图10-4　节与节之间应该有承上启下的连接

承上启下的连接段落可以这么写：

1．两"节"之间

现有的最高主管和董事会存在两个严重问题，极大地限制了丽兹－赖恩连锁酒店集团利用联合资源。

2．两"小节"之间

除任命一位集团董事总经理外，还应该大力改革主管机构，以建立明确的权责范围。

3. 两个"支持论点"之间

只有设置一个专职的总经理职位，才能有效地协调各项业务和职能，只有专职总经理能坚定地运用强大的影响力，推动整个组织改进。

相信你已经掌握了这种方法。写连接段落的关键就是从上一节挑选关键词或短语，并把它用在下一节的起始句中，让两节之间的过渡既清晰又自然，当然，还必须将它和下一节的主要论点结合。由于上一节引言的"解释"部分已经对下一节的主要论点做了简单介绍，读者应该得到了理解论点所需的足够信息，因此没有必要和以前一样，再用讲故事的形式引出下一节的主要论点。但是，还是有必要解释一下，每一节中的思想观点是如何分组的，以及它们是如何支持主要论点的。

总结各部分内容

如果一个章节特别长或特别复杂，你会希望停下来做一个完整的总结，然后再继续往下写。本书第 4 章第 1 节的结尾处就有这样一个例子，对如何写序言做了总结性阐述。

下面是我们刚讨论过的丽兹-赖恩连锁酒店项目报告书中的某一章结尾处的总结：

总之，本章建议组建的最高主管机构包括丽兹-赖恩董事会和主席，一位集团董事总经理和 3 位向他汇报的高管，这 3 个人分别负责集团的一项主要业务。这些职位和汇报路径为整个集团业务的长期领导和控制建立了强有力的框架。只有通过机构改革提高控制力，加深责任制的程度，集团才能实现本报告其他部分提出的改进。

这类结论性的总结并不难写，只要记住其目的是尽量凝练地复述前文的主要论点和基调即可。你的金字塔结构里已经涵盖了这些内容，要做的只是为读者提炼和汇总。

得出完整结论

从理论上说，如果你是按照金字塔原理写序言和构思文章正文的，就没必要再写总结性的文字，因为你已经在文章开头清楚地点明了读者头脑中的疑问，并以无懈可击的逻辑结构给出了完整的回答。但是，你会有一种心理需要，觉得文章应该优雅地结束，而不是简单地停笔。咨询顾问们在备忘录的最后往往会写上"如果您有任何问题，请随时来电话"，就是为了满足这种心理需要。

标示文章结束有一个比较醒目（也许过于醒目）的方法，即在文章正文的最后加一行星号，有时被称为"日落"（sunset），然后写最后一个自然段。这时可以用"结论是……"之类的字眼，提醒读者注意你的主要论点，但要避免简单地重复已经说得很清楚的内容，比如不要写成：

> 这份报告提出了有关公司重组的建议，并阐明了每个部门应采取的具体措施。

结论部分应该使用具有说服力的语言，不仅要为读者总结文章的内容，还要让读者感到恰到好处。这也是亚里士多德关于如何下结论的忠告。

是否有必要让读者在一篇商业文章的结尾感到"恰到好处"，这有待商榷，但我认为作者应该让读者感觉到有一种采取行动的需求和愿望。因此应该给读者一些提示，在读完文章获得新的知识后，他还要思考什么或能够做什么。

这种提示可以是哲学洞见，也可以是立即采取有效行动的建议。亚伯拉罕·林肯在他的第二次总统就职演说中就同时使用了这两种方法：

> 对任何事不怀恶意，对所有人心存宽厚，对正义坚信不疑，因为上帝使我们看到了正义。让我们继续努力完成正在为之奋斗的事业，包扎好国家的伤口，关心那些肩负战争重任的人，照顾好他们的遗孀孤儿，去做能在我们自己中间和与一切国家之间缔造并保持正义与和平的一切事情。

当然，如果你希望根据主题或读者的要求保持敏感和克制，可以在不同的文章中采用不同风格的结尾。比如，一篇措辞激烈、敦促采纳新计划系统的陈述报告很可能会触怒一位航空公司的总裁，但如果换一个他也有切身感受的话题，比如航空业的重新管制，他肯定更容易接受情绪强烈的呼吁。

总之，如果你坚持在文章的最后加上结论，就应当写一些能阐明你所传达信息的重要性的内容。下面是一篇报告的总结段落，报告要传达的信息是，建立一个遍及全欧洲的、可以快速检索技术文献的计算机查询系统，在技术上是可行的：

> 如果能成功推出该系统，不仅可以使工商业、相应行业或学术界的用户更快地获取科技资讯，而且可以创造一个广阔的信息市场，向所有用户，而不只是国家机构，提供现有全部资源。这不仅可以引领标准化和一体化的发展，还可能发展出全新的标准。我们认为前景是激动人心的，也非常期待和您一起推出试验计划。

说明下一步已经行动

你可能已经从我的语气中感觉到了，我不鼓励大家写总结段落，原因是不容易写好。一个简单实用的原则就是，写不好还不如不写。但是，如果你希望读者在不久的将来采取行动，那么总结段落就是非常必要的。

如果你的文章建议读者采取一系列你认为他有可能采取的行动，而且篇幅较长，就有必要说明下一步的措施。因为如果他决定接受建议，那么有些事情他必须在第二天一早就开始做。为了说明这些措施，必须专门写一个小节，标题就是"下一步措施"。写结论唯一的原则是不能让读者质疑你写的内容，也就是说，建议采取的行动必须在逻辑上是理所当然的。

比如，为了建议客户收购一家公司，你写了30页精彩的分析文章，解释你为什么认为收购是个好主意，而且你相信他会这么做。这时，你会建立一个小标题——"下一步措施"，写下这段文字：

> 如果你认为收购该公司是个好主意，你应该：
> 1. 打电话给该公司的老板，邀请他共进午餐。
> 2. 打电话给银行，确认你需要用钱时，随时可以申请到。
> 3. 再次召集收购项目组处理管理上的细节。

显然，客户不会问"为什么我要邀请他共进午餐而不是晚餐？"这些都是不言而喻的论点，他会毫不迟疑地接受。但是，从另一个方面来说，如果客户对这些论点有疑问，你就应该将其放进正文中，看看它们在横向和纵向上能否与其他内容相吻合。

介绍以上各种方法的目的是方便读者思考，毕竟很少有读者接受过分析和思考训练，他对主题的理解不如你深入全面，哪怕讨论的是他自己的公司。在诠释对于主题的思考方面，他和你不在同一条起跑线上。

因此，当你写完长长的一组论点，准备接着写下一组时，不能期望读者对某一点的理解和你要求的一样准确。可以说，各种不同的过渡方法都是为了吸引住读者的注意力，将它拉回到它应该专注的地方，让读者理解你想说的内容。写过渡性文字是一种很好的练习，但只有在有需要的地方才使用，是锦上添花的做法。

第 11 章 在 PPT 演示文稿中呈现金字塔

如果可以选择，大多数人都愿意通过口头而不是书面形式表达构成金字塔的思想观点。在他们的想象中，视觉演示只不过是以 PPT 演示文稿的形式做报告。因此，他们把这项工作看成是把金字塔结构转换成文字形式的 PPT，需要的话再加上一些图表，然后由他们做一番解释。

如果事情真的这么简单就好了，问题在于视觉演示是面向现场观众的，周围的环境可能极不舒服，有时甚至糟糕到你希望换个地方。观众的反应不可预测，而且他们的注意力很不集中。因此，你的大部分工作是预测观众的反应，时刻努力吸引他们的注意力，激起他们接受你所传递的信息的热情。换句话说，你必须取悦观众。商业演示和一些娱乐形式一样，也需要艺术性。

你必须会"作秀"。"作秀"需要明星、剧本、故事情节和很棒的视觉元素，另外还要考虑一些无形的因素，如时机、节奏和悬念等。这一整套技巧远不是"以 PPT 演示文稿的形式做报告"那么简单。

图 11-1 展示的是一个典型的商业演示幻灯片。

> **指导原则**
> 专业医疗卫生部门供应链的愿景是根据以下指导原则设计的：
> 1. 在部门成本允许的前提下，新的供应链设计应最大程度提高最终用户的满意度；
> 2. 供应链重组工作应面向未来……任何新愿景和／或供应链流程的设计都必须考虑医疗卫生政策和供应方／付款方的反应；
> 3. 供应链设计需要体现专业部门的产品特性；
> 4. 应该设计出合理的流程，向各利益方提供可说明的财务报表和可衡量的服务；
> 5. 管理供应链活动的各项任务和职责应合理安排给供应链的各参与方，以保证任务能迅速有效地完成；
> 6. 对那些各部门都有的、没什么差别的活动，在保证服务质量的同时，若能带来显著的成本优势，应加以整合；
> 7. 对各公司存在差别的独特活动，如果分权能在保证服务质量的同时带来成本优势，应继续由各公司独立进行。

图 11-1　商业演示幻灯片

不难看出，这只是一份项目清单，而不是对一系列相互联系的思想观点的深入透彻的概括。7 条原则也太多了，如果演示者有 50 或 60 张类似的幻灯片，每一张都逐字逐句地念，听众可能会觉得乏味至极。更糟糕的是，演示者的话往往和屏幕上显示的不完全一样，这会让听众更加困惑。

幻灯片制作大师基恩·泽拉兹尼把这种逐条列举的演示方法称为"视觉朗诵"（visual recitation），而非视觉演示。但有些幻灯片制作者会辩解说，"这样可以避免遗漏""我们会在演示结束后发讲义"等。

为了掌握取悦听众的演示技巧，除了需要付出艰苦的努力外，还应接受正规训练，学习如何公开演讲，以及如何调动听众积极性。许多咨询公司都会为员工提供这方面的课程。为了吸引受众的注意力，下面是设计 PPT 演示文稿时必须了解和掌握的最基本规则：

• 文字幻灯片应只包含最重要的、经过恰当分组和总结的思想（观点、论据、建议等），叙述时应尽量简洁。

• 整个PPT演示文稿应图文并茂，配合使用各种图表（图、表或示意图）。

• PPT演示文稿应呈现经过深思熟虑的故事梗概和脚本。

你在演示中会用到两类幻灯片——文字和图表（图、表或示意图），理想的比例是图表占90%，文字占10%，它们相辅相成、互为补充，共同发挥作用：

1. 说明PPT演示文稿的框架结构（文字幻灯片）。
2. 强调重要的思想、观点、结论、论点、建议或要采取的措施等（文字幻灯片）。
3. 阐明单用文字难以说清楚的数据、关系（图表）。

本章不会对如何制作PPT演示文稿和如何演示做太多、太细的解释，但会介绍一些制作文字和图表幻灯片的基本原则，并说明在制作PPT演示文稿时，如何从金字塔结构转换成故事梗概／剧本(讲稿)。

设计文字幻灯片

制作现场演示用的文字幻灯片时，需要强调一点——只有你这位演示者才是明星。听众们最感兴趣的不是幻灯片，而是你。幻灯片只不过是视觉上的辅助手段，其作用主要是让演示更加生动。因此，你所说的话和你在屏幕上演示的内容应该有明显区别。

清楚你要说的内容

下面举例说明实际讲稿（讲义）和文字幻灯片的差别，如图11-2所示。实际讲稿如下：

现状　杰克逊食品公司的未交付订货量一直非常高。在PMG业务领域，不能完全满足订单需求，将不可避免地导致市场份额下降。

- 生产问题是造成目前状况的原因之一。
- 供应链流程不连贯、管理不善，使生产问题更加复杂。
- 供应链和生产流程缺乏紧密配合，难以解决脱销问题，也不能集中保证重点客户和重点产品。

文字幻灯片如下：

> **现状**
> 尚未交付的订货相当多
> - 生产存在问题
> - 供应链流程不合理
> - 生产／供应链缺乏配合

图 11-2　文字幻灯片

好的文字幻灯片总是尽可能直接简单地传递信息，不会把文字（或幻灯片）浪费在那些可以口头表达的转折性或介绍性语言上。当然，这就意味着，对没有参加现场演示的人来说，看幻灯片，不如看演讲稿那么清楚易懂。为了解决这个问题，一些人把幻灯片和讲稿糅合在一起——这是一种一举两得的方法。在这种情况下，讲稿应该写成大纲的形式，并略去过渡性的语句。另外，文字幻灯片最好只用于强调金字塔结构中的主要论点，如图11-3所示。

图 11-3 用幻灯片呈现金字塔中的主要思想（论点）

清楚了解你要演示的内容

关于一张文字幻灯片应当包含哪些内容，应牢记以下原则：

1. 每次只演示和说明一个论点。

除非你想先列出摘要或列表中的一组论点，其他论点在接下来的幻灯片中再完全展开。

2. 论点应使用完整的陈述句，而不是类似标题的语言。

你可以用一两个词或一个简短的陈述句提出观点。例如，"销售前景"和"看好销售前景"。显然后一种说法表达得更清楚，不会让听众误解。

3．文字应尽量简短。

每张幻灯片最好不要超过 6 行或约 30 个单词。如果一张幻灯片不足以说清楚一个观点，可以使用多张幻灯片。

4．使用简单的词语和数字。

一长串单词、技术术语或者复杂的词组会分散听众的注意力。数字也是越简单越好，490 万美元就比 4876987 美元更容易让人记住。

5．字号应足够大。

32 是个非常有用的数字。用坐得最远的一位观众到屏幕的距离（英尺）除以 32，得到的就是可以看清楚的最小字号（英寸）。所以，如果从 16 英尺[①]远的地方看屏幕，屏幕上的字号至少应设置为 1/2 英寸（16÷32＝0.5）。同样的道理，如果已知屏幕显示文字的字号（英寸），用它乘以 32，就得到了可以看清楚屏幕上文字的最远距离。所以，如果站在 24 英尺以外，就无法看清楚字号为 3/4 英寸的文字（0.75×32=24）。当演示者为了说明某一状况的复杂性时，可以不必让观众看清楚幻灯片上的文字，这是唯一的例外。这时，演示者可以向听众承认自己是故意这么做的。不过，基恩先生不同意我的观点，他说：

> 我不愿意向听众承认自己故意使幻灯片上的文字看不清楚，我觉得那么做是在逃避。有必要在屏幕上演示的内容，就有必要让观众看清楚。而且把复杂性与幻灯片无法辨认等同起来，

---

① 1 英尺＝30.48 厘米；1 英寸＝2.54 厘米。——编者注

不是说明复杂性的高明方法。如果幻灯片文字清楚，则演示成功的可能性是98%。差2%可能是因为你不应该使用视觉演示。

6．注意幻灯片的趣味性。

趣味性取决于构图、字号的选择和颜色的运用。基恩先生最有意思的方法之一是"让幻灯片动起来"。幻灯片外观雷同，堆放在一起难免令人感到乏味，但如果把文字幻灯片看成是文字的展示，就能通过呈现思想之间的相互关系制作出更加美观、赏心悦目的幻灯片。图 11-4 展示了基恩先生的方法。

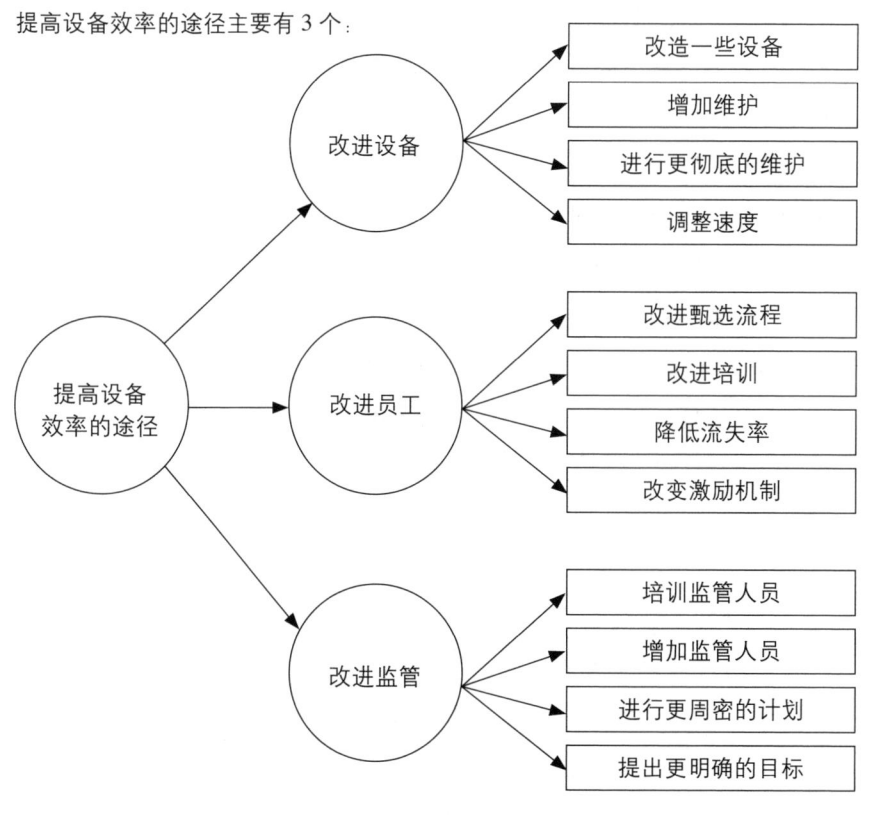

提高设备效率的途径主要有 3 个：

```
                    ┌─ 改造一些设备
          ┌─改进设备─┼─ 增加维护
          │         ├─ 进行更彻底的维护
          │         └─ 调整速度
          │
提高设备   │         ┌─ 改进甄选流程
效率的途径─┼─改进员工─┼─ 改进培训
          │         ├─ 降低流失率
          │         └─ 改变激励机制
          │
          │         ┌─ 培训监管人员
          └─改进监管─┼─ 增加监管人员
                    ├─ 进行更周密的计划
                    └─ 提出更明确的目标
```

图 11-4　制作吸引人的幻灯片

7．逐级展开，提高趣味性。

提高趣味性和降低复杂性的另一种方法是让幻灯片的各个部分逐一显示，这样可以一边演示一边解释，整张幻灯片不至于显得主次不分。图 11-4 也可以用来说明这种方法，可以先只显示最左侧的圆圈，然后显示中间的 3 个圆圈，最后显示右侧的方框。

设计图表幻灯片

文字幻灯片使用的是我们最熟悉的交流工具——文字，但图表幻灯片（简图、曲线图、表格和示意图）用的是不同的交流手段——视觉关系，可以用来呈现大量的数据和单凭文字没办法传达的复杂关系。

图表幻灯片传递的信息应该尽量简单易懂，因为观众没有机会仔细研究并找出各个部分的含义。如果图表过于复杂、详细，或过于分散，大量宝贵的时间就会浪费在解释上，而不是用于讨论。当然，有时非常复杂的图表会随着演示者观点的展开而变得简单。但在同一份 PPT 演示文稿中，复杂的图表最好不要超过两个。

图表幻灯片通常会用饼状图、条形图、柱状图、曲线图或散点图，表示某一结构或流程的组成部分或形象地展示数据。用图表回答的问题一般分为 5 类，如图 11-5 至图 11-9 所示。

- 有哪些组成部分？
- 数量之间如何比较？
  - 与总数比较？
  - 相互之间比较？
  - 随时间的变化？
- 有何变化／如何变化？
- 各项如何分布？
- 各项之间的相关性？

地区性组织代表的构成相对简单

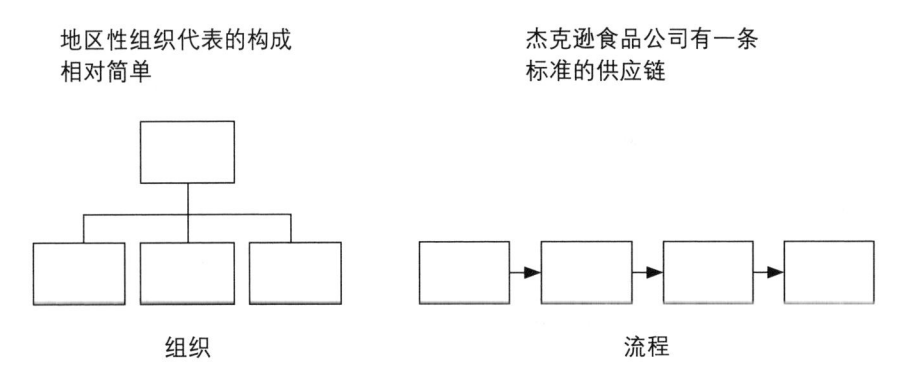

杰克逊食品公司有一条标准的供应链

组织

流程

图 11-5 有哪些组成部分

西部地区的销量约占销售总额的一半

罐头食品的利润最低

费用每年都在下降（只有一年例外）

与总数相比

相互之间比较

随时间的变化量

图 11-6 数量之间如何比较

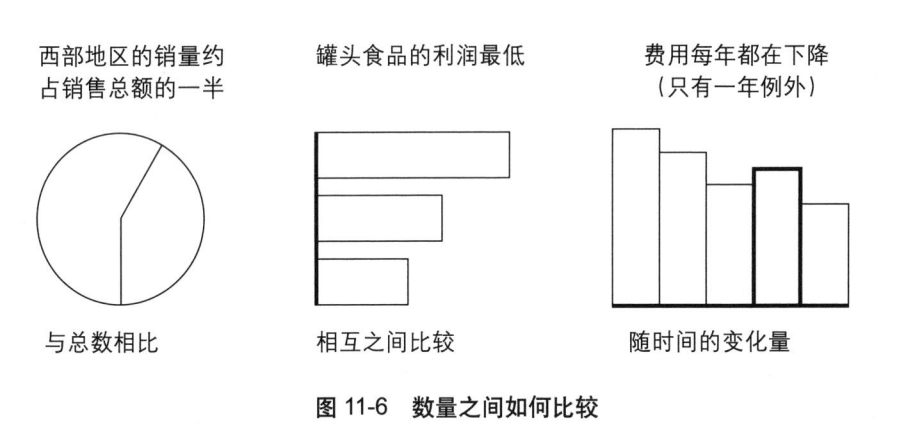

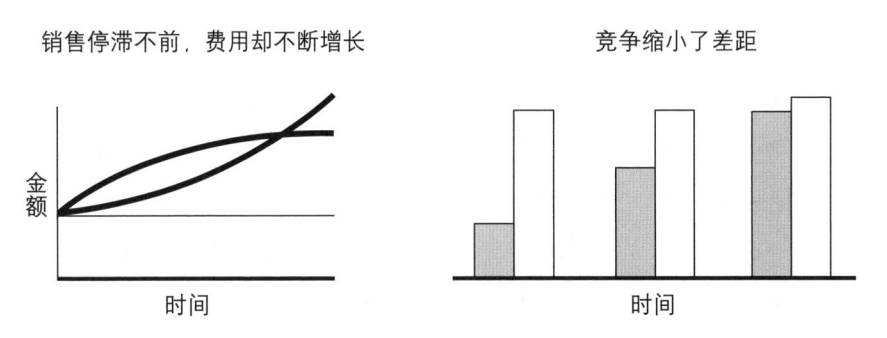

销售停滞不前，费用却不断增长

金额

时间

竞争缩小了差距

时间

图 11-7 有何变化／如何变化

273

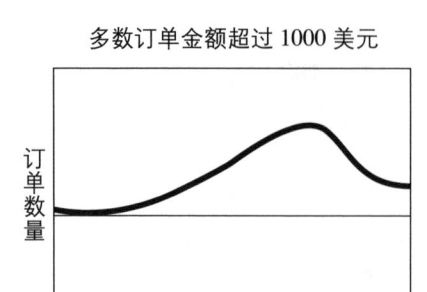

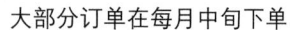

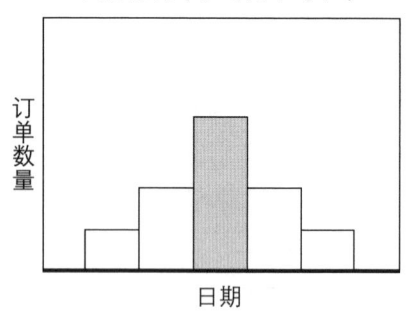

图 11-8　各项如何分布

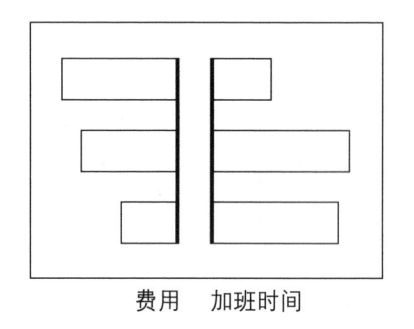

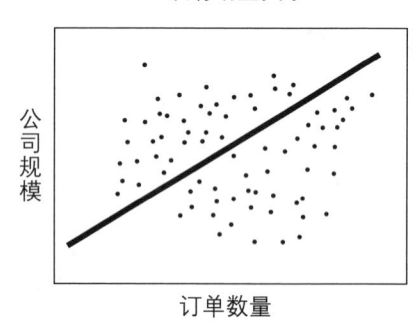

图 11-9　各项之间的相关性

　　制作图表幻灯片的诀窍：首先，确定你想要用图表回答的问题，把答案作为图表的标题，然后选择最适合表现论点的图表样式。

　　图表的标题一定要直接传递信息，要么用一个完整的句子，要么用一个含有动词的短语，这样，才能保证图表给观众的视觉印象和所要传达的信息一致。比如，"各地区利润份额"所包含的信息，要比"西部地区约占利润的一半"少得多。

　　图表标题点明论点的同时，还能最大限度地减少混淆，因为不同的听众有不同的观点、背景和兴趣，看问题的角度也不同。好的图表标题能立刻让观众的注意力集中在你希望强调的数据上。

故事梗概

　　了解了文字幻灯片和图表幻灯片的要求后，就可以开始制作PPT演示文稿了。将金字塔结构转化为PPT演示文稿，我通常会遵循下面的步骤：

　　1．序言尽量写得详细，把每个想说的词语按照你希望的顺序写下来。这样做不仅可以保证没有遗漏，还可以再次检查你提出的问题是否是听众想问的。

　　2．采用呈现故事梗概的形式。幻灯片的顺序应从前往后依次为序言各要素、关键句要点和关键句下一层次的论点。

　　3．初步确定你准备采用的呈现方法。这时你可能还没有准确的数据，但只要知道数据的类型和想要表现何种关系即可。

　　4．准备好每张幻灯片的讲稿，确保整个演示像讲故事一样流畅。

　　5．完成幻灯片的设计和绘图。

　　6．排练，排练，再排练！

　　可以用一张白纸写出最简单的故事梗概，把它分成若干个区域，每个区域代表一张空白幻灯片，写上你想要阐述的要点，并说明哪些需要做成文字幻灯片，哪些需要做成图表幻灯片。

　　图 11-10 展示的是一个典型的金字塔结构，图 11-11 是根据该金字塔结构用故事梗概的形式制作的幻灯片。记住，在每张幻灯片的上部写一句话或一个短语，传达幻灯片将阐述的观点，对演示者和听众而言，都能起到提示的作用，尤其是当幻灯片在屏幕上停留的时间很短的时候。

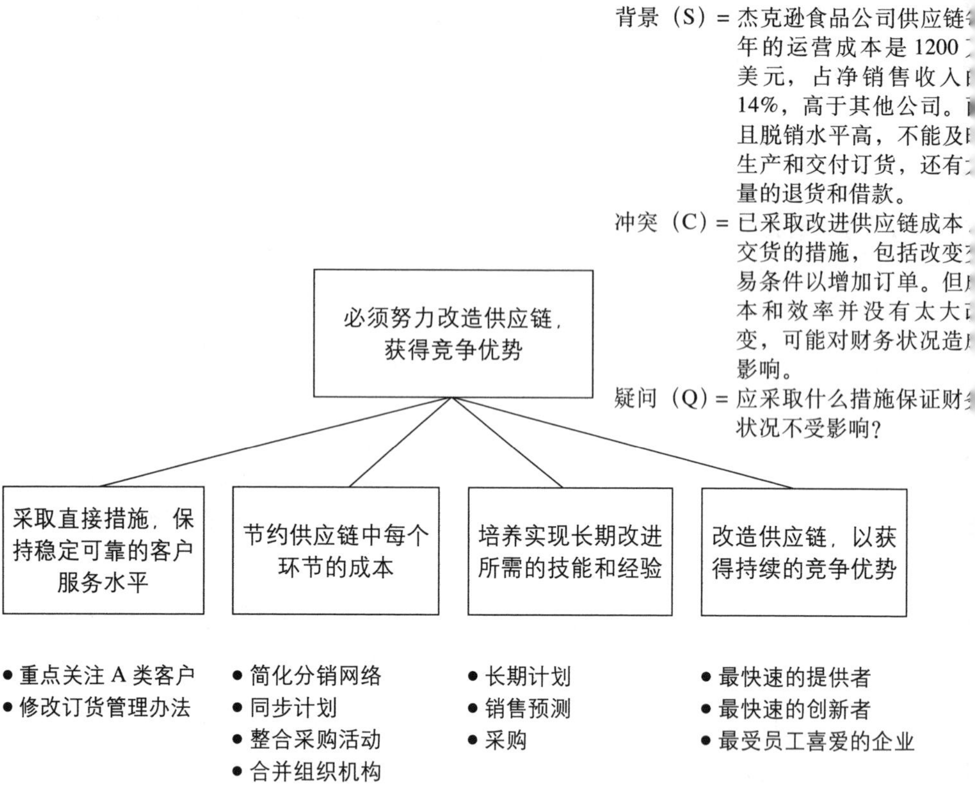

背景（S）= 杰克逊食品公司供应链
年的运营成本是1200
美元，占净销售收入
14%，高于其他公司。
且脱销水平高，不能及
生产和交付订货，还有
量的退货和借款。

冲突（C）= 已采取改进供应链成本
交货的措施，包括改变
易条件以增加订单。但
本和效率并没有太大
变，可能对财务状况造
影响。

疑问（Q）= 应采取什么措施保证财
状况不受影响？

```
                    必须努力改造供应链，
                      获得竞争优势
```

| 采取直接措施，保持稳定可靠的客户服务水平 | 节约供应链中每个环节的成本 | 培养实现长期改进所需的技能和经验 | 改造供应链，以获得持续的竞争优势 |

- 重点关注A类客户
- 修改订货管理办法

- 简化分销网络
- 同步计划
- 整合采购活动
- 合并组织机构

- 长期计划
- 销售预测
- 采购

- 最快速的提供者
- 最快速的创新者
- 最受员工喜爱的企业

图11-10　从金字塔入手

1 现状 成本高，客户服务水平低 ● 生产存在问题 ● 供应链流程不合理 ● 生产与供应链缺乏配合	2 迄今为止的改进不起作用 ● 小额订单造成的瓶颈问题 ● 订单处理时间长 ● 复杂的分销网络 ● 预测不准确
3 战略 改造供应链，形成竞争优势	4 首先，保持稳定的供应链 ● 保持稳定可靠的客户服务水平 ● 削减整条供应链的成本 ● 培养实现长期改进所需技能和经验

5 开始实施计划，确保工作绩效持续提高 将供应链作为竞争优势 → 最快速的供应商：■收缩供应链 ■减少时间和成本 → 最快速的创新者：■应用新技术 ■在最短时间内推出新产品 ■服务创新 → 最受员工喜爱的企业：■合作关系 ■战略供应商联盟	
6 保持稳定可靠的客户服务水平 ■重点关注 A 类客户 ■修改订货管理办法	7 50% 的客户供献了 95% 的订单
8 许多小额订单 订单规模	9 10% 的产品供献了 60% 的订货额度
10-17 其他	18 保持稳定可靠的客户服务水平 ■重点关注 A 类客户 ■修改订货管理办法

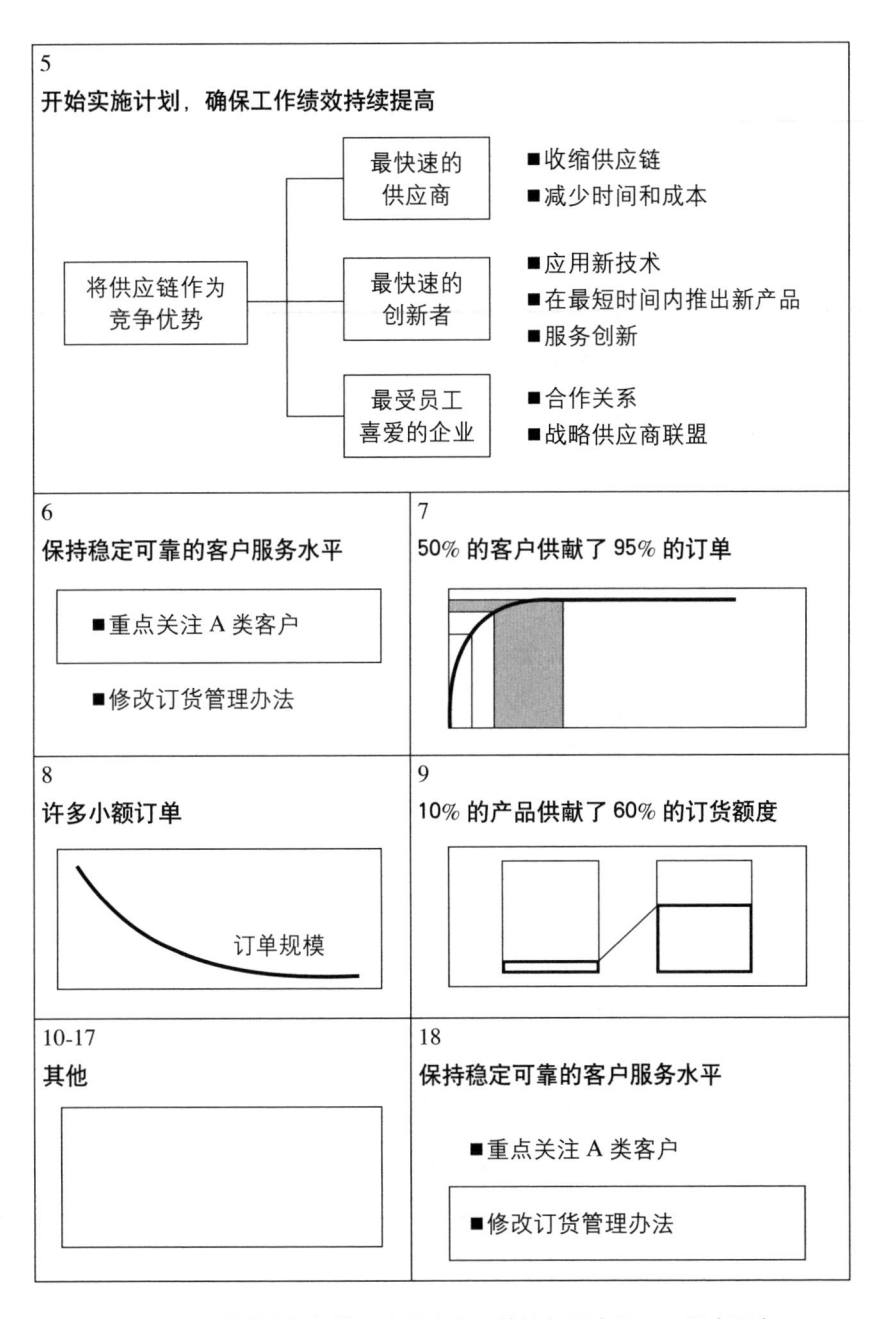

图 11-11 用故事梗概的形式写序言、关键句要点和下一层次要点

本章只讨论了把金字塔结构中的思想转换成PPT演示文稿的常用方法，还远未涉及如何进行详细的计划和分析，使演示能充分调动听众，取得满意的效果。我推荐大家阅读安东尼·杰伊的书《有效演示：借助语言和视觉辅助手段表达思想》(*Effective Presentation: The Communication of Ideas by Words and Visual Aids*)，美国版的书名为《新演讲术》(*The New Oratory*)。该书详尽说明了如何照顾到听众、会场布置、演示技巧和排练等，见解深刻。其中我最喜欢的一条是"演示是听众给予演示者的一种恩惠"，值得大家铭记在心。

⋯

提示

设计PPT演示文稿应掌握以下基本规则：
- 文字幻灯片只包含最重要的、经过恰当分组和总结的思想（观点、论据、建议等），叙述应尽量简洁。
- PPT演示文稿应图文并茂，配合使用各种图、表、示意图会更形象、更直观、更有冲击力。
- PPT演示文稿应呈现经过深思熟虑的故事梗概和脚本。

在PPT演示文稿中，图表幻灯片占90%，文字幻灯片占10%，它们作用是：
- 说明PPT演示文稿的框架结构（文字幻灯片）。
- 强调重要的思想、观点、结论、论点、建议等（文字幻灯片）。
- 阐明单用文字难以说清楚的数据、关系（图表幻灯片）。

⋯

第 12 章 在字里行间呈现金字塔

做到条理清晰需要经过两个步骤：首先确定要说明的思想或要证明的论点，然后用文字表达。构建金字塔结构，并再次检查各组思想观点之后，你就能确切知道自己想要说明的思想或论点，以及说明思想、论点的顺序。所有这些工作都是为了用文字把它们呈现出来。

从理论上说，这应该是比较容易完成的任务。作者理应能把自己的论点转换成一系列简洁优雅的语句和段落，清楚生动地传达信息，引起读者的兴趣。但是，事实并非如此。许多文章语句太长，还加入了大量专业术语，晦涩难懂，内容乏味。下面就列举了一个这样的例子：

- 有一个可能得到改进的主要领域，是提高现场销售人员配置（和组织）的成本效益，以便在商店和间接层面上，反映由交易环境变化导致的重新定义销售任务的需要。
- 可以从集团提交的可供选择的初始计划中进行预先计划好的调整，并采用应变计划和按优先顺序排列的对特殊方案及其他可支配支出进行调整的指导原则大纲。

- 当前对现金流进行准确分析的需求，向现有系统提出了特殊要求，现有系统还无法满足有关准确性的严苛要求。可以结合预测时尚未充分考虑的信息进行改进。

这些段落都是一些头脑灵活、能言善辩、解决问题的能力很强的作者写的。他们当中的任何人都能在口头上清楚无误地解释自己的思想观点，但是在写作时，他们似乎认为，内容越枯燥，用语越专业，就越能获得重视。

其实这是个谬论。卓越的思想观点不应该用拙劣的文章来表达。一部技术专著也可以是一部文艺作品，威廉·詹姆斯、弗洛伊德、怀特海、罗素和布罗诺夫斯基等人已经证明了这一点。当然，针对专业人士的技术交流必须使用技术性语言，但是堆砌术语、晦涩难懂的文风在很大程度上只是一种理解错位，毫无必要。

文章不仅应该能清楚地表达你的思想观点，而且要让读者在接受文章观点的过程中感到愉悦。当然，任何一本关于写作的书都会这么建议，如果这么容易，每个人早都这样做了。尽管要做到这一点不容易，但有一种方法能为我们提供帮助，就是有意识地让那些当初用来得出思想观点的图像可视化。

我们是通过图像而不是文字来进行概念思维的，因为这样效率更高。图像能把大量事实综合成简单抽象的概念。鉴于一个人不能同时思考七八个以上的问题，用图像浓缩整个世界会带来极大的方便，否则就只能在一些低层次的事实基础上做决策。

把七八个这样的抽象概念放在一起，虽然面对的是大量繁杂的细节，但在总体思想上却能应付自如。从下面的例子中不难看出，相比于文字，通过图像能更快地掌握3个条形图之间的相互关系，如图12-1所示：

关系

A ▬▬▬▬▬▬▬▬▬▬	A 比 B 长
B ▬▬▬▬▬▬▬	B 比 C 长
C ▬▬▬▬	所以 A 比 C 长

图 12-1　图像更易于理解

遣词造句要做到条理清晰，必须从"看见"你要说的内容开始。有了图像之后，只需简单地把它转化成文字即可。反过来，读者也能根据你的文字在大脑中重构图像，这样不仅能理解你的思想，思维过程也是一种享受。

下面我将说明这种方法。首先我会向大家展示在读一篇条理清晰的文章时，图像是如何自然而然地形成的，然后给出提示，如何从写得不好的文章中找出潜藏的图像，以便进行修改。

画脑图（在大脑中画图像）

下面是梭罗的《瓦尔登湖》中的一段。阅读时，尽量记住头脑中发生的一切：

> 1845 年 3 月底时，我借了一把斧子，走进瓦尔登湖畔的森林中准备盖房子的地方，开始砍伐一些如箭矢一般高耸入云的小白松，用来做木料……我的工作地点在一个令人愉悦的山坡上，透过坡上茂密的松林能看见湖面，还有林中的一小块开阔地，小松树和山核桃树郁郁葱葱。湖水凝结成的冰面虽然开了几个窟窿，但还没有完全融化，全被染成了黑色，而且往外渗着水。

在理解每个字词的时候,你的头脑中应该逐步描绘出一幅图像。你在理解一个个的短语和句子时,图像的细节会变得更加丰富。你所描绘的图像不是摄影意义上的图像,而是"记忆图像",会随着文章的展开逐渐清晰起来。

如果你阅读上文的过程和我一样,首先看到的是 1845 年 3 月,那么也许你会有种感觉,好像回到了过去某个灰暗的日子。然后你看见梭罗从另一个人那里借了把斧子,他走向森林,手里拿着斧子。这时树变成了白松,梭罗正在砍伐。下一句是对山坡的介绍,突然间,山上树木丛生。你看见梭罗站起身来,远眺湖面、开阔地和湖里结的冰。

你的体验也许和我的完全一样,也许不太一样。重要的是,你在一边阅读一边构思。记忆图像是这一构思活动的结果,是对文章信息的总结。作为理解过程的一部分,在大脑中画图像能帮助你记住读过的东西。

如果你把书放下,回忆阅读过的文字,很可能会发现自己无法逐字逐句地复述。但如果让你回忆看书时得到的图像,那么复述的内容会大致和原文相同。

有关记忆的研究已经证明,图像有助于记忆,但同时也表明,忘记和添加哪些细节取决于人们的感情偏好。尽管如此,记忆图像确实能在阅读过程中帮助你记忆文章和从文章中提取的信息。

为了有效地理解和记忆,阅读时应该在大脑中画出图像。如果遇到一些难以想象的段落,同时文中的思想观点又非常抽象,可以尝试用骨架结构图代替具体图像。但是无论如何,必须把文字想象成某种可见的形式,除非读者"看见"了文章所说的内容,否则就不能认为读者已经理解了该段落。

为了具体说明,下面将给出一段文字,主题是国际重建与发展银行是否应该将固定贷款利率改为浮动贷款利率。

如果贷款利率差带来的折价风险太高，在以后的一段时期里，银行的收入会通过调低贷款利率整体回流到借款人手中。因此，只有当银行近乎永久地通过系统性高估风险来赚取"超额"收入时，固定贷款利率才会从整体上给借款人带来额外的费用。但目前看来，这种可能性不大。

尽管文中讨论的概念相当抽象，但是"利差""超额"和"调低"等字眼使你能清楚地想象个中关系。如果画成图像的话，只需4条线和两个箭头，如图12-2所示（我加上了说明性文字，你自己阅读时没有必要这么做）：

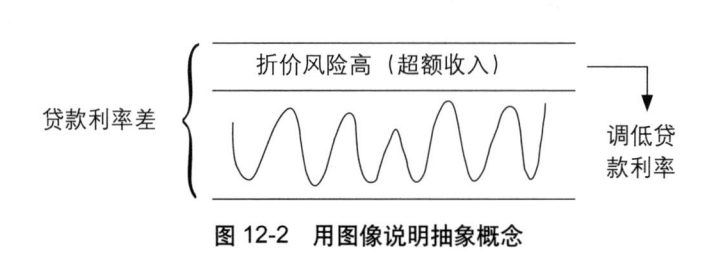

图 12-2　用图像说明抽象概念

在此，需要特别说明一下骨架图。当不需要像照片一样完整详细地再现文章内容，而只需要再现所讨论内容的大致结构关系时，可以采用骨架图。骨架图通常包括一种或几种几何图形（如圆形、直线、椭圆形、长方形等），以概况或草图的形式呈现，再加上箭头等符号表明方向和相互关系。

这看起来也许有些孩子气，但自爱因斯坦之后，所有伟大的"视觉思想家"在谈论到视觉图像时，都强调了骨架图的模糊性、复杂性和抽象性。

把图像转化成文字

采用在大脑中画图像的方法对改写文章有很大帮助。还是以第279页的例子中的第一段来说明。由于阅读时文字的展开不能在头脑中产生图像，因此你的思想寻找不到任何具体的可以依托的东西。我们再来看一下第一段的前半部分：

> 有一个可能得到改进的主要领域，即提高现场销售人员配置（和组织）的成本效益……

等你看到现场销售人员的时候，前面的部分已经从你的头脑中消失了，可是句子还没有完：

> 以便在商店和间接层面上，反映由交易环境变化导致的重新定义销售任务的需要。

我们要掌握的具体名词有哪些？也许是"销售人员""商店"和"交易环境"。如何通过图像表现它们的关系呢？请参看图12-3：

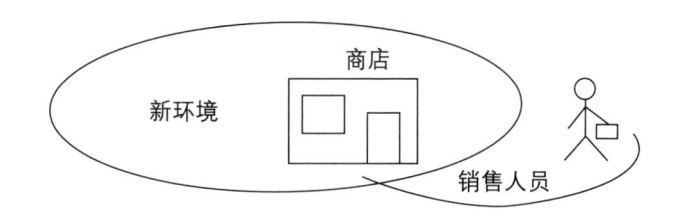

图 12-3　用图像表示销售人员、商店和新环境

上图似乎表明，要讨论的主要是销售人员和商店的关系。也许作者的意思是：

我们必须重新部署销售人员以适应新的交易环境。

可以看出，这一方法的诀窍是找出名词以及它们之间的关系，并形成视觉图像。现在我们把这一技巧运用在第279页和280页的另外两个例子上：

可以从集团提交的可供选择的初始计划中进行预先计划好的调整，并采用应变计划和按优先顺序排列的对特殊方案及其他可支配费用进行调整的指导原则大纲。

其中的要点名词应该是"预先计划好的调整""可供选择的初始计划"和"应变计划和按优先顺序排列的指导原则大纲"（不管它是什么意思）。作者准备怎样把它们联系在一起呢？请参看图12-4：

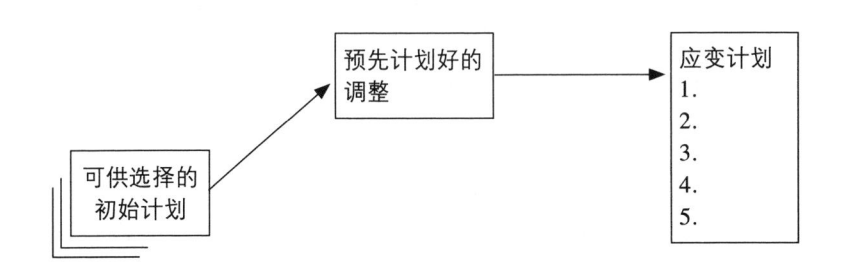

图 12-4　用图像表示 3 个名词的联系

显然作者想从读者那里得到的是某种应变计划。他希望表达的信息可能是：

如果计划需要调整，应该列出需要削减活动的大致顺序。

再看另一段：

当前对现金流进行准确分析的需求，向现有系统提出了特殊要求，现有系统还无法满足有关准确性的严苛要求。可以结合预测时尚未充分考虑的信息对其进行改进。

当然，我们一眼就能看出，现有的系统还无法满足有关准确性的严苛要求，但还是可以运用我们的方法。这段话中的要点名词应该是"不准确的现金流分析""系统""改进"和"信息"。它们之间的关系可能如图 12-5 所示：

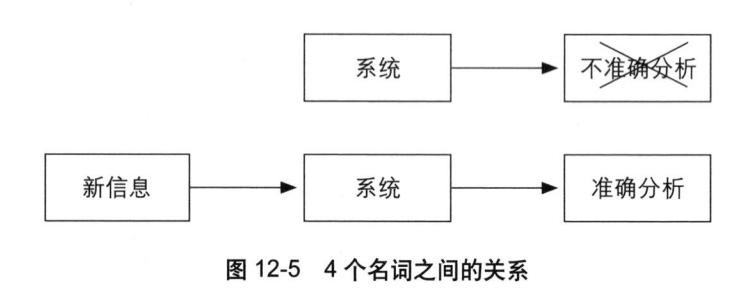

图 12-5　4 个名词之间的关系

显然，从上图中获得的关键结论是：输入正确的信息会产生准确的分析结果。（因未见到作者，我们很难判断"预测时尚未充分考虑的信息"的含义。）这段话或许可以这么表述：

如果输入某种信息，系统就能得出准确的现金流分析。

总之，要做到条理清晰，一个行之有效的方法就是强迫自己想象各种思想观点之间的内在关系。头脑里有了清晰的图像后，就能立刻把它转换成清楚的句子，读者也能马上理解，并在记忆中以图像的形式储存信息。

以图像的形式储存信息非常重要，因为阅读需要逐字逐句进行，但我们的头脑只能容纳有限的词句。通过将文字转化为图像，读者不仅能接收大量信息，更加有效地在头脑中进行处理，而且能将清晰的图像转化为鲜活的印象，便于回忆。

威廉·明托教授生活在一个闲适的年代，下面是他曾说过的一段话：

> 写作时，你好像一位司令官，指挥着千军万马，排队通过一个每次只容一人通过的隘口，而你的读者则在另一边迎接，将部队进行重新编队和组织。无论主题多么大或多么复杂，你只能以这种方式表达。
>
> 最终你会发现，这就是我们在顺序和编排上对读者应尽的义务，以及为什么修辞学者们除了强调措辞得体和别出心裁外，还把顺序和编排当作对那些给予自己厚爱的人应尽的职责。

朋友们，按他说的话做吧！

...

提示

要让读者在阅读文章时感到愉悦，一个很简单的方法就是有意识地让那些当初用来得出思想（观点、论点、措施）的图像可视化。

附录1　在无结构情况下解决问题的方法

第8章"界定问题"把解决问题描绘为一个不断进行逻辑分析的过程，目的是发现并展示导致非期望结果的内在结构。如果问题是我们不喜欢该结构造成的结果，解决方案就是调整结构。

但是，还存在另一种情况，问题不是我们不喜欢结果，而是无法解释它。无法解释的原因有3个：

- 造成非期望结果的结构根本不存在，比如当你想发明一件新东西，如电话或水底隧道时。
- 结构无形，如存在于大脑或DNA中，只能分析其结果。
- 结构不能解释结果，比如如亚里士多德对力的定义不能解释炮弹的运动轨迹，或者不管你怎么保养，工具都会生锈。

在解决问题的时候，你有可能会遇到以上几种无结构的情况。这时就需要用到比我们前面讨论的层次更高的视觉思维方法，但是它们的推理过程很相似。

这种方法是外展推理的一种形式。"外展推理"一词由查尔斯·桑德斯·皮尔斯于1890年创造，用来描述解决问题的方法。之所以叫外展推理，是为了强调它与演绎推理、归纳推理在解决问题的思维方面的相似性。下面我将解释外展推理的两种形式之间的区别，并着重介绍如何使用第二种形式。

分析性外展推理

皮尔斯认为，任何推理过程都要涉及3个方面：

1. 规则（关于世界组成方式的看法）。
2. 情况（世界上存在的已知事实）。
3. 结果（如果把规则用于该情况，预期将发生的事情）。

何时采取何种推理方法，取决于推理过程的起点和已知的其他事实。下面是3种推理方法的区别：

演绎推理

规则	如果价格定得太高，销量将下降	如果A，则B
情况	价格定得太高	A
结果	所以销量将下降	必然B

归纳推理

情况	提高价格	A
结果	销量下降	B
规则	销量下降的原因可能是价格太高	如果A，很可能B

外展推理

结果	销量下降	B
规则	销量下降通常由于价格太高	如果 A，那么 B
情况	检查价格是否确实太高	可能 A

我们一直在说，分析性的解决问题的方法包括关注现状（R1，非期望结果），了解背景，寻找非期望结果产生的原因（规则），并检验是否已经找到（情况）。这和上文所述的外展推理过程有异曲同工之妙。

尽管外展推理有别于归纳推理和演绎推理，有必要注意其中的区别，但三者之间也有紧密的联系。因此，如果解决问题时要面对复杂的背景，可能就会交替使用以上 3 种推理形式。应该采用何种推理形式、将会得到何种结果，完全取决于推理过程的起点，如图 1-1 所示：

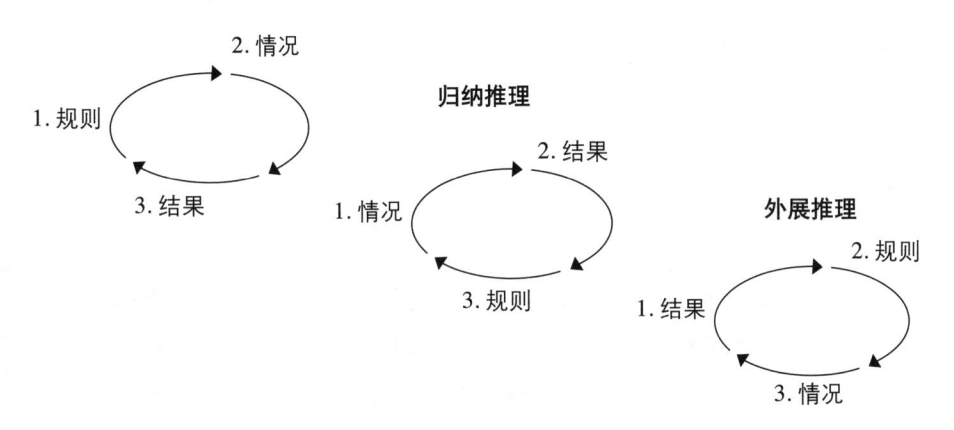

图 附录 1-1 推理过程的起点决定你的思维形式

科学性外展推理

第 8 章讨论了分析性的解决问题的方法，这里要讨论的是创造性或科学性的解决问题的方法，二者的主要区别在于，我们知道导致结果的结构，而科学家在运用后者时还不知道，即前者已经有了两个基本要素，由此便能推理出第三个要素，而对于后者，科学家必须创造出第二个要素，才能推理出第三个要素。

在推理第三个要素的过程中，科学家们一般会采用传统的科学方法：

- 设想一个能解释结果的结构。
- 设计一项能证实或排除假设的实验。
- 进行实验，得出明确的是或否的答案。
- 重复这一过程，进行分支假设或后续假设，以界定其他可能性，如此循环往复。

科学方法的特点是构造假设和设计实验。两项活动都对视觉思维能力有很高要求。

提出假设

科学的假设不是凭空得来的，而是仔细研究问题产生背景的构成要素后自然而然引出的。举个例子，如果你的问题是想找到一种让人们不用喊叫也能长距离沟通的方法，你自然会去寻找改变声音或增强听力的各种方法，由此形成假设。

遗憾的是，如何提出假设并没有什么诀窍。通常需要一定的天赋，你才能发现你所了解的问题和所了解的世界之间的相似之处。贝尔发明电话就是最好的例证：

> 让我吃惊的是，与控制它们的极其细薄的耳膜相比，人类的耳骨其实非常粗大。于是我想到，如果这么细薄的耳膜都能振动这么粗大的耳骨，为什么一片更加厚实的膜不能振动一块铁片呢？

人类目前所掌握的知识只是冰山一角，还没有人能解释为什么猿类似人而不是其他物种。因此，要想彻底了解问题产生的背景，做出所有相关假设并重新检验，这几乎是不可能的。但是，我们确实从运用过这一方法的人那里了解到，他们最后得到的真知灼见总是以视觉图像的形式浮现出来的。

设计实验

提出假设后，下一步就是设计能够肯定或否定假设的实验。这个过程同样需要视觉思维："如果假设是有效的，接下来必然会发生什么呢？我要设计实验来证明它确实会发生。"用外展推理的方法表述就是：

结果　我观察到非期望结果 A。
规则　A 的发生可能是因为 B。
情况　如果 B，那么 C 必然发生。检查接下来是否发生 C。

通过伽利略和炮弹的故事，我们可以更清楚地了解这种方法：

结果　亚里士多德认为，力会产生速度。因此，当力停止作用于物体时，物体就会停止运动。但是大炮发射炮弹时，即使力已经停止作用，炮弹仍然继续运动。就力与运动的关系而言，亚里士多德关于力的概念一定是错误的。

规则　我只要扔下手中的球，就能观察到运动与力之间的关系。此时，我注意到背景包括3个构成要素：

　　球的重量。
　　球下落的距离。
　　球下落的时间。

由此可以提出3种不同的假设：

　　1. 力与其作用的物体的重量成正比。
　　2. 力与其作用时物体通过的距离成正比。
　　3. 力与其作用的时间成正比。

情况　如果假设3是对的，那么通过的距离将与时间的平方成正比。这就意味着如果物体在单位时间内通过单位距离，那么它在2个单位时间内将通过4个单位距离，在3个单位时间内将通过9个单位距离，依此类推。

从斜面的一侧将球滚下，以便有足够的时间测量在不同单位时间内通过的距离，并由此判定距离和时间的关系是否就是假设中提出的关系。

新规则　结果完全一样。因此可以确定，力导致了速度的变化。

设计实验的意义在于，通过实验得到的最终答案一定是明确的"是"或"非"。改变背景中的某一个条件还不足以使你"看清楚发生了什么"，而实验结果却能让你明确地肯定或者否定最初所做的假设。

过去一百多年来，人类在自然科学领域取得的最伟大的进步都严格遵守了这一要求。引用达尔文的一句话：

> 所有的观察结果，如果有用的话，必须支持或反对某一观点。奇怪的是，竟然有人看不到这一点。

最后，我们再来对比一下外展推理的两种形式，如表附录1-1所示：

表附录 1-1 分析性和科学性的解决问题的方法有着相同的模式

基本流程	分析性的解决问题的方法	科学性的解决问题的方法
1. 问题是什么	想象一下当前结果与你想要的结果之间的差距	界定你得到的结果和按常规理论你应该得到的结果之间的差别
2. 问题在哪里	想象目前背景中可能导致该结果的各种要素	说明可能导致差别的传统理论假设
3. 问题的原因	分析每个要素是否会以及为什么会导致该结果	假设可以消除差别，解释结果的结构
4. 我们能做什么	提出符合逻辑的结构上的改变，这种变化会产生你期望的结果	设计实验，排除一个或多个假设
5. 我们应做什么	建立体现这些改变和产生最满意结果的新结构	在实验结果的基础上修改之前的理论假设

从上表可以看出，两种形式有着相同的模式。这种模式有重要的价值，因为它们能帮助你迅速找到思考和解决问题的突破口，以严谨的方式推进你的思考，尽量减少中间步骤，而且不会被一些不相干的因素绊住或拖延。

每一步都要求产生让人"看见"的结果（即图像思维），每一幅图像都能为进一步的分析指明方向。当问题得到解决时，这些图像将成为指导你讨论和斟酌字句的依据。

赫伯·西蒙曾说，解决问题只不过是通过表述问题使解决方案不言自明。我一直在努力让大家了解最有效的表述方法。我们所有人都可以拥有比过去更具创造性和更有效的思维方式。更清楚地了解思维的过程，也许能鼓励我们切实地运用它们。

附录 2　序言结构范例

序言的写作是一个非常重要的思维过程。一旦熟悉了这一过程，你会发现很多序言都采用了相同的形式，一般都会回答下面前 3 个问题中的一个，有时也会回答第 4 个问题：

1. 我们应该做什么？
2. 我们是否应该按计划做？
3. 我们应该如何做？
4. 问题发生的原因是什么？

表附录 2-1 展示的是每个问题项下最常见的结构。你可能还希望看到这些结构实际扩展成文章时的样子，因此我也列出了第 8 章中列举的一些序言结构的全文。

看过这些文章之后，我将详细解释使用时容易混淆的两种序言结构（项目建议书正文和备选方案的写作），以及如何阐明流程的变化。

表 附录2-1 序言要回答的问题

我们应该做什么？		
1．如何解决问题 背景　做了或想做X／有情况 冲突　行不通或不能做／有问题 疑问　怎么办	2．如何得到满意的行动方案 背景　有问题 冲突　想要做X的解决方案 疑问　如何得到该解决方案	3．备选方案 背景　想做X 冲突　有不同方案可供选择 疑问　选哪一种
4．探讨 背景　按照目前流程可得到X 冲突　对是否需要改变进行了探讨 疑问　是否需要改变	5．读者虽然对某种做法没有疑问，但建议改变 背景　我们准备进行X活动 冲突　我们有两种选择 　　　－与过去一样 　　　－做某些改变 疑问　哪种选择更明智	
我们是否应该按计划做？		
1．该行动方案是否正确 背景　有情况／问题 冲突　策划了行动方案 疑问　该行动方案是否可行	2．是否有问题 背景　有问题也有解决方案 冲突　担心实施时遇到问题 疑问　是否有问题	3．解决方案行得通吗 背景　有问题也有解决方案 冲突　测试解决方案 疑问　行得通吗
4．解决方案能否实现目标 背景　策划行动方案 冲突　除非能实现Y，否则不打算实施 疑问　该方案能否实现Y	5．项目建议书（B） 背景　有问题 冲突　希望通过咨询来解决问题 疑问　你是不是我们要聘请的咨询顾问	
我们应该如何做？		
1．如何做必须做的事情 背景　为了解决问题，必须做X 冲突　要做X，必须先做Y 疑问　如何做Y	2．如何实施解决方案 背景　有问题 冲突　有解决方案，不知道如何实施 疑问　如何实施解决方案	3．你如何做某事 背景　过去有问题 冲突　通过做X得以解决 疑问　如何做X

续表

4. 讲述如何做新的事情 背景　必须做 X 冲突　不知道怎么做 疑问　我们应该怎么做	5. 讲述如何正确做某事 背景　目前有系统 X 冲突　不能有效工作 疑问　如何使它有效工作	6. 发出指示 背景　我们想做 X 冲突　我们需要你做 Y 疑问　我如何做 Y
7. 讲述如何运行 背景　有目标 冲突　安装系统／流程，以实现目标 疑问　如何运行	8. 项目建议书（A） 背景　有问题 冲突　希望通过咨询解决问题 疑问　你如何帮助我们解决问题	
问题发生的原因是什么？		
1. 1 号项目进度小结 背景　项目建议书说，为解决问题我们应该做 X 冲突　已经做了 X 疑问　有什么结果	2. 后续项目进度小结 背景　在上次项目进度小结时我们告诉你已经做了 X，你说我们下一步应该做 Y 冲突　已经做了 Y 疑问　有什么结果	

序言的常见形式

我们应该做什么

S&S 公司

背景（S）= 现在使用 A 方法销售产品。

冲突（C）= 希望提高增长率，但面临其他问题，担心 X 方法不能继续发挥作用。

疑问（Q）= 如何改变？

S&S 公司目前在销售 3 种产品：薄膜、分析测试仪和普通滤纸，3 种产品的市场相互独立。公司雇用了少量销售人员开发分子生物市场，与一些经销商合作（占销售额的 23%），其中 NC 膜（硝酸纤维素膜）销售业绩很出色,高素质的销售人员功不可没。相比之下，在其他产品市场开发方面就做得不是那么好了。

预计分子生物市场对 NC 膜的需求将在 3 年内翻一番，其他市场也将迅速增长。S&S 公司担心现有的销售人员无法应付薄膜市场的增长，更不要说从其他市场攫取市场份额。公司不想增加经销商，因为必须支付高达 30% 的佣金，同时也注意到，经销商已经开始在分子生物市场销售合成的 NC 产品来争夺市场。

（S&S 公司应如何维护其分子生物／薄膜市场，同时在其他市场获得更大利润并保持增长？）

我们认为，S&S 公司应在每个市场建立单独的分销渠道。

是否应该做自己想做的事

衍射物理公司

背景（S）＝也许存在问题。

冲突（C）＝如果存在问题，必须改变。

疑问（Q）＝是否必须改变？

作为 IBM 公司 EPOS 系统的扫描仪供应商，衍射物理公司在欧洲扫描仪市场占有最大份额。由于公司产品技术含量高，所以价格也相对较高。

现在，NCR/ICL 公司开始以低得多的价格销售扫描仪。如果这种做法成为今后发展的趋势，可能会使所有 OEM 厂商退出市场，设备价格大幅下降。我们做了市场调查，以确定公司的地位受到了多大威胁，以及有无必要进行直销。

结论是，衍射物理公司应开始大力推行分别定价，以顺应行业的长期发展趋势。

应该如何做自己想做的事

圣塞巴斯蒂亚诺市

  背景（S）=存在问题。

  冲突（C）=知道解决方案，但很难实施。

  疑问（Q）=如何实施该方案？

圣塞巴斯蒂亚诺市担心，由于南得克萨斯地区经济恢复缓慢、国防部削减预算带来的负面影响，以及其他限制就业的因素，该市无法为日益增加的劳动力创造更多就业机会。市政府意识到有必要促进经济发展，以避免失业率增高。

尽管市政府有不少有利条件和竞争优势，但因为基础设施有很多不足，难以吸引优秀企业搬到该市。你要求我们分析现状，以确定市政府应该采取何种措施克服困难，促进经济发展。

我们认为，市政府应该从改进当地基础设施入手。

我们存在问题吗

阿尼尔斯基航空公司

  背景（S）=变化正在发生。

  冲突（C）=希望减轻可能带来的负面影响。

  疑问（Q）=负面影响是什么？

欧洲已经开始取消对运输系统的管制，相应地，大大放宽了针对外国公司的准入限制，废除保护国有铁路和航空公司免于竞争的规定，减少对运输单据的要求，简化边境检查手续，在某些情况下甚至取消检查。但是，对取消管制的速度和范围，以及如何减轻变化带来的影响，一直存在激烈争论。

（到底将带来什么影响？）

我们认为，取消管制不会造成问题，相反，这将成为创造一个真正的共同市场的关键因素。

我们应该选择哪种方案

科尔法克斯超市

   背景（S）= 计划做 X。

   冲突（C）= 有人建议 Y 可能更好。

   疑问（Q）= 应选择哪个？

按照最初的设计，科尔法克斯超市新采用的以销售为基础的补充库存系统（SABRE）应该是一个中央控制系统。

但实际上，负责录入所有数据和主要使用这个系统的是各个分店，因此产生了一个问题——如果系统设计成以分店为基础，是否会更实用、更灵活、更具成本效益？为此，你设立了一个委员会来决定哪种结构更适合科尔法克斯。

我们完成了分析工作，得出的结论是：与中央控制系统相比，以分店为基础的系统能更好地为超市服务。

解决方案行不通，我们应该做什么

杰克逊食品公司

   背景（S）= 过去存在问题，实施了解决方案。

   冲突（C）= 解决方案行不通。

   疑问（Q）= 我们应该做什么？

杰克逊食品公司的供应链每年的运营成本是1200万美元，占净销售收入的14%，高于其他竞争对手。不仅如此，公司的整个供应系统效率极低，一直处于供不应求的局面，不能及时交货，造成违约，还有大量的退货和借款。在PMG业务领域，不能完全满足订单需求必然会导致市场份额下降。

杰克逊食品公司已经采取措施改变交易条件，以增加单笔订单的金额，减少在不同地点交货的次数。但是，这一举措并没有对供应链的成本或效率带来多大改观。而且，如果继续以高成本提供低水平的服务，肯定会对公司的财务状况造成显著影响。

如果公司想在现在和将来保持良好的财务状况，必须把供应链变为竞争优势的来源，把改进成本和服务作为一项长期任务，争取成为行业内效率最高的供应商。

复杂的序言形式

序言的基本结构大都是"背景—冲突—疑问"，但有些序言的形式明显比其他的复杂。我选了两种常见的复杂序言做进一步解释：

- 提出解决问题的步骤，如咨询项目建议书和项目计划书。
- 涉及多个可供选择的解决方案。

提出解决问题的步骤

大多数商务文章是在问题已经解决后才写的，但有一些文件是为了告诉读者，作者会如何一步一步寻找解决问题的方案。咨询项目建议书和项目计划书就属于这一类。

两者都需要在序言部分界定问题，通常都会围绕分析的步骤进行构思，向潜在客户阐述问题是什么，以及解决问题的思路。如果咨询项目建议书和项目计划书得到客户的认同，作者会进一步分析问题产生的原因，然后写一份报告，提出自己的结论和建议。

在写咨询项目建议书的时候，通常还需要起草一份合同，告诉客户他购买的服务是什么，价格是多少，何时能完成，以及由谁来具体实施等。为确保这些内容都被写入文件，大多数咨询公司的咨询项目建议书会采用以下标准的标题格式：

> 序言
> 背景
> 目标和范围
> 问题
> 技术方法
> 工作计划和提交材料
> 效益
> 公司资质和相关经验
> 时间、人员和费用

不过，围绕这些标题写作有一个缺点——作者往往会倾向于在每一个标题下以图表的方法提出自己的观点，图表中的观点容易交叉重叠，导致思维混乱。

例如，"序言""背景""目标和范围"这3个标题下的内容应该论述怎样界定问题，而"问题""技术方法""工作计划和提交材料"这几个标题下的内容则应该论述怎样解决问题。我不清楚为什么还要把效益作为一节单独列出来，因为如果效益达成是指解决了客户的问题，那么这就是文章的首要目标，应该属于"目标和范围"这一部分的内容。

因此，我向大家推荐第 4 章"序言的具体写法"提到的一种文章结构，如图附录 2-1 所示。序言部分解释问题，正文部分则围绕解决问题的方法构思。当然，正文部分也可以围绕客户为什么应该聘用你构思，如图附录 2-2 所示。（项目计划书通常围绕流程构思。）

咨询项目建议书还应该包括咨询公司的资质，以及有关时间、人员和费用的信息，但这些都在金字塔结构的考虑范围之外。

背景（S）= 你目前的问题（背景，现状，目标）。
冲突（C）= 你希望咨询公司帮你解决。
疑问（Q）= 你将如何帮助我们解决问题？

为帮助你解决问题，我们将……
- 步骤 1
- 步骤 2
- 步骤 3
- 步骤 4

我们的资质、时间、人员和费用

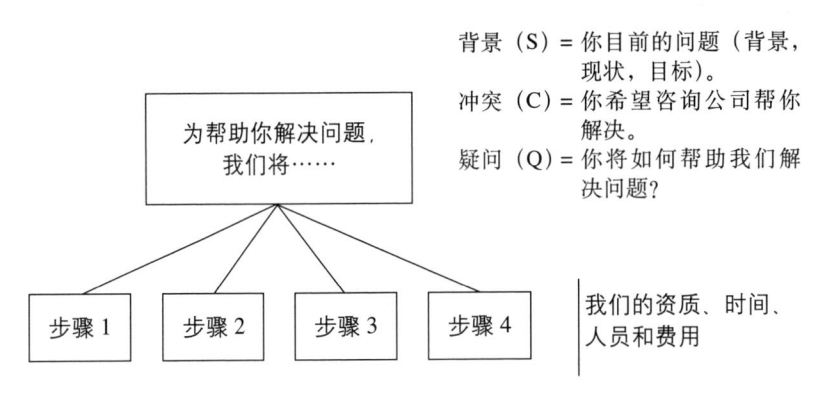

图 附录 2-1　围绕"步骤"构思咨询项目建议书

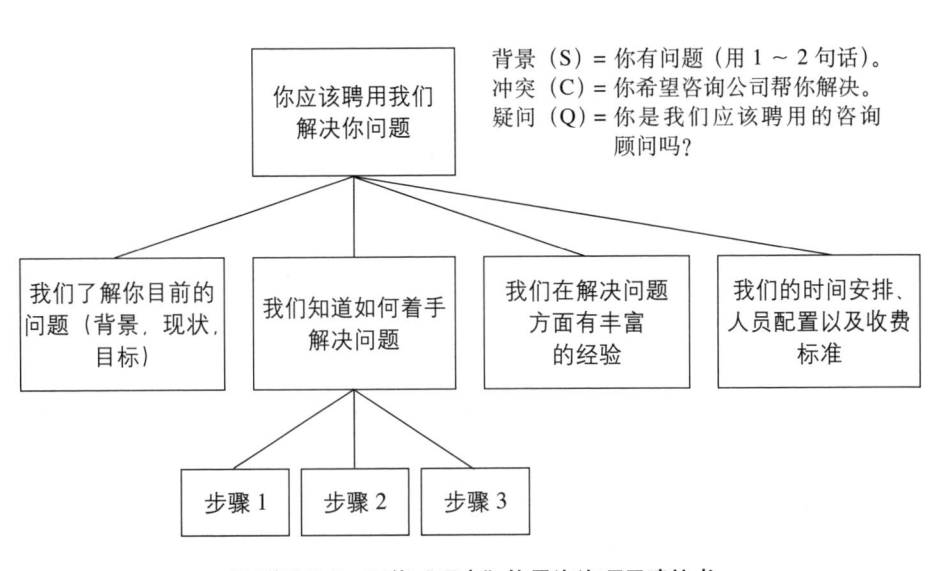

背景（S）= 你有问题（用 1~2 句话）。
冲突（C）= 你希望咨询公司帮你解决。
疑问（Q）= 你是我们应该聘用的咨询顾问吗？

你应该聘用我们解决你问题
- 我们了解你目前的问题（背景，现状，目标）
- 我们知道如何着手解决问题
  - 步骤 1
  - 步骤 2
  - 步骤 3
- 我们在解决问题方面有丰富的经验
- 我们的时间安排、人员配置以及收费标准

图 附录 2-2　围绕"理由"构思咨询项目建议书

305

是按照方案实施的步骤构思，还是按照雇用你的理由来构思，通常取决于建议书的性质。如果是合作过的老客户，建议书只是确认这次的工作内容，那么建议围绕方案实施的步骤进行构思。但如果需要和其他咨询公司竞争，最好围绕客户应该聘用你的理由来构思，如图附录2-2所示。

两种构思方法的主要区别在于，如果使用后一种方法，咨询建议书的开头段落应该与下面这个例子类似。

我们很高兴能与您见面，并探讨贵公司向发展中国家销售软件的计划。

本文旨在提出我们的建议，以协助您制订合理的营销战略。内容包括：

- 我们对贵公司所拥有的市场机会有充分的理解。
- 为帮助您制订充分利用这个机会的战略，我们将采取的方法。
- 我们过去完成过类似任务，有相应的经验。
- 我们的工作安排。

接下来的第一节应该详细解释问题，使用"背景—现状—目标"的结构，并且一定要提及客户公司的决策者最关心的或已列入其议程的事情，因为他（她）将是决定挑选哪家咨询公司的关键。第二节应该说清楚将要使用的方法，而第三节则应该强调你在解决问题方面的专长或特长。

为了增加对以上方法的感性认识，我将以一家美国电话公司的咨询项目为例进行说明，该公司希望向发展中国家销售软件，具体情况如下：

该公司多年来一直致力于开发自己的商业和管理软件。虽然前些年开发的一些软件现在已经被换代淘汰，但发展中国家或第三世界国家可能对此仍有一定的需求。因此，公司决定设立合资企业，开发独具特色的系列软件产品，销往具有前景的细分市场。

但是，公司从来没有开拓过这些国家和地区的市场，根本不知道有什么细分市场，更不用说哪些市场有前景。因此，公司决定聘请一家咨询公司，协助判断其软件产品在哪些市场具有前景。

以上情况可以通过界定问题框架来展开分析，如图附录 2-3 所示。然后，从左往右进行梳理，又可以把它们转化成金字塔结构，如图附录 2-4。

背景

切入点／序幕

客户：美国的电话公司　　发展中国家的电话公司

困扰／困惑

政策的改变，发展中国家的电话公司现在愿意从其他电话公司购买应用软件

现状 R1

有机会向发展中国家提供自主开发的应用软件

设立合资企业，开发独具特色的系列软件产品，销往具有吸引力的细分市场

不知道哪些市场最有发展前景

目标 R2

成为商业／管理软件系统盈利的销售商

成为运营支撑系统盈利的 OSS 销售商

聘请咨询顾问确定有前景的细分市场

图 附录 2-3　界定美国电话公司的问题

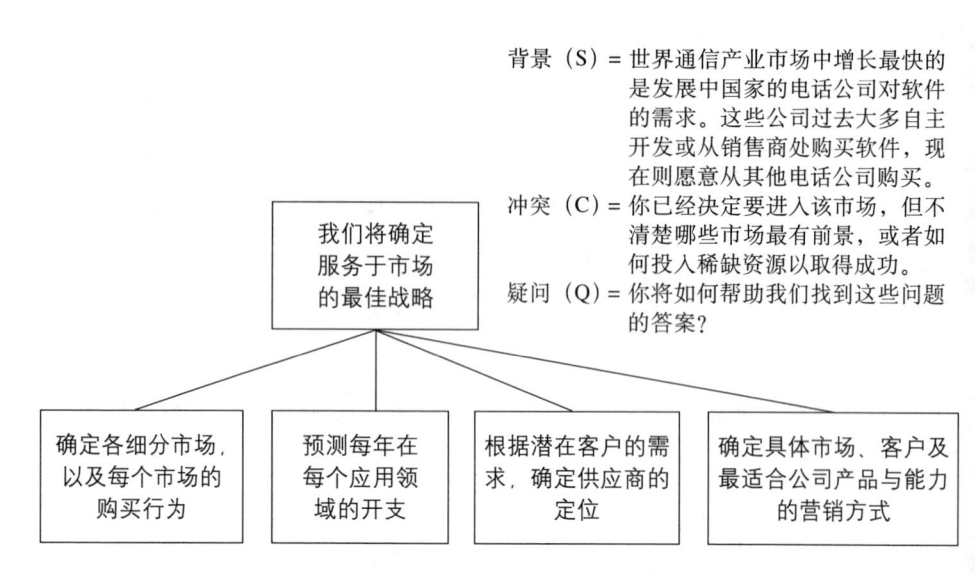

```
                          背景（S）= 世界通信产业市场中增长最快的
                                   是发展中国家的电话公司对软件
                                   的需求。这些公司过去大多自主
                                   开发或从销售商处购买软件，现
                                   在则愿意从其他电话公司购买。
            ┌─────────┐
            │ 我们将确定 │   冲突（C）= 你已经决定要进入该市场，但不
            │ 服务于市场 │           清楚哪些市场最有前景，或者如
            │ 的最佳战略 │           何投入稀缺资源以取得成功。
            └─────────┘
                          疑问（Q）= 你将如何帮助我们找到这些问题
                                   的答案？
```

┌──────────┐ ┌──────────┐ ┌──────────┐ ┌──────────┐
│确定各细分市场，│ │预测每年在 │ │根据潜在客户的需│ │确定具体市场、客户及│
│以及每个市场的 │ │每个应用   │ │求，确定供应商的│ │最适合公司产品与能力│
│购买行为   │ │领域的开支 │ │定位   │ │的营销方式   │
└──────────┘ └──────────┘ └──────────┘ └──────────┘

图 附录 2-4　美国电话公司咨询项目的金字塔结构

涉及多个可供选择的解决方案

表附录 2-1 第一个问题之下的第三种结构描述的是备选方案。本书第 4 章提到，严格地说，一个问题并没有多个可选择的解决方案，你所推荐的方案要么能使读者将现状转化为目标，要么不能。从这个意义上说，并不存在备选方案。只不过在不能清楚地描述目标时，你无法判断自己是否已经找到了解决方案，所谓的备选方案就是在这种情况下出现的。

只能模糊地描述目标时，人们往往会选出 3 个或 4 个行动方案，比较它们之间的优劣对错。比较备选方案的意义不大，真正重要的是它们如何与目标相匹配。但是由于没有明确的目标，人们应该做的其实是想方设法地界定目标。

所以最好一开始就确定好目标。（事实上，解决问题的第一步通常就是界定目标。）当然也可以在最后才确定目标，但是这会徒增很多麻烦，尤其是要对每一个备选方案的优点和缺点进行权衡。

大多数人觉得必须在文章中列出所有的优点和缺点,而不愿意总结各组观点,把它们构建成金字塔结构。

严格说来,只有当读者事先了解各种备选方案时,才会在文章中讨论这些方案。在这种情况下,他的问题是选择哪一个。如果读者事先不知道这些备选方案,你就会处于非常尴尬的境地。比如,你只得像下文这样进行关键句推理:

- 解决这个问题有3种可能的方法:A、B、C
  - 方法 A 不好,因为……
  - 方法 B 不好,因为……
  - 因此,应采用方法 C。

事实上,采用方法 C 的理由并不是因为 A 和 B 不好,而是因为 C 能解决问题,根本没有必要提及 A 和 B。你也许会说,是读者要求我告诉他怎样解决问题以及有哪些解决方案的。但读者之所以会提出这种要求,是因为他的问题没有被清晰界定,也就是说,他想达成的目标是模糊不清的。

在这种情况下,读者真正想要的并不是所有可选的解决方案,而是可供选择的目标。在尽可能清楚地表达思想的前提下,可以围绕可供选择的目标构思文章。如果最终你发现没有一种解决方案能同时满足读者期望的所有目标,那么这说明你的文章构思是正确的,比如:

- 做 X,如果你期望有稳定的收益。
- 做 Y,如果你期望有快速的增长。
- 做 Z,如果你期望工人不罢工。

对应每一个明确的目标，都有一个明确的解决方案。这时，如果读者仍然坚持要提供备选方案，你有两个选择——要么在序言部分给出，但有可能不太容易，要么列在附录部分。如果把备选方案列在附录部分，用图表表示会比较有效。把备选方案列在下面，把评判标准列在上面，然后在符合标准的备选方案前画勾，在不符合标准的备选方案前画叉即可。

介绍流程的改变

大多数情况下，你在写一份改进某一流程的项目建议书时，读者已经很熟悉流程及其存在的问题了。因此，序言部分只需简单描述这些问题，文章可以围绕这些改变进行构思：

　　背景（S）＝ 现在有五套流程——X。
　　冲突（C）＝ 不起作用。
　　疑问（Q）＝ 如何改进？

我们在第 4 章 "序言的具体写法"中了解到，写这类序言的诀窍是想象一下流程改变前和改变后的每一个步骤，从而确定这些改变是否是你想要的。另外还有两种情况，也需要前后对比分析，使序言更为简明扼要：

　　•读者已经了解令人不满的旧流程和让人期待的新流程。他的问题是：怎样实施新流程或者是否应该实施新流程。
　　•读者不了解流程，更不知道问题所在。他的问题是：准备怎样改进以及为什么要改进。

在写这些序言的时候，对流程的描述既不要太笼统，也不要太详细。下面将列举两个对应上述情况的例子，来解释如何运用前后对比分析的方法，并对文章中的不足之处进行改写。

当读者对新、旧流程都了解时

表附录2-2中"DDT：文件数字化和远程传输系统"一文的阅读对象是那些想知道现有流程能否通过特定方式改进的人。序言的大致内容是：

> 背景（S）= 我们以前做过如何保存和传输文件的研究。研究院也对通过欧洲共同市场科技数据通讯网络／欧洲直通情报检索网络系统（Euronet/DIANE）传输文件产生的问题进行了研究。您建议做更多的研究。
>
> 冲突（C）= 我们正在考虑将文件转换成数字形式并传输电子文件涉及的技术、经济和管理问题。因为技术的飞速发展使电子传输文件成为可能。
>
> 疑问（Q）= ？
>
> 回答（A）= 在欧洲范围内，从技术上说是可行的，成本也合理。
> - 我们设想在DIANE的基础上建立一个叫DDT的系统。
> - 市场不会马上认可这样的系统，需要一个示范项目。
> - 还需要进行进一步的技术研究。
> - 必须解决重要的非技术性问题。

表 附录2-2　缺少流程介绍

DDT：文件数字化和远程传输系统

序言
我们进行研究的原因

应您的要求，8月份我们进行了题为"文件数字化和远程传输系统"的研究。我们要确定和分析的机制，必须完成向数字保存和传输技术的过渡，保证文件传送的成本效益。

去年，研究院提出的一份技术报告已经讨论了"Euronet用户在文件传输中遇到的问题"。用户现在能够通过在线检索科技信息（STI）服务，方便快捷地从大量文献中找到自己想要的参考目录。但由于用户需要的是相关文章的全文，所以必须提供一种快捷、全面和经济的文件传输服务。研究院咨询顾问提出的研究计划书清楚地说明了通过Euronet/DIANE进行文件订阅和传送的要求、问题和解决方案。

DIANE是"欧洲直通情报检索网络系统"（Direct Information Access Network for Europe）的缩写，现在已投入使用。它涵盖了目前通过Euronet通信网络可提供的所有信息服务。Euronet本身只是数据传输设施，而非信息服务。

DIANE为欧洲主要的Euronet服务商提供了一个框架。这些服务商通常是保存有文献目录数据库的计算机服务部门。DIANE通过提供标准命令语言、推荐服务和用户指南等工具，使用户更加清楚地认识到通过网络获得各种信息服务的优势。

欧共体下属的科技信息与文献委员会（CIDST）听取了研究院的报告和其他研究者的评论与建议后，建议进行更多的专项研究。

我们已经完成了其中的两项，探讨了将文件转换成数字形式并传输电子文件所涉及的问题。进行这一研究的背景是，计算机和通信技术的迅猛发展，已经或在不久的将来使电子文件传输成为可能。因此，文件执行中心将不再向读者提供纸质文件或大幅减少提供量。

结论
通过研究，我们确认，将文件转换成数字形式保存在计算机数据库中，并通过数字通信传输到想阅读文件的读者身边的打印机上，在技术上是可行的。

数字化和远程传送的成本持续下降。但昂贵的设备必不可少，还必须加大文件的处理量来降低单位成本。拟议中覆盖全欧洲的业务将实现文件的隔夜传输，每页文件的边际成本与目前执行中心复印和邮寄文件的成本差不多。

我们设想建立一个名为DDT的系统，以一种新方式运用现有技术，同时考虑建立覆盖全欧洲的业务涉及的组织、管理、法律和监管问题。DDT将总结DIANE获得的经验并加以补充。这将是一项快捷、全面和经济的文件传送服务，以文献参考目录的形式接受请求，并从数字化文件数据库进行远程传送。

但是，我们认为市场不会马上认可这一系统。要满足快速查询全文的要求，必须建立一个示范项目。

DDT应发展成为一个开放的系统，让所有的信息供应商都可以通过该系统向所有用户传输文件，因此一定要建立在国际标准的基础上。

如何将现有技术运用于DDT，需要做进一步研究。DDT要取得更大发展，还必须解决一些重要的非技术性问题。

除了文章标题取得不好以外，作者也没有搞清楚应该说什么，所以内容非常含糊。他没有弄明白，负责该项目的研究小组关心的问题或者想从他那儿得到什么。"考虑将文件转换成数字形式并传输电子文件时涉及的技术、经济和管理问题"，如果是为了描述目的，这句话并没有多大启发性。

其实，只要用界定问题框架做指导，任何人都可以轻松地让整篇文章条理清晰、语言准确。接下来要做的第一步是大致描述现有流程，以及研究小组准备怎么改进它。

仔细阅读表附录 2-2 的文章，你会发现，目前的流程是先通过屏幕浏览目录，查找文件，然后打电话给图书馆说明需求，图书馆查找文件、复印并邮寄，整个过程需要 7～10 天。

未来的系统能将书面文件转换成数字形式并在中心计算机进行储存，用户浏览目录找到文件后，只需打一个电话，一个小时之内就能在自己的屏幕上看到文件，如图附录 2-5 所示。

背景

切入点／序幕

查找文件 ▶ 索要文件 ▶ 查找复印 ▶ 邮寄

目前流程 = 7～10 天

困扰／困惑

用户对获取科技文件花费的时间太长感到不满

现状（R1）

收到文件要花太长时间

传输电子文件
- 在计算机上确定参考文件
- 打电话给中心计算机
- 在屏幕上看到文件

目标（R2）

1 小时内收到文件

查找文件 ▶ 索要文件 ▶ 在屏幕上看到文件

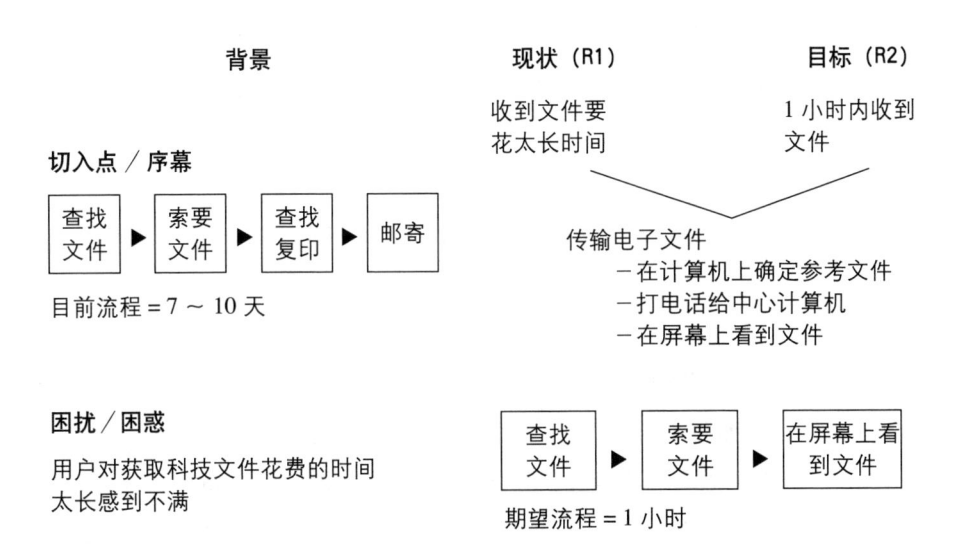

期望流程 = 1 小时

图 附录 2-5　DDT 问题的结构

通过这种方式展开问题，可以很容易看出，读者既了解存在的问题，也能得出解决问题的方案。因此读者的疑问应该是"这是个好方案吗"，或者更具体一点，"我们能开发出传送电子文件的低成本系统吗"。

经过这些分析，作者应该能写出类似下文的序言和结构：

背景（S）= 目前，通过 Euronet 获取科技文件的效率不高，这已经引起科技信息与文献委员会（CIDST）的关注。用户虽然可以轻松地通过在线检索服务找到文件来源，但必须等 7～10 天才能收到邮寄的文件复印件。

冲突（C）= 更好的方法是把文件转换成数字形式，进行中心储存，然后通过 Euronet/DIANE 来传输。需要调查开发低成本系统是否可行。

疑问（Q）= (开发低成本的电子文件传输系统是否可行？)

回答（A）= 可行，但目前不现实。
- 系统必须在全欧洲范围采用才能降低单位成本。
- 要覆盖全欧洲存在不少障碍。
- 最好的方法是推出示范项目，通过创造足够多的需求来消除障碍。

当读者对流程知道甚少或完全不了解时

在上文 DDT 项目的例子中，读者既了解问题，也知道解决方案，但是在很多情况下，读者并不了解问题，这时如果写文章要求批准某一解决方案，就一定要详细解释问题，描绘系统的工作现状，以及采纳你的建议以前的所有问题。

有关序言的原则告诉我们，不要在序言部分说读者不知道或认为不真实的事情，但是你可以尽量让读者"看"到：问题可能存在，你的解决方案似乎有理。要做到这一点，自己首先要"看"清楚问题。

请看图附录 2-6 中的周期图表账（Period Graph Books），及表附录 2-3 的备忘录。图附录 2-6 详细描绘了周期图表账制作系统存在的问题。周期图表呈现了该公司 5 个子公司的月度销售额、成本

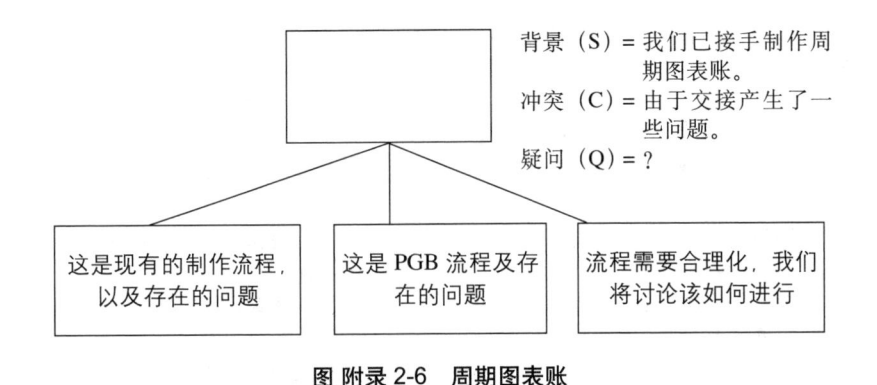

```
                ┌─────────┐       背景（S）= 我们已接手制作周
                │         │                 期图表账。
                │         │       冲突（C）= 由于交接产生了一
                └────┬────┘                 些问题。
         ┌──────────┼──────────┐   疑问（Q）= ？
    ┌────┴────┐┌────┴────┐┌────┴────┐
    │这是现有的││这是 PGB ││流程需要合│
    │制作流程，││流程及存 ││理化，我们│
    │以及存在的││在的问题 ││将讨论该如│
    │问题     ││         ││何进行    │
    └─────────┘└─────────┘└─────────┘
```

图 附录 2-6　周期图表账

和利润，是向最高管理层演示汇报的基础。

你会注意到，这里并没有给出解决方案，只是说系统需要进行"合理化"改造。根据以往的经验，如果不能提供解决方案，人们往往不会主动提出问题。其实无论情况如何，如果能恰当描述问题，就会发现解决方案隐藏在其中。应遵循的步骤如下：

- 画一幅现有的流程图。
- 说明各个流程存在的问题。
- 画一幅用来消除问题的系统图。
- 说明从旧系统到新系统需要进行哪些改变。
- 在序言部分简明扼要地解释问题。

表 附录2-3　周期图表账备忘录

收件人：
发件人：
主题：周期图表账（PGB）

您知道从第5期开始，公司财务分析部从计划部接手了制作4本周期图表账的工作，在交接时产生了一些问题，这份备忘录将对此进行简要说明。

制作

为了更清楚地说明这些问题，我先大致描述一下现有的制作过程。具体内容如下：

收集数据：基础数据源包括外部报告（如"P"表）、部门内部文件，以及部门通过电话口头提供的信息。

生成具体的数据点：通过人工计算或计算机（只有PGB通过计算机计算）生成数据点。例如，滚动收入、成本和百分比（如A&M占净销售额的百分比）。

把数据点录入系统表格：约翰·布伦南负责提供年度累计数据点的计算机打印件，分析师把它更新为最新一期的数据。每张图表占计算机的一屏。通常每张图表需要两项新的数据——现在的数据和13个滚动数据。将数据输入表格后返回，以便更新彩色制图数据库。

问题

主要问题是如何控制从部门获得信息到实际生成图表的过程。将4本周期图表账转到公司分析部后，由于流程中增加了一个步骤，进一步降低了系统的效率，使控制变得更为困难。

为了说明这一点，我将简单描述一下PGB监控账的流程和一些相关问题。由于每个地区要生成13张图表，需要进行大量的运算，所以PGB监控账的大部分计算都是通过专门设计的公司计算机系统完成的。

输入公司PGB系统的数据主要来自部门内部文件。部门计算机系统的输出结果将输入到公司PGB系统，该系统会计算用于图表的滚动、年度累计、单位以及百分比数据点。公司计算机系统的输出结果为彩色制图部提供数据。彩色制图部会把这些数据点输入他们的数据库并生成图表。

如上所述，该流程涉及部门人员，以及计划、财务分析和系统3个部门。每一期的数据要以不同形式输入计算机系统不少于3次。因此，系统的效率很低，另外由于涉及的人员太多、分工太细，很容易出错。

在已经完成的7期周期图表账中存在一些问题：

- 不同时期和不同地区的数据输入不一致。
- 原始计算机程序设计存在问题，导致可变成本的计算有误。
- 对以前正确的数据点无端改变。
- 数据库未对上期信息进行更新，上期信息必须重新粘贴在计算机的输入表中。

总体评价

大部分问题是由于流程本身效率低下造成的。制作流程的分工导致没有人负责数据控制，形成职责不明确的"灰色区域"，出错的可能性增加。

无论是单一周期图表账，还是执行部门所有一般运算的计算机系统，整个制作流程都需要进行合理化改造。但在现有人员条件下，我们无法实施合理化改造并控制图表账。

如果您方便，我们能否一起讨论如何更好地对流程进行合理化改造？

图附录 2-7 是新、老系统的示意图。

老系统通过手动录入数据进行计算,新系统直接从计算机下载数据。在第一个系统中,人工收集和录入数据容易出错,数据常常不及时和不完整,而且计算机生成图表太慢,来不及找出其中的错误。即使列入周期图表账的图表是正确的,演示者为了更清楚地展现发展趋势或使发展趋势符合预期,也可以改动图表。在这种情况下,他往往不会通知其他人。

财务分析系统

1. 收集数据
2. 生成图表用数据点
3. 填入计算机输入表格
4. 填入彩色制图计算机
5. 计算机画出图表
6. 更新图表数据点
7. 列入图表账,供演示用
8. 归档

- 错误
- 数据不及时/不完整

生成速度太慢,来不及查找错误

演示者改动图表

PBG 监控账系统

- 从部门计算机下载数据
- 录入 PBG 公司计算机
- 公司计算机生成图表用数据点

- 在计算机中输入 3 次数据。
- 不同时期和不同地区的数据不一致

可变成本计算有误

数据点无端改变

建议系统

- 直接将数据传输到公司计算机
- 由计算机生成数据点
- 计算机画出图表
- CFA 更新图表
- 列入图表账
- 演示者改动
- 存档

图 附录 2-7 新、老系统示意图

PGB系统的分析师通过部门的计算机系统收集数据，不再手动收集，但还是需要再录入到公司PGB系统计算机以及彩色制图计算机中。这导致不同时期和不同地区的数据不一致，以前正确的数据点也被无端地改变。

将上述两个系统分别展开，即可确定每个系统内部存在的问题，可以很容易看出，主要问题是多个环节发生错误，导致系统生成的图表有误。错误通常发生在录入数据、计算数据点和演示者改动图表的时候。

备忘录的作者希望把所有的录入和计算工作集中在一台计算机上完成，以消除在录入数据和计算数据点时发生的错误。另外，通过严格约束演示者来消除擅自改动图表的问题。其实，只要设想一下改造前后的流程及其差异之处，就能很轻松地确定需要进行的改造环节和内容：

- 建立数据连接，将数据直接传输到公司计算机系统。
- 建立可靠的通过计算机生成图表数据点的日常工作流程。
- 要求演示者做作的改动必须在使用前得到重新批准。

以上改造将构成金字塔结构中的关键句要点，并回答读者提出的"你建议进行哪些改造"的问题。只需采用倒推法（如图附录2-8所示），就能确定序言部分应该提供哪些信息，引导读者提出"你建议进行哪些改造"这一问题。

每个关键句要点提出的问题应该是"为什么"。在每个关键句要点之下，可以详细解释现有系统的不合理之处，以及将要采取的行动如何解决问题。但是，你不用解释系统的每一个步骤，只需解释存在问题的地方，这样可以使备忘录更精炼。

背景（S）= 从第五期开始，公司财务分析部从计划部接手了 4 本图表账的制作工作。这些图表账是向最高管理层演示汇报的基础。财务分析部还要继续用 PGB 系统制作第 5 本图表账。

冲突（C）= 尽管数据点是由计算机生成的，但我们还是发现在很多情况下数据点不正确或不一致。问题似乎出在两套独立的系统上，这两套系统被用来输入数据，但效率都不高。

疑问（Q）= 你建议进行哪些改造？

```
                 ┌─────────────────┐
                 │我们必须从根本上消除│
                 │  错误发生的机会  │
                 └─────────────────┘
                ／        │        ＼
┌──────────────┐ ┌──────────────┐ ┌──────────────┐
│建立数据连接，将 │ │建立可靠的通过计│ │要求演示者所做 │
│数据直接传输到公 │ │算机生成图表数据│ │的改动必须在使 │
│司计算机系统    │ │点的日常工作流程│ │用前得到重新批 │
│               │ │              │ │准            │
└──────────────┘ └──────────────┘ └──────────────┘
```

图 附录 2-8 采用倒推

附录3　本书要点汇总

第1章　为什么要用金字塔结构

1．为了方便交流，必须将思想（观点、结论、要点、论点、论据、建议、行动、步骤等）归类分组。

2．将分组后的思想按照不同层次进行抽象提炼、总结概括，构建金字塔结构。

3．向读者介绍（传递、阐述、论证）思想最有效的途径是结论先行，自上而下地表达。

4．金字塔中的思想应遵守3个基本原则。

5．要做到条理清晰，关键是把思想组织成金字塔结构，并在写作前用金字塔原理检查。

> **关键概念**
> 金字塔结构的基本原则
> - 结论先行：每篇文章只有一个中心思想，且应放在文章的最前面。
> - 以上统下：每一层次的思想必须是对下一层次思想的总结概括。
> - 归类分组：每一组中的思想必须属于同一逻辑范畴。
> - 逻辑递进：每一组中的思想必须按照逻辑顺序排列。

第2章　金字塔内部的结构

1．金字塔结构的各个层级包括各种思想，思想使受众（包括读者、听众、观众或学员）产生疑问。

2．在纵向上，各层级思想将与读者进行疑问－回答式对话。

3．在横向上，各种思想以演绎推理或归纳推理的方式回答读者的疑问，但两种方式不可同时使用。

4．序言通过讲故事提醒读者，文章将回答读者最初的疑问。

5．序言包括背景、冲突、读者的疑问和作者的回答。冲突因背景而产生，背景和冲突都是读者已知的事实。

6．冲突导致读者提出疑问，而文章将回答读者的疑问。

> **关键概念**
> 金字塔结构中的逻辑关系
> - 各种思想纵向相关（疑问－回答式对话）。
> - 各种思想横向相关（演绎／归纳）。
> - 金字塔顶端思想要回答读者心中已有的疑问。
> - 序言引出读者最初的疑问。

第3章　如何构建金字塔

1．自上而下法：

－确定作者想论述的主题。

－设想读者的疑问。

－给出答案。

－检查背景和冲突是否引发读者提出疑问。

－证实答案。

－填写关键句要点。

2．自下而上法：

－列出作者想表达的所有要点。

- 找出各要点之间的关系。
- 得出结论。
- 倒推出序言。

> **关键概念**
> 构建金字塔结构
> - 确定主题。
> - 设想疑问。
> - 给出答案。
> - 检查背景和冲突是否会引发读者的疑问。
> - 证实答案。
> - 填写关键句要点。

第 4 章 序言的具体写法

1．写序言的目的是提示读者已知的信息，而不是提供新信息。

2．序言通常包括背景、冲突、读者的疑问和作者的答案。

3．序言的长短取决于读者的需要和主题的要求。

4．为每个关键句要点写一段引言。

> **关键概念**
> 写序言
> - 说明背景。
> - 指出冲突。
> - 冲突引发读者提出疑问。
> - 文章正文给出答案。

第 5 章 演绎推理与归纳推理

1．演绎推理是一种论证，其中第二个论点对第一个论点加以评论，第三个论点说明前两个论点同时存在时的含义。

2．对演绎推理的概括就是把最后一个论点作为主体，概括整个推理过程。

3．归纳推理是把具有相似性的思想归类分组，根据各要点具有的共性得出结论。

4．在关键句层次，使用归纳推理比演绎推理更方便读者理解。

> **关键概念**
> 逻辑推理
> - 演绎推理是一个线性推理过程。
> - 归纳推理是把相似的思想或相关的行动加以归类。
> - 在关键句要点层次，使用归纳推理比演绎推理更方便读者理解。

第6章 应用逻辑顺序

1．应用逻辑顺序可以确保你不会：

　－把新闻当作思想。

　－遗漏某组中的重要思想。

2．任一组思想的逻辑顺序都呈现了该组思想的分组基础。

　－时间顺序：通过设想某一流程得出的思想。

　－结构顺序：通过评论某一结构得出的思想。

　－程度顺序：按程度或重要性分组得出的思想。

3．如果你在某一组思想中找不到以上顺序，说明这些思想之间不存在逻辑关系，或者你的思考还不周全。

4．为了检查一组思想的逻辑顺序，你可以：

　－先把每一个句子改写成能说明其实质的短句（即只保留主语、谓语、宾语，删除定语、状语和补语，只保留动词、名词，删除形容词、副词）。

　－再把相匹配或具有共同点的句子归为一组。

　－最后选择适当的顺序排列。

5．如果是行动性思想（即说明行动、活动、行为、动作、步骤、流程等），那么应该：
　　－明确说明每项行动产生的最终结果（效果、目标）。
　　－把最终能产生同样结果的行动（行为、步骤等）归为一组。
　　－确定每组思想的分组基础（类别），并依此排序。
　　－检查是否有遗漏的步骤。

> **关键概念**
> 将行动性思想（说明行动、活动、行为、步骤、流程）排序
> - 明确说明每一行动产生的最终结果。
> - 把能产生相同结果的思想合并、归类、分组。
> - 确定该组思想的分组基础，并依此排序。
> - 检查是否有遗漏的步骤。

6．如果是描述性思想（即介绍观点、情况、信息等），那么应该：
　　－把说明类似事务或具有共同点的思想归为一组。
　　－确定每组思想的分组基础（找出相似之处、共同点）。
　　－把所有思想转换成完整的句子，确定其顺序。
　　－检查是否有遗漏的步骤。

> **关键概念**
> 将描述性思想（介绍观点、论点、论据、情况、信息）排序
> - 把说明类似事务或具有共同点的思想归类、合并、分组。
> - 确定每组思想的分组基础。
> - 把所有思想转换成完整的句子，确定其顺序。
> - 检查是否有遗漏的步骤。

第7章　概括各组思想

1．避免使用"缺乏思想"的句子（比如，存在3个问题……）。

2．分组应遵守"相互独立不重叠,完全穷尽无遗漏"原则(MECE原则)。

3．行动总是按时间顺序进行,通过说明行动产生的直接结果可以概括行动性思想。

4．将描述性思想归类分组,是因为每组思想具有共同特性,它们都:

　　－针对同一类主语。

　　－针对同一类谓语（动作或对象）。

　　－包含同一类判断。

> **关键概念**
> 概括各组思想
> - 通过说明行动产生的直接结果，概括行动性思想（概括一组行动）。
> - 通过说明各项思想具有的共同点、相似性，概括描述性思想（概括一组信息）。

> **关键概念**
> 寻找思想的共同点
> - 各思想是否针对同一类主题。
> - 各思想是否涉及同一类行动。
> - 各思想是否针对同一类对象。
> - 各思想是否包含同一类观点。

5．对行动性思想进行分组时,要求:

　　－发掘每项行动的本质。

　　－区分不同的抽象层次（比如,采取一项行动,只是时间上必须在另一行动之前,还是为了完成另一行动？）。

-明确说明行动产生的最终结果。

-直接由行动概括出结果。

> **关键概念**
> 行动性思想分组
> - 发掘每项行动的实本质。
> - 区分行动的不同层次。
> - 明确说明行动性思想产生的最终结果（效果、目标）。
> - 直接由行动概括出结果。

6. 对描述性思想进行分组时，要求：

-找出句子结构的共同点。

-确定包括这些思想的最小范畴。

-说明共同点隐含的意义。

> **关键概念**
> 描述性思想分组
> - 找出主语、谓语、宾语或含义的共同点。
> - 确定包括这些思想的最小范畴。
> - 说明共同性隐含的意义。

第8章 界定问题

1. 展开"问题"的各要素：

-切入点／序幕（产生问题的具体领域、方面）。

-困扰／困惑（它的发生打乱了该领域的稳定）。

-现状（R1，非期望结果）。

-目标（R2，期望结果）。

-答案（到目前为止，针对问题已经采取的措施，如果采取了的话）。

-疑问（为了解决问题，必须做什么）。

2．把界定的问题转换成序言：
  - 从左往右再往下。
  - 读者最后知道的事实就是冲突。

> **关键概念**
> 界定问题
> - 设想问题产生的领域。
> - 说明什么事情的发生打乱了该领域的稳定（困扰／困惑）。
> - 确定非期望结果（现状，R1）。
> - 确定期望结果（目标，R2）。
> - 确定是否已经采取了解决问题的行动。
> - 确定通过分析所要回答的疑问。

第9章 结构化分析问题

1．运用诊断框架呈现问题领域的详细结构，展示一个系统内的各个部分是如何相互影响的。
  - 查找存在因果关系的活动。
  - 对产生问题的可能原因进行分类。
2．收集资料，以证明或排除结构中导致问题产生的部分。
3．使用逻辑树进行分析。
  - 提出和检验解决方案。
  - 揭示树状图中各项思想的内在关系。

> **关键概念**
> 结构化分析问题
> - 界定问题。
> - 使用诊断框架，呈现问题领域的详细结构。
> - 假设产生问题的可能原因。
> - 收集资料，以证明或排除所做假设。

第 10 章 在书面上呈现金字塔

用多级标题、行首缩进、下划线和数字编号等方法,突出文章的整体结构。

1．表现金字塔结构中主要组合之间的过渡。

2．表现金字塔结构中主要思想组之间的过渡。

第 11 章 在 PPT 演示文稿中呈现金字塔

1．制作文字幻灯片应尽量简明扼要。

2．制作图表幻灯片可以使传达的信息更简单易懂,在幻灯片的上部说明要传达的信息。

3．运用故事梗概,简要说明整体结构。

4．排练,排练,再排练!

第 12 章 在字里行间呈现金字塔

1．画脑图(在大脑中画出图像或思维导图)

2．把图像转化成文字。

参考文献

1. Adler, Mortimer J. & Van Doren, Charles. *How to Read A Book*. New York: Simon and Schuster, 1972.
2. Alexander, Christopher. *Notes on the Synthesis of Form*. London: Oxford University Press, 1964.
3. Allport, Floyd H. *Theories of Perception and the Concept of Structure*. New York: John Wiley, 1955.
4. Aristotle, *Logic* (Organon). In Great Books of the Western World. Chicago: Encyclopaedia Britannica, 1952.
5. Aristotle, *Rhetoric* (Rhetorica). In Great Books of the Western World, Chicago: Encyclopaedia Britannica, 1952.
6. Arnheim, Rudolf. *Visual Thinking*. Berkeley and Los Angeles: Univ. of California Press, 1969.
7. Boole, George. *An Investigation of the Laws of Thought on Which are Founded the Mathematical Theories of Logic and Probability*. New York: Dover, 1958.
8. Bronowski, Jacob. *A Sense of the Future*. Cambridge: MIT Press, 1977.
9. Bronowski, Jacob. *The Common Sense of Science*. Cambridge: Harvard Univ. Press, 1978.
10. Brooks, Cleanth and Warren, Robert Penn. *Fundamentals of Good Writing*. New York: Harcourt Brace, 1950.
11. Brown, G. Spencer, *Laws of Form*. New York: Julian Press, 1972.
12. Bruner, Jerome S. and Goodnow, Jacqueline J. and Austin, George A.

A Study of Thinking. New York: John Wiley, 1956.

13. Bruner, Jerome S. et al. *Studies in Cognitive Growth.* New York: John Wiley, 1966.

14. Butterfield, H. *The Origins of Modern science.* New York: Free Press, 1965.

15. Cassirer, Ernst. *The Philosophy of Symbolic Forms.* New Haven: Yale University Press, 1955.

16. Chomsky, Noam. *Cartesian Linguistics: A Chapter in the History of Rationalist Thought.* New York: Harper & Row, 1966.

17. Cohen, L. J. *The Implications of Induction.* London: Methuen, 1970.

18. Cooper, Leon N. *Source and Limits of Human Intellect.* In Daedalus, Spring, 1980.

19. Copi, Irving M. *Introduction to Logic.* New York: MacMillan, 1969.

20. Dewey, J. *Logic: The Theory of Inquiry.* New York. H. Holt & Company, 1936.

21. Ellis, Willis D. *A Source Book of Gestalt Psychology.* London: Routledge & Kegan Paul, 1969.

22. Emery, F. E., editor *Systems Thinking.* Harmondsworth, Middlesex: Penguin, 1969.

23. Febvre, Lucien and Martin, Henri-Jean. *The Coming of the Book: The Impact of Printing 1450-1800.* London: NLB, 1976.

24. Fodor, J. A. *The Language of Thought.* New York: Crowell, 1966.

25. Ghiselin, Brewster, *The Creative Process: A Symposium.* Berkeley and Los Angeles: Univ. of California Press, 1952.

26. Gordon, William J. J. *Synectics.* New York: Harper & Row, 1961.

27. Guilford, J. P. *The Nature of Human Intelligence.* New York: McGraw-Hill, 1967.

28. Hanson, N. R. *Patterns of Discovery.* Cambridge: Harvard University Press, 1958.

29. Hayakawa, S. I. *Language in Thought and Action.* New York: Harcourt Brace, 1949.

30. Hazlitt, Henry. *Thinking as a Science.* Los Angeles: Nash Publishing,

1969.

31. Holland, B. Robert. *Sequential Analysis*. McKinsey & Company, Inc. London, 1972.

32. Holton, Gerald. *Conveying Science by Visual Presentation*. In Kepes, Gyorgy. Education of Vision, Volume 1, pp. 50-77. New York: George Braziller, 1965.

33. Hovland, Carl I., et al. *The Order of Presentation in Persuasion*. New Haven, Yale Univ. Press, 1957.

34. Johnson, Wendell. *People in Quandaries*. New York: Harper & Row, 1946.

35. Knight, Thomas S., *Charles Peirce*. New York: Twayne Publishers, 1965.

36. Koestler, Arthur. *The Act of Creation*. London: Pan Books, 1966.

37. Koestler, Arthur. *The Sleepwalkers*. Middlesex Penguin Books, 1964.

38. Korzybski, Alfred. *Science and Sanity*: An Introduction to Non-Aristotelian Systems and General Semantics. Clinton, Conn.: Colonial press, 1958.

39. Kuhn, Thomas. *The Structure of Scientific Revolutions*. Chicago: Univ. of Chicago press, 1962.

40. Langer, Susanne K. *Philosophy in a New Key*. New York: Mentor Books, 1942.

41. Lerner, Daniel, editor. *Parts & Wholes*: The Hayden Colloquium on Scientific Method and Concept. New York: Free Press of Glencoe, 1963.

42. Martin, Harold C. *The Logic & Rhetoric of Exposition*. New York: Rinehart, 1959.

43. Miller, George A. *Language and Communication*. New York: McGraw-Hill, 1963.

44. Miller, George A. *The Psychology of Communication*: Seven Essays. New York: Basic Books, 1967.

45. Miller, G. A., and Johnson-Laird, P. N. *Language and Perception*. Cambridge: Harvard University Press, 1976.

46. Morris, Charles. *Signs, Language and Behavior*. New York: George

Braziller, 1946.

47. Northrop, F. S. C. *The Logic of the Sciences and the Humanities*. New York: World Publishing, 1959.

48. Ogden, C. K. *Bentham's Theory of Fictions*. London: Routledge & Kegan Paul, 1932.

49. Ogden, C. K. and Richards, I. A. *The Meaning of Meaning*. New York: Harcourt Brace, 1923.

50. Ortony, Andrew, editor. *Metaphor and Thought*. Cambridge; Cambridge University Press, 1979.

51. Peirce, Charles S. *Collected Papers*. Cambridge: Belknap Press, 1978.

52. Percy, Walker. *The Message in the Bottle*. How Queer Man Is, How Queer Language Is, and What One Has to Do with the Other. New York: Farrar Straus, 1975.

53. Piaget, Jean and Inhelder, Barbel. *The Growth of Logical Thinking from Childhood to Adolescence*: An Essay on the Construction of Formal Operational Structures. London: Routledge & Kegan Paul, 1958.

54. Piaget, Jean. *Logic and Psychology*. Manchester: University Press, 1953.

55. Piaget, Jean. *The Mechanisms of Perception*. New York: Basic Books, 1969.

56. Piaget, Jean. *The Psychology of Intelligence*. London: Routledge & Kegan Paul, 1967.

57. Piaget, Jean. *Structuralism*. London: Routledge & Kegan Paul, 1971.

58. Pirsig, Robert M. *Zen and the Art of Motorcycle Maintenance*. London: Bodley Head, 1974.

59. Platt, John R. *The Step to Man*. New York: John Wiley & Sons, 1966.

60. Polya, G. *How to Solve It:* A New Aspect of Mathematical Method. Princeton: University Press 1945.

61. Popper, Karl R. *The Logic of Scientific Discovery*. London: Hutchinson, 1972.

62. Popper, Karl R. *Objective Knowledge*: An Evolutionary Approach. Oxford, Clarendon Press, 1972.

63. Pribran, Karl H. *The role of Analogy in Transcending Limits in the Brain Sciences*, in Daedalus, Spring 1980.

64. Quiller-Couch, Sir Arthur. *On the Art of Writing*. Cambridge; Cambridge University Press, 1916.

65. Reilly, Francis E. *Charles Peirce's Theory of Scientific Method*. New York: Fordham University Press, 1970.

66. Richards, I. A. *The Philosophy of Rhetoric*. New York: Oxford University Press, 1956.

67. Russell, B. *Logic and Knowledge*. Edited by R. C. Marsh. London: Allen Unwin, 1956.

68. Shannon, Claude E., and Weaver, Warren. *The Mathematical Theory of Communication*. Urbana: Univ. of Illinois Press, 1949.

69. Simon, Herbert A. *The Sciences of the Artificial*. Cambridge: MIT Press, 1969.

70. Skinner, B. F. *Verbal Behavior*. New York: Appleton-Century-Crofts, 1957.

71. Stebbing, L. Susan. *Thinking to Some Purpose*. London: Whitefriars Press, 1948.

72. Thomson, Robert. *The Psychology of Thinking*. Harmondsworth, Middlesex: Penguin, 1959.

73. Upton, Albert. *Design for Thinking*: A First Book in Semantics. Stanford: Stanford University Press, 1961.

74. Vygotsky, L. S. *Thought and Language*. Cambridge: MIT Press, 1962.

75. Waddington, C. H. *Tools for Thought*. London: Jonathan Cape, 1977.

76. Wertheimer, Max. *Productive Thinking*. London: Tavistock, 1961.

77. Williams, B. O. B. *Tack Analysis*. McKinsey & Company, Inc. London, 1972.

78. Wittgenstein, L. *Philosophical Investigations*. New York: Macmillan, 1953.

图书在版编目(CIP)数据

金字塔原理 /（美）芭芭拉·明托著；汪洱，高愉译. -- 3版. -- 海口：南海出版公司，2019.4
ISBN 978-7-5442-9482-9

Ⅰ.①金… Ⅱ.①芭… ②汪… ③高… Ⅲ.①管理学－通俗读物 Ⅳ.①C93-49

中国版本图书馆CIP数据核字(2018)第258693号

著作权合同登记号　图字：30-2009-239

THE MINTO PYRAMID PRINCIPLE: LOGIC IN WRITING , THINKING AND PROBLEM SOLVING by BARBARA MINTO
Copyright © 2007 by Barbara Minto
This edition arranged with KNIGHT FEATURES (Peter Knight Agency) through Big Apple Tuttle-Mori Agency, Inc., Labuan, Malaysia.
Simplified Chinese edition copyright © 2010 THINKINGDOM MEDIA GROUP LIMITED
All rights reserved.

金字塔原理
〔美〕芭芭拉·明托　著
汪洱　高愉　译

出　　版	南海出版公司　(0898)66568511
	海口市海秀中路51号星华大厦五楼　邮编 570206
发　　行	新经典发行有限公司
	电话(010)68423599　邮箱 editor@readinglife.com
经　　销	新华书店
责任编辑	崔莲花　秦薇
装帧设计	李照祥
内文制作	王春雪
印　　刷	北京盛通印刷股份有限公司
开　　本	635毫米×975毫米　1/16
印　　张	21.5
字　　数	290千
版　　次	2010年8月第1版　2013年11月第2版　2019年4月第3版
印　　次	2023年10月第91次印刷
书　　号	ISBN 978-7-5442-9482-9
定　　价	88.00元

版权所有，侵权必究
如有印装质量问题，请发邮件至 zhiliang@readinglife.com